NADIE TAN FELIZ

Amparo Mendo

NADIE TAN FELIZ

NUESTRA VIDA CON JAVIER

temas'de hoy.

Paseo de Recoletos, 4. 28001 Madrid
www.temasdehoy.es
Primera edición: marzo de 2005
ISBN: 84-8460-420-9
Depósito legal: M. 6.648-2005
Compuesto en J.A. Diseño Editorial, S.L.
Impreso en: Gráficas Rógar, S.A.
Printed in Spain–Impreso en España

ÍNDICE

Segunda parte
OTRAS VOCES

ANEXOS

A mis hermanos, dondequiera que estén.

A las personas que nos han ayudado a iniciar el camino —familia, amigos, profesionales— y junto a los que queremos estar en lo que falte por recorrer.

Y a todas aquellas que comienzan, ahora, esa nueva andadura.

En nuestra forma de pensar o de querer, nada es tan común como lo insólito. Y estamos tejidos del material de los sueños, según un dictamen de acierto irrevocable. Miramos a nuestro alrededor y nos sorprende por doquiera la rutina y la banalidad; pero si penetráramos en las almas, nos abrumaría la presencia de lo portentoso.

FERNANDO SAVATER
El contenido de la felicidad

INTRODUCCIÓN

«¡José! ¿Dónde están *todos* los informes de Javier? Los necesito para el libro», le indico a mi marido con cierta premura y un poco de angustia. Sé que hay cientos de páginas en algún sitio. Y también sé que Daniel y Javier volverán a casa en breve y que ya no podré seguir escribiendo; o, por lo menos, no con todos los sentidos puestos en la tarea.

La escena sucede en el antiguo garaje de casa, reconvertido en despacho hace algo más de un año, cuando José Luis decidió trabajar desde aquí. No han transcurrido ni treinta segundos de mi pregunta cuando aparece con dos cartapacios enormes, perfectamente clasificados: médicos, colegios, terapias, psicólogos, documentos oficiales... «¡Salvada!», pienso con alivio mientras le miro con agradecimiento infinito.

Como la mayoría de los periodistas que conozco, no soy muy ordenada con los papeles. Presumo de ese desorden encima de mi mesa, repleta de folios, libros, artículos recortados, papelitos adhesivos decorando el marco del ordenador: sé que lo que busco está por ahí encima, aunque me llevaría un rato rastrear su localización exacta.

Algo parecido me sucede con la memoria: soy incapaz de ubicar los recuerdos en una fecha aproximada, con el inconveniente añadido de que esa memoria es más sentimental que visual (lo descubrí hace poco en un curso sobre inteligencia emocional). Esto es, mis recuerdos se nutren más de sentimientos y emociones que de imágenes fijas o secuencias.

De una de las carpetas que me acaba de dar José Luis (sección Informes Médicos) extraigo la carta del último neurólogo que hemos visitado:

> Estimados Sres.:
>
> Les envío adjunto el informe sobre Javier, que me ha costado mucho tiempo valorar, por las dudas que proporciona su evolución, sobre todo en los primeros meses/años de vida.

Cada vez que un especialista nos hace las mismas preguntas (¿a qué edad sostuvo la cabeza?, ¿cuándo comenzó a gatear?, ¿y a caminar?, ¿cuántos meses tenía cuando empezó a hablar?) me desespero. Aparte de que mi memoria sea un desastre, ¿de verdad hay padres que anotan esas cosas?

Para colmo, tampoco he sido una madre ordenada con las cosas de mis hijos. Tengo amigas que con tesón admirable atesoran cajas marcadas por edades con ropa y juguetes, así como las fotos de sus vástagos perfectamente clasificadas por épocas y acontecimientos. Incluso he visto algún álbum con pies de foto escritos a mano recordando la situación y la emoción del momento. Reconozco que me corroe la envidia y pienso siempre lo mismo: algún día tendré que «atacar» el cajón de las fotografías para ponerlas en orden (en el fondo, estoy convencida de que será José Luis el que acabará haciéndolo).

Todas las madres, sin excepción, y casi todos los padres del mundo sentimos esa inquietud durante el embarazo: ¿estará bien?, ¿tendrá algún defecto o discapacidad? Cuando el bebé nace y vemos que tiene todos los dedos, que todos los órganos están en su sitio, que sus rasgos son normales, que puntúa bien en el test de Apgar y que la prueba del talón o fenilcetonuria es negativa, respiramos tranquilos.

A veces se nos cruzan en la vida —algún familiar, amigo o conocido— casos de niños con síndrome de Down o autismo. Es entonces cuando algunos de nosotros, madres y padres, nos preguntamos: «¿Qué haría yo si me dijeran que mi hijo tiene un problema de este tipo?».

En nuestro desconocimiento del tema, la mayoría tendemos a imaginar una escena dramática en la sala de partos: el tocólogo, con cara circunspecta, se acerca a los hasta entonces felices padres y les dice: «Lo siento, pero tienen ustedes un hijo con discapacidad intelectual».

Salvo en los casos de síndrome de Down y otros trastornos evidentes, no suele ser así. Muchos padres vivimos una travesía del desierto durante años en busca de una explicación al problema de nuestro hijo. La soledad, el miedo, la tristeza, la incertidumbre, las equivocaciones, la ceguera propia y ajena nos acompañan durante ese viaje.

Por fin llega el día en que uno lee por vez primera en un diagnóstico: «DISCAPACIDAD INTELECTUAL», así, con mayúsculas. Y entonces comienzas a conocer a otros padres con las mismas ojeras y una mirada angustiada idéntica a la tuya, y a otros niños con problemas parecidos a los de tu hijo, y piensas: «No estamos solos». La travesía ha terminado... aunque comience otra nueva.

Cuando este libro se publique, Javier habrá cumplido diez años. Los especialistas dicen que tiene «retraso madurativo» y «trastornos de conducta y desarrollo con hiperactividad asociada», amén de una alteración genética que definen como «tetrasomía en una región indeterminada del cromosoma 15». Para nosotros es un niño feliz al que cuesta mucho, muchísimo, comprender. Con él hemos tenido que aprender a ser padres de nuevo, unos padres distintos. Nada de lo que la experiencia con nuestro primer hijo (Daniel, cuatro años mayor que su hermano) nos había enseñado servía, ni tampoco ese sentido que creíamos común.

Desde aquel lejano «algo no va bien» (dicho por nosotros, sus padres), pasando por un «no os preocupéis: a este niño sólo le falta un hervor» (uno de los neurólogos) o un «no busquéis más» (el especialista en genética), hasta la evaluación psicológica que evidenció su discapacidad intelectual, han pasado muchas cosas, muchas batas blancas, muchas canas y lágrimas a raudales. Ha habido muchos momentos felices y carcajadas por la peculiar forma de ser de Javier y, también, por la suerte inmensa de que tenga un hermano como el que tiene.

Javier nació en el seno de una familia privilegiada de clase media, con la vida resuelta, una amplia casa con jardín, sin dificultades económicas y, sobre todo, con mucho amor. Durante el II Encuentro Nacional de Familias de Personas con Discapacidad, celebrado en Mérida en 2003 y organizado por FEAPS, nos encontramos con familias en condiciones muy distintas a la nuestra: madres y padres «coraje» con una —en teoría— menor preparación intelectual y cultural, con menos recursos económicos, con dificultades de acceso a servicios por vivir en medios rurales y que, sin embargo, habían salido adelante con el problema de la discapacidad de sus hijos. Dentro de nuestro mundo privilegiado teníamos algo en común con muchos de ellos: habíamos vivido también, y en solitario, esa travesía del desierto que culminó en la ciudad extremeña.

Este libro refleja también algunos testimonios de esos padres con niños que padecen trastornos similares o diferentes al de Javier, pero a los que nos une la experiencia común.

Ésta es una historia real y, como todas, personal e ¿intransferible? No lo creo. Hace apenas dos años que hemos empezado a caminar en la dirección adecuada (ahora sí) con Javier. Durante este tiempo, hemos entablado relaciones con otros padres que han vivido o están viviendo la misma situación que nosotros. Nadie debería pasar por una experiencia así sin apoyo. O quizá sea la única forma de aprehender la discapacidad intelectual de los propios hijos. Este libro sólo pretende compartir con ellos lo vivido para que sepan, al menos, que no están solos. Sabemos por experiencia propia que, al compartir, la angustia y la preocupación van cediendo.

No somos especialistas en discapacidad ni pretendemos serlo. Tan sólo ejercemos como padres de un niño con discapacidad intelectual que han vivido una odisea de especialista en especialista, de terapia en terapia. Queremos también que esta historia sirva para hacer patente la necesidad de hacer públicos, de comunicar más fácilmente, los recursos que se ofrecen a familias como la nuestra. Muchas veces el problema no es dónde ni cómo buscar, sino saber qué es exactamente lo que estamos buscando. Son necesarios equipos multidisciplinares (casi inexistentes), colegios que se adapten a las necesidades de nuestros hijos (y no al revés, como suele suceder hoy con la educación especial) y profesionales de todos los ámbitos (abogados, médicos, psicólogos de familia) formados en el tratamiento de la discapacidad.

Es cierto que se ha avanzado mucho en los últimos años, pero me enfurezco de rabia cuando escucho la típica frase: «No te quejes, porque menos mal que tu hijo ha nacido en estos tiempos. Hace treinta años le habrían encerrado en un manicomio o no podrías sacarlo de casa». Pues qué bien. Según esa filosofía inmovilista, aún estaríamos decidiendo si las mujeres tenemos capacidad para votar o si los trabajadores pueden reclamar sus derechos. Queda aún mucho por hacer.

Nuestros hijos son ciudadanos de pleno derecho, aunque sus voces deban ser escuchadas a través de las nuestras —de nuestras asociaciones— para reclamar lo que les pertenece. Me repugna esa actitud de dar y pedir dinero como si se tratara de limosna caritativa. Es cierto que hay mucha declaración de intenciones en cada gobierno de turno (por lo menos, en las sociedades occidentales), pero merece la pena recordar estas palabras:

> Y es que la discapacidad está presente en numerosas cartas de derechos y es un referente de la sociedad inclusiva, pero también de la dis-

> tancia que media entre las declaraciones oficiales, las resoluciones de las organizaciones internacionales y la aplicación de los principios y normas a las realidades cotidianas. Una distancia que contribuye a afianzar la creencia de que no se están poniendo los medios ni aprovechando las oportunidades para atajar los problemas de exclusión. Y eso viene a limitar la capacidad de la familia humana, al desperdiciar las capacidades e ilusiones de los que muchas veces son excluidos simplemente porque no se hace nada para poner los avances y recursos al servicio de todos. [...] la voluntad humana, más que los avances científicos o normativos, puede devolver la ilusión a cualquier persona, siempre que cuente con ambientes propicios y que promocionen su inclusión en el quehacer colectivo.[1]

El mensaje, que creo compartimos todos los padres de personas con discapacidad, es claro: señores políticos, menos palabrería y actos puntuales (sobre todo en períodos electorales) y más trabajar a diario por un sector de la sociedad claramente excluido.

Esta historia hablará también de profesionales: neurólogos, psicólogos, maestros, asistentes sociales... En nuestro caso los ha habido excelentes (a los que se mencionará con nombres y apellidos) y ¿regulares? No me atrevo a calificarles (ni les identificaré) porque siempre nos quedará la duda de si lo nuestro fue pura mala suerte con ellos, desconocimiento del problema, falta de preparación o, sencillamente, una cuestión de calidad humana. Quizá a ellos también les sea de utilidad cuando, en el futuro, se les planteen casos similares.

También pretende ayudar al entorno de las familias: hermanos, abuelos, tíos y amigos (y sus reacciones) pasarán también por estas

---

1. Informe al Club de Roma: «El futuro de las personas con discapacidad en el mundo. Desarrollo humano y discapacidad», Rafael de Lorenzo García, Fundación ONCE, 2003.

páginas, porque ellos son parte fundamental en la vida de los niños y todo lo que hacen y dicen les (nos) afecta.

Comenzaba estas líneas comentando mi pésima memoria, pero también soy consciente de que lo que he compartido con muchos padres en nuestra misma situación no han sido fechas, ni siquiera acontecimientos: lo que más nos ha unido ha sido la montaña rusa de emociones y sentimientos en ese lugar común que es descubrir, digerir y afrontar la discapacidad intelectual de un hijo.

A todos ellos, y a los que comienzan ese viaje, va dirigido este libro con la esperanza de que encuentren en él una mano tendida que les haga sentir: «No estamos solos».

San Agustín de Guadalix
Otoño de 2004

Primera parte

NUESTRA VIDA CON JAVIER

Capítulo I

Algo no va bien

Diciembre de 1995. Por enésima vez en cuatro meses, estábamos de nuevo en la consulta del pediatra Guillermo Balfour, situada en el número 3301 de la avenida de New Mexico, en Washington D. C. La sala de espera era espaciosa, con mobiliario y juguetes para todas las edades de sus pequeños pacientes.

El doctor, un argentino con un extraordinario sentido del humor que atendía a buena parte de los niños de la colonia española en la capital estadounidense, ya nos lo había advertido la primera vez que fuimos a visitarle: «No os preocupéis mucho: vuestros hijos estarán con *viajitis* el primer año. Van a agarrarse todos los virus del Nuevo Mundo». En aquella ocasión le tocaba a Javier, que contaba entonces algo más de once meses de edad. Como hacía siempre en cada visita, rellené los interminables e incomprensibles papeles destinados al seguro médico.

Durante la espera (Javier parecía tener otra de sus otitis recurrentes), José Luis y yo comentamos los detalles del cartel que decoraba una de las paredes de la sala, extendiéndose de un extremo al otro. Estaba dividido en recuadros para cada etapa del crecimiento: de uno a tres meses, de tres a seis... En cada foto, un bebé sonriente, precioso y de raza distinta al anterior (como correspondía a lo políticamente correcto) aparecía realizando actividades diversas.

Javier estaba a punto de cumplir un año. Había algunas cosas que aún no hacía y que, según el cartel, debería estar ya haciendo: señalar con el dedo, gatear (lo hacía, pero no demasiado bien), imitar algunos gestos, dirigirse a nosotros como «papá» y «mamá», rodar por el suelo sobre una pelota... Nos miramos extrañados, pero no alarmados. Hasta entonces, no habíamos sido unos padres que se angustiaran demasiado por el desarrollo de los niños. Teníamos ya un hijo cuatro años mayor que el pequeño y sabíamos, por experiencia propia y por los niños de amigos y familiares, que las pautas de desarrollo infantil no siguen una matemática exacta. Sin embargo, aquélla fue la primera vez que pensamos, aunque sin darle demasiada importancia, que algo no iba bien.

Tras confirmar la otitis de Javier, le comentamos al doctor Balfour nuestras observaciones. Lo primero que hizo fue descartar un problema auditivo con un método sencillo: hizo sonar una campanilla cerca de sus oídos y dio algunas palmadas para ver si giraba la cabeza. A pesar de la infección, Javier respondió perfectamente a los estímulos. «De momento, parece que todo es normal y no vamos a darle mayor importancia. Seguiremos su evolución y, en su momento, valoraremos la posibilidad de hacerle pruebas más específicas», nos dijo. Nunca llegó a hacérselas.

Un hijo deseado

Javier nació el 1 de enero de 1995. Parecía tener prisa por llegar, porque veinte días antes del parto empecé a sufrir las contracciones. Carlos, mi ginecólogo y, sin embargo, buen amigo (las dos familias compartimos escapadas y vacaciones desde hace años), me tuvo que monitorizar casi a diario durante esa última fase del embarazo para comprobar que no hubiera sufrimiento fetal. No lo había, pero me río yo del nombrecito de «falsas contracciones» de Braxton-Hicks, en términos médicos: para no ser reales, dolían tanto como las de verdad, el abdomen se me tensaba hasta lo indecible y no había papel suficiente para que la aguja del monitor marcara los picos.

Entre control y control seguía trabajando en la agencia de comunicación que había montado con unas amigas. Como la mayoría de las mujeres de mi generación, pienso que la gestación no es una enfermedad, sino un estado biológico, y trabajé, al igual que con el embarazo de mi primer hijo, hasta el último día.

Javier fue un niño tan deseado como su hermano Daniel, que había nacido cuatro años y medio antes. Entre los dos tuve un aborto natural tras un embarazo de apenas un mes, después de lo cual me quedó ese deseo irrefrenable (que nos invade a algunas mujeres) por quedarme embarazada otra vez y cuanto antes. Mirando atrás, mi sentimiento de culpa (que ha aparecido una y otra vez a lo largo de estos años) recala de vez en cuando en esos momentos. A pesar de que Carlos me había recomendado esperar unos meses tras el aborto, soy incapaz de recordar si aguardé lo suficiente. La ventaja de la mala memoria es que no puedo sentirme *demasiado* culpable por esa circunstancia.

A mi marido y a mí nos gusta reunir a nuestras familias. Solemos celebrar las fiestas navideñas en casa, junto a algunos espontáneos de última hora, congregados todos en torno a una mesa kilométrica. Gran parte de la noche del 31 de diciembre de 1994 la pasé en cuclillas, agarrada a la mesa de la cocina y viendo pasar a la altura de mis narices las bandejas de langostinos y otras exquisiteces —sin probar bocado— mientras hacía los ejercicios de respiración que enseñan en las clases de preparación al parto. Asistí a ellas sólo durante el embarazo de Daniel, pero había recuperado y actualizado en Internet —deformación por mi oficio de periodista— mi documentación sobre el embarazo, el parto y los primeros meses de vida del bebé.

A las seis de la madrugada ya no pude más. «José Luis —sólo le llamo por su nombre compuesto cuando estoy enfadada o preocupada por algo—, ya no aguanto ni un minuto», le dije. Se resistió durante algunos instantes. ¿Cómo íbamos a llamar a Carlos a esas horas el primer día del año? (Parece que tengo cierta tendencia a parir en fechas especiales: Daniel nació un 14 de mayo, en pleno puente de la festividad madrileña de San Isidro, con un atasco monumental en la carretera hasta la ciudad y una pareja motorizada de la Guardia Civil abriéndonos paso.)

El parto fue estupendo, sobre todo por la anestesia epidural (mi ginecólogo consiguió convencerme la primera vez de los riesgos, pero no la segunda, aunque también es verdad que la técnica había avanzado en ese lapso de tiempo). Recuerdo que, ya en el paritorio, José y yo charlamos sobre política con el anestesista, con Carlos y con la comadrona. Ésta era, curiosamente, la misma que me había atendido en mi primer parto, en la madrileña clínica Belén. Y me viene a la memoria, sobre todo, cómo disfruté del nacimiento de Javier. La casi ausencia de dolor me permitió (y a José conmigo) ser consciente, contemplar y gozar de ese momento único. Hubo, claro, lágrimas de emoción al verle. Puntuó con un nueve en la escala de Apgar, lo que quiere decir que todo era normal. También puedo revivir la expresión en el rostro de Daniel (mezcla de ternura y curiosidad) cuando vio a su hermano pequeño por primera vez en la habitación de la clínica. Y las palabras de José en el coche, camino a casa: «¡Uf, qué lío!», refiriéndose a que ahora había una persona más con la que compartir nuestro amor.

Supongo que esos sentimientos y su recuerdo son comunes a todos los padres del mundo. Hace unos años habría afirmado que los nacimientos de mis hijos constituyeron dos de los momentos más felices de mi vida. Nunca he pensado que la felicidad pudiera alcanzarse como un estado perpetuo en sí mismo; más bien, creo que la vida está compuesta por esos pequeños momentos que hay que mimar en la memoria como oro en paño. Con la perspectiva de los años, he aprendido que no volveré a sentirme jamás así. No soy una persona tan optimista como mi marido, que lo es por naturaleza, aunque lo intento. La tristeza es un enemigo poderoso que puede más contra mí que contra él en las batallas que libramos cada día.

Repaso las fotos del bautizo y veo un precioso bebé de cuatro meses, plácidamente dormido. Abuelos, familiares, amigos, nosotros... Faltaba ya mi hermano Javier, que había muerto tres años antes en un accidente de tráfico. José tuvo sus dudas cuando le propuse llamar por el mismo nombre a nuestro hijo pequeño, como un homenaje a su memoria. Temía que la mitificación que solemos hacer de los seres queridos que perdemos influyera en la forma en que Javier iba a ser percibido por el entorno familiar. Por enunciarlo de una manera más coloquial, no quería frases del tipo «es igualito que...» o «camina igual que...». Comprendí sus reparos, aunque conseguí convencerle («como siempre», dirá él al leer este párrafo).

Poco podíamos imaginar entonces que aquello sería completamente imposible: las peculiaridades de Javier, su personalidad particular, le convertirían en un ser único, excepcional, imposible de comparar con nadie que hubiéramos conocido antes. Y a nosotros, en unos padres demasiado preocupados como para estar perdiendo el tiempo en comparaciones.

Madres quejicas

Hasta el nacimiento de Javier, siempre había pensado que algunas madres eran demasiado quejicas con sus bebés. Nuestra experiencia con su hermano mayor había sido tan tranquila que creía, sinceramente, que el cuidado de un recién nacido no era para tanto. Por supuesto, los primeros meses resultan un poco esclavos (las tomas cada tres horas, los pañales, algunos cólicos, la dentición, los viajes, la bolsa de *porsiacasos...*), pero nada como para sacar de quicio al personal... hasta que Javier llegó a nuestra vida familiar.

El recuerdo de sus primeros tres meses de vida es, para mí, algo pavoroso. Imaginad un bebé que duerme sólo cada veinte minutos.

En el tiempo de vigilia llora y llora sin parar, como aquejado de un cólico perpetuo de gases. Le cuesta agarrarse al pezón para extraer la leche y, en el intento, traga muchísimo aire. Por fin se duerme agotado, pero vuelve a despertarse con un llanto desgarrador cuando aún no ha transcurrido ni media hora. Si le tomas en brazos, su cuerpo se tensa y no parece aliviado. Y así las veinticuatro horas del día.

Una de esas noches interminables, muy cansados mi marido y yo por la falta de sueño, se despertó por enésima vez con un llanto agudo. Cuando le tomé en brazos desde la cuna que estaba junto a mi lado de la cama, las lágrimas de agotamiento e impotencia caían a raudales por mis mejillas. Y, con un gesto brusco de ira, le solté contra el colchón, entre mis piernas. «¡Para ya!», le supliqué. Mis lágrimas eran entonces de culpabilidad, un sentimiento que no nos abandonaría jamás.

A partir de ese momento, nuestra vida se convirtió en una especie de carrera de relevos. Cuando uno observaba al otro demasiado cansado y al borde de la desesperación, corría a sustituirle en el cuidado de Javier. Esa carrera no ha concluido todavía.

Aunque las cosas se fueron normalizando a partir de los tres meses (a los dos decidimos pasar de la alimentación materna al biberón), Javier no durmió una noche entera hasta pasado su tercer cumpleaños. Quizá esos tres primeros meses no fueron tan terribles como los recuerdo, o puede que también nosotros nos acostumbráramos a su particular ritmo.

Javier tenía siete meses cuando comenzamos a hablar sobre la posibilidad de vivir durante una temporada en Estados Unidos. Cada cierto tiempo, José Luis y yo (pero especialmente él, yo soy más acomodaticia) sentimos la necesidad de marcarnos lo que definimos como «metas vitales». El proyecto puede ser una casa, una empresa, un viaje con amigos, un libro... Casi cualquier cosa es válida para romper la mordaza de la rutina. Me ofrecieron la posibilidad de trabajar como contratada local (lo que significaba que nosotros corríamos con los gastos de la mudanza y de la casa que alquilaríamos) en la delegación de la agencia Efe en Washington D. C. ¡La capital del imperio para una periodista!

No nos lo pensamos demasiado. José tenía por entonces, junto a otro socio, una empresa de artículos promocionales. Su trabajo consistía (y aún consiste) en gestionar y controlar importaciones de Asia. Tendría el despacho en casa, vendría a España una o dos veces al mes y quién sabe si, con el tiempo, podría montar otra empresa en Estados Unidos relacionada comercialmente con nuestro país (al poco de llegar al continente americano ya quería poner en marcha un «tele-tortilla-de-patatas»).

Aun en estos tiempos no es habitual que un compañero, un marido, deje todo por acompañar a su mujer en un traslado profesional, no ya de ciudad, ni de país, sino de continente. Y especialmente cuando el mayor porcentaje de los ingresos familiares le corresponden a él. Sin embargo, José se ilusionó tanto o más que yo.

Por mi parte, hacía muy pocos meses que acababa de fundar una agencia de comunicación junto a dos amigas y colegas. Acabábamos de conseguir nuestro primer contrato importante (los servicios de relaciones con los medios de comunicación para un congreso internacional del sector farmacéutico), pero ellas lo entendieron perfectamente. ¿Cómo iba a dejar pasar una ocasión así?

Veíamos también una oportunidad para los niños. Javier no había cumplido un año y Daniel tenía cinco. Al cabo de un tiempo podrían volver a España no sólo siendo bilingües, sino con el legado enriquecedor de haber vivido en otro país, en contacto con otras culturas y formas de pensar. Yo había pasado ya por esa experiencia con mis padres, en Londres. No había terminado aún la carrera de periodismo cuando conseguí mis primeros trabajos gracias al dominio del inglés.

Para colmo, en la balanza de los pros, una de mis mejores amigas —Cristina— y su marido —Mike— se habían trasladado por motivos de trabajo desde Miami a Washington D. C. Vivían, como lo haríamos nosotros, en Besthesda (Maryland), junto a sus hijos Jonathan y Alex, de edades casi idénticas a las de los nuestros.

Quedaba un miembro más de la familia: nuestro perro, un noble mastín leonés de noventa y cinco kilos de peso que nos acompañó también durante nuestra aventura americana. Allí nos fuimos los cinco, en tres veces y dos tandas: primero José y yo, en julio de 1995, para buscar una casa (tarea ardua tanto por el clima como por la increíble movilidad del mercado: veíamos cuatro casas por la mañana, y cuando llamábamos horas más tarde, ya estaban todas alquiladas). Volvimos a España y, a finales de agosto, me marché con Daniel, que debía empezar el colegio a primeros de septiembre. Quince días después, y tras terminar la mudanza, José llegó con Javier y *Mastín*. No puedo describir la expresión de cansancio en el rostro de mi marido: había sido el primer viaje transoceánico de nuestro hijo pequeño, que, para variar, no había dormido prácticamente nada y no había cesado de moverse.

Así como Daniel estaba reclamando, ya desde el segundo día de colegio, su derecho a ir en el típico *school bus* amarillo, ni siquiera nos planteamos una guardería para Javier. Eran demasiado caras, el niño apenas balbuceaba en español y necesitábamos ayuda en casa para que José pudiera trabajar. Durante esos primeros meses, la inmensa, tranquila y dominicana Mercedes nos ayudó tanto en las tareas domésticas como en el cuidado del pequeño, con el que demostró una paciencia cariñosa y sin límites.

En el vídeo de esas Navidades, las primeras para Javier, aparece toda la familia: los abuelos paternos y maternos; Carmen, su tía paterna; mi hermano Carlos, su mujer y mi sobrina Carolina... También amigos como Mike y Cristina o Maribel y Rafa, compañero mío en la agencia. Siempre nos han gustado las reuniones multitudinarias en nuestra casa, estuviera donde estuviera ésta. Además, el típico cocido madrileño sabe más a gloria cuando uno se encuentra a miles de kilómetros de distancia (aunque suene a copla vieja).

Las imágenes y fotos del primer cumpleaños de Javier (y las de los posteriores) nos muestran a todos en pijama, despeinados y con ojeras: es el inconveniente de nacer el primer día del año. Javier no sopla la velita de la tarta, pero intenta cogerla con la mano. Gatea, algo torpemente, detrás de los juguetes. Se ríe cuando le doy de comer mientras le canto «palmas, palmitas». No dice «mamá», ni «papá» (a pesar de los continuos esfuerzos de mi suegra). Se balancea atrás y adelante cuando está en su trona. Y, de vez en cuando, aletea como un pajarillo mientras da gritos de alegría.

Un sueño hecho añicos

Habíamos ido ya a visitar al doctor Balfour cuando Javier cumplió un año. Nuestra vida transcurría sin más sobresaltos que los que proporciona adaptarse a una sociedad y a un país nuevos. Sin embargo, en marzo de 1996 llegó la noticia: mi hermano Carlos estaba ingresado en un hospital de Madrid. Hice la maleta y tomé el primer avión que pude (afortunadamente, entonces había vuelo directo entre ambas capitales).

Estuve una semana junto a mi hermano y mis padres antes de regresar a Estados Unidos. Paralizados por la noticia de que a Carlos le quedaban seis meses de vida, José y yo tardamos unos días en reaccionar. Por fin lo hicimos: no podíamos dejar solos a mis padres en el trance de perder, por segunda vez, a un hijo. De este modo se hicieron añicos nuestro sueño americano y nuestra economía (dos mudanzas transoceánicas en menos de un año). En abril de aquel año volvíamos, esta vez definitivamente, a Madrid.

Hasta el 12 de junio de 1996 viví casi a diario en el hospital. Durante las noches nos turnábamos José, la mujer de mi hermano y yo, una vez cada uno. Dejé de trabajar, a sabiendas de que aquella situación tenía una triste fecha de caducidad. Por supuesto, durante aquellos meses mi única preocupación era mi hermano. Tenía la tranquilidad absoluta de que toda la intendencia familiar estaba en manos de José Luis. Y Javier parecía progresar poco a poco.

Alrededor del año y medio tenía esa divertida lengua de trapo propia de los bebés, parecía encajar ya «papá» y «mamá» con el rostro adecuado, se reía muchísimo y se movía aún más. Era lo que suele adjetivarse como un «niño muy inquieto»: jamás conseguimos que estuviera en el parque más de diez minutos seguidos. Se agarraba al borde de la cuna, protestando mientras saltaba continuamente después de haber tirado fuera todos los juguetes. No parecía entretenerse con ninguno —más allá de la diversión que suponía verlos volar cuanto más lejos, mejor— y «exigía» la presencia constante de alguien. Claro que la opción era colocarle en el suelo para que campase a sus anchas... y se dirigiera directamente a todos los peligros detallados en los manuales de seguridad en el hogar: enchufes, esquinas puntiagudas, horno encendido, armarios y cajones, puertas abiertas... Creo que nos compramos todos los artilugios disponibles para prevenir accidentes domésticos.

Estado permanente de alerta

Desde muy pequeño Javier es un catálogo de cardenales, heridas y arañazos por todo su cuerpo. De haber continuado nuestra vida en Estados Unidos, supongo que en algún momento a José y a mí nos habrían detenido para averiguar las causas de tanta laceración. El problema era que Javier apenas se quejaba, si es que lo hacía, cuando se daba un golpe o se caía. Y eso sucedía con bastante frecuencia. Cuando comenzó a andar, lo hizo de puntillas. Incluso hoy sigue caminando así cuando está muy cansado.

Aprendimos a vivir en un estado permanente de alerta. Cuando algún amigo nos aconsejaba «blindar» la casa (vallar la piscina, poner rejas en las ventanas y en las puertas), nuestra reacción era y sigue siendo la misma: además de la negativa a convertir nuestro hogar en un búnker, Javier tenía que aprender a convivir con los peligros, porque fuera de casa seguirían presentes esos y otros muchos.

Nuestra filosofía comenzó a establecerse más en función de la prevención que de la prohibición. Me explico: por ejemplo, le enseñamos a nadar muy pronto para evitar accidentes en la piscina y, desde luego, nunca estaba solo cuando merodeaba por los alrededores.

Vuelta a la ¿normalidad?

El verano de 1996 fue triste. Nuestra vuelta de Washington se produjo a tres meses de finalizar el curso 1996-1997. Daniel se incorporó al primer curso de primaria sin mayores problemas en el Colegio SEK Ciudalcampo, muy cerca de casa. Al marcharnos el año anterior, su profesora (Rosa María) había tenido el detalle y la preocupación de darnos suficiente material para que no perdiera el nivel de conocimientos y español necesarios en un niño de su edad. Javier estuvo en una guardería cercana a nuestro domicilio durante esos meses hasta el final del curso.

Resuelta la intendencia —los colegios, la mudanza, el trabajo—, lo único realmente importante para nosotros durante aquellos meses fue cómo digerir y superar la tragedia familiar de perder a dos hermanos en cuatro años. Y mucho más difícil, ayudar a unos padres —los míos— que habían visto morir a dos de sus tres hijos en ese plazo de tiempo.

Odio el ritmo alocado de nuestra sociedad, pero reconozco que en ocasiones tiene alguna ventaja. Con la vuelta al cole en septiembre de 1996, nuestra vida familiar entró en esa vorágine que impide reposar los pensamientos y amortigua los sentimientos. Como millones de parejas, trabajábamos en una gran ciudad y teníamos dos niños pequeños: guardería y colegio durante el horario laboral, actividades extraescolares, las tareas de casa. No me avergüenza decir que, probablemente, mi marido ha hecho más purés que yo y ha llevado a nuestros hijos más veces al pediatra. Me enorgullezco de compartir mi vida junto a un padre tan responsable.

A pesar de ese ritmo desenfrenado, no bajábamos la guardia con Javier y seguíamos observando esas pequeñas cosas que nos preocupaban: sus andares de puntillas, el «aleteo» cuando se excitaba... En septiembre de 1996 se incorporó a la escuela infantil que el SEK acababa de abrir. Nos parecía lo más lógico que los dos hermanos fueran al mismo colegio y tuvieran el mismo horario, de nueve de la mañana a cinco de la tarde.

Allí estuvo durante dos cursos, hasta junio de 1998. En el último de ellos recibí una de esas llamadas que ponen los pelos de punta a cualquier madre, sobre todo cuando, al otro lado del teléfono, se escucha: «Señora, le llamo del cole de su hijo. No se asuste pero...». Me dijeron que Javier se había tragado un puñado de arena del patio y se estaba poniendo «un poco azul», en palabras textuales. Según me informaron, las ambulancias disponibles no se hacían cargo del transporte de niños. Ni falta que hizo. Volé literalmente (acompañada, eso sí, por el preocupado director de la guardería) hacia urgencias para averiguar si algo de arena había ido a parar a sus pequeños pulmones. Afortunadamente, todo quedó en un susto y pasó a formar parte del extenso anecdotario de Javier en las urgencias de los hospitales.

Desde el principio comentamos con el personal docente de la guardería su carácter «muy inquieto», especialmente en sus relaciones con otros niños. Su forma de jugar consistía, básicamente, en arrear patadas, puñetazos y empellones a los demás.

Javier tenía que haber pasado al segundo ciclo de preescolar en septiembre de 1998. Sin embargo, en mayo de aquel año y antes de finalizar el curso, la psicóloga del colegio y el director de la escuela infantil nos convocaron a una reunión. ¿El motivo? Nuestro hijo no podía seguir allí por dos razones: no había adquirido las habilidades necesarias para subir de nivel y el personal docente carecía de las herramientas adecuadas para atender sus necesidades. Es curioso como, en ocasiones, los profesionales utilizan circunloquios en el lenguaje para evitar expresiones mucho más sencillas. En definitiva, no tenían ni idea de cómo abordar la conducta de Javier.

Aquello fue un golpe moral para nosotros. Recuerdo que, tras la entrevista formal en el despacho, me fui a buscar a la que había sido su profe durante el último curso. Begoña estaba en la sala de profesores junto a otros colegas y le pedí que saliera al pasillo. No hizo falta ninguna frase para demostrarnos lo que ambas sentíamos. Simplemente, nos abrazamos y lloramos mientras José Luis contemplaba la escena conmovido (él es mucho más pudoroso que yo en la expresión de sus sentimientos).

Supongo que nuestras lágrimas se correspondían con ánimos distintos. Además del cariño común por Javier, Begoña debía de sentir el fracaso como propio (pese a ser una excelente, paciente y eficaz profesora). Intenté consolarla tanto como ella a mí, una madre angustiada por la incertidumbre que se abría ante el futuro escolar de su hijo.

Esa angustia marcó un punto de inflexión en nuestras preocupaciones, y no sólo por la cuestión del colegio. En ese instante supimos, con toda certeza, que algo no iba bien. Habíamos probado ya una terapia y descartado algunas enfermedades con los médicos. ¿Qué le sucedía entonces a nuestro hijo? Javier tenía, en aquel momento, tres años y cuatro meses.

Capítulo 2

Completamente perdidos: de prueba en prueba

En uno de los múltiples informes médicos de Javier encuentro esta descripción suya, realizada al poco de cumplir los tres años:

> Embarazo, parto y período neonatal normales. PRN 3,4 kg. Marcha liberada a los 18 meses. Bisílabos referenciales a los 14-15 meses con lenta evolución. Frases cortas a los 2 años y medio. Actualmente lenguaje con vocabulario escaso y deficiente pronunciación. Comprensión mejor que expresión. Entiende y obedece órdenes sencillas. Dificultades de relación con otros niños. Intranquilo con escasa capacidad de atención/concentración. Torpeza motora con caídas frecuentes. Marcha de puntillas. Desde septiembre de 1997 hace estimulación psicomotriz. Buena empatía. Algo agresivo. No controla esfínteres. No crisis comiciales ni episodios de pérdida de consciencia.

La frialdad del informe médico se ajusta bastante a la realidad, supongo que porque esa información la proporcionábamos nosotros, sus padres, respondiendo a las preguntas del doctor (en este caso, un neurólogo del Departamento de Pediatría del Hospital Ramón y Cajal, en Madrid).

Las consultas a diversos especialistas en busca de una respuesta a lo que le sucedía a Javier habían comenzado mucho antes, cuando el niño contaba apenas un año y medio. Por aquel entonces su pediatra habitual era el doctor Velasco, que lo era también de la escuela infantil Arcadia. Daniel había pasado en ella un par de cursos antes de ingresar en el SEK. El doctor Velasco estaba a punto de jubilarse, pero teníamos una gran confianza en él, entre otras razones porque había sido capaz de diagnosticar correctamente la enfermedad celíaca de nuestro hijo mayor.[2]

También fue él la primera persona que nos recomendó para Javier una terapia de estimulación precoz. Y nos pusimos a buscar centros. Ironía o fortuna del destino, mi cuñada Carmen —hermana de José Luis— trabajaba (y aún lo hace) en FEAPS, la Federación Española de Asociaciones de Personas con Discapacidad. Allí nos recomendaron un centro con prestigio, experiencia y probada trayectoria en la estimulación precoz, sobre todo de niños con síndrome de Down. Como reza el informe médico citado más arriba, Javier comenzó esa terapia en septiembre de 1997, a los dieciocho meses de edad.

Primer fracaso

La experiencia resultó un auténtico desastre. Acudíamos dos veces por semana, a las nueve en punto de la mañana, tras un atasco de hora y media tanto en la carretera como en la ciudad (vivimos a treinta kilómetros de Madrid). Javier parecía desconcertado ante el cambio de rutina, su nerviosismo iba *in crescendo* durante el trayecto

2. Daniel estuvo ingresado en el madrileño Hospital de San Rafael durante una semana con apenas quince meses de edad, aquejado de fuertes diarreas y distensión abdominal. Tras varias pruebas le dieron el alta sin diagnóstico. Fue el doctor Velasco quien nos puso en la pista de la enfermedad celíaca, una intolerancia al gluten que le obliga a llevar desde entonces una dieta sin esta sustancia (presente en la mayoría de los cereales).

en coche y, cuando llegábamos a la puerta del centro, se resistía a entrar. Una vez dentro, su llanto y sus gritos se oían desde la calle, mientras nos alejábamos para tomar un café durante los cuarenta y cinco minutos que duraba cada sesión (era demasiado duro quedarse en la sala de espera todo ese tiempo).

Las sesiones consistían en una primera parte durante la cual Javier se sentaba en una mesa para, por ejemplo, emparejar figuras o pintar. Luego pasaba a una sala de gimnasia con colchonetas, aparatos y balones. Esta parte le gustaba más, pero llegaba a ella tan agotado que no parecía disfrutar demasiado.

Su resistencia se nos iba haciendo cada vez más cuesta arriba. La terapia de estimulación precoz no parecía estar ayudándole lo más mínimo. Todo lo contrario: el día que tocaba, Javier estaba tenso desde el mismo momento de despertarse, una tensión que no se desvanecía hasta bien entrada la jornada, ya de vuelta en el colegio.

Creo que no llegamos a las diez sesiones. Durante una reunión con la directora del centro, le expusimos nuestras dudas y decidimos poner punto final a la terapia. Ella fue lo suficientemente honesta con nosotros como para reconocer que el procedimiento no había funcionado con Javier. Ojalá los especialistas fueran siempre tan sinceros como ella, porque no siempre es así.

Fue el doctor Velasco quien nos aconsejó entonces ponernos en manos de un neurólogo. Por recomendación suya acudimos a la consulta de un reconocido especialista para niños. Durante los años que acudimos a él (primero en un piso antiguo por la zona de Azca y luego en un lujoso chalé cerca de la estación de Chamartín), jamás pasamos consulta con el titular. Quizá fuera porque acudíamos por una sociedad y no como pacientes de pago. Nuestro descontento fue en aumento a medida que pasaban los años y veíamos como la consulta se masificaba. Hubo también desacuerdo en la medicación —no tanto sobre cuál, sino cuánta y cómo— que Javier debía tomar.

Primeros miedos y angustias

Pero no quiero precipitarme. El médico que nos atendió la primera vez era un hombre grande, de apariencia bondadosa, que se mostró muy cariñoso con nuestro hijo. Recuerdo perfectamente la descripción física que hizo de Javier en el primer informe: «Tipo hercúleo», una definición que aún hoy se ajusta a la realidad y que nos hizo reír la primera vez que la leímos.

Fue él quien prescribió para Javier dos pruebas muy concretas: unos potenciales auditivos, para descartar cualquier lesión en el oído, y una resonancia magnética «para excluir un tumor cerebral». Aunque no se haya pasado por una experiencia así, no creo que tenga que explicar a ningún padre o madre las sensaciones que genera una frase de este tipo. Es la ANGUSTIA y el MIEDO, con mayúsculas. No existen calificativos para definir la espera que media entre esas palabras y el informe final. Y entre unas y otro, la prueba.

Una resonancia magnética requiere que el paciente se mantenga en una posición de inmovilidad total. Debido al «carácter inquieto» de Javier, el equipo decidió aplicarle un anestésico para dormirle durante la exploración. Al acabar, Javier despertó llorando, nervioso. «No os preocupéis —nos dijeron—, en treinta minutos se le habrá pasado.» Hora y media más tarde seguíamos allí, con el niño en el mismo estado. Nos negamos a marcharnos hasta que Javier no se hubo tranquilizado un poco, sobre todo porque nadie nos daba una explicación de por qué nuestro hijo no se recuperaba en el plazo previsto. Supongo que ellos estaban tan desconcertados como nosotros y, por supuesto, nunca obtuvimos una respuesta. Afortunadamente, el informe descartó un tumor o cualquier daño cerebral. En aquella ocasión nuestras lágrimas fueron de alegría. (A pesar de las advertencias escritas tipo «no abra este sobre. Su contenido está destinado exclusivamente a su médico y él es quien debe interpretarlo», siempre leo los informes. ¿Es que los pacientes somos meros mensajeros? ¿Es que no tenemos derecho, si se nos antoja, a cambiar de médico y llevar nuestros informes a quien nos dé la gana?)

Recuerdo que, en aquella ocasión, sentí por primera vez lo que con el tiempo se fue convirtiendo en costumbre: esa mirada que te dedican algunos especialistas y que expresa con meridiana claridad lo de «ya tenemos aquí a los padres histéricos de turno». Por mi experiencia he llegado a creer, sinceramente, que muchos de los que se dedican a la medicina infantil deberían acudir a clases de psicología aplicada al trato con los padres y, desde luego, a los niños.

Quedaban por realizar los potenciales auditivos, otra prueba que requería de la total inmovilidad de Javier. Advertimos de ello a la hora de pedir la cita, y cuál no sería nuestra sorpresa cuando comenzamos a ver cómo llenaban el cuerpo de Javier —especialmente la cabeza— de ventosas en las que había que insertar unos cables... que él se arrancaba uno tras otro.

El especialista de turno —perteneciente también al equipo de otro reputado especialista de la clínica La Zarzuela— tuvo incluso la osadía de malhumorarse con nosotros por la «nula colaboración de Javier», que tenía entonces alrededor de dos años. Conteniendo nuestro propio enfado y explicándole que ya les habíamos advertido de las circunstancias especiales, tiramos la toalla y acordamos un segundo intento, esta vez con la administración de un jarabe antihistamínico para ver si Javier se relajaba y «colaboraba» algo más.

Nuevo fracaso durante la segunda cita, en la que ya no toleramos la rudeza del especialista. Él seguía insistiendo en que no era una falta de profesionalidad suya, sino un «fallo» del niño y, por supuesto, una intolerable falta de control por nuestra parte. La discusión fue alcanzando un tono cada vez más rudo hasta que, llegados a un punto determinado (aquel en el que uno enfrenta la importancia y la necesidad de la prueba con el deseo de enviar al especialista a hacer gárgaras), el padre de la criatura enmudeció, le quitó todos los cables a Javier, le cogió en brazos y dijo muy serio: «Adiós, buenas tardes».

A este niño le falta un hervor

Nos costó tiempo y varias indagaciones encontrar un nuevo equipo que realizase los potenciales auditivos. La consulta a la que por fin acudimos parecía un poco destartalada y era algo caótica, pero este especialista sí debía de haber realizado los cursos de psicología para niños y... padres. La segunda vez que fuimos salió en seguida de su despacho y se dirigió con una sonrisa a José Luis diciendo: «Pasa, que te noto una especie de sarpullido cuando esperas más de lo debido» (la verdad es que habíamos esperado muchísimo durante la primera cita). La prueba se realizó sin mayores problemas y con resultado igualmente negativo: Javier no tenía ningún problema en el oído.

Quedaba la analítica. Si ya resulta complicado extraer sangre a un niño de dos años sin problemas de conducta, con Javier era —y es— toda una odisea: gritaba, pataleaba, su cuerpo entero se tensaba como una cuerda de violín y había que sujetarlo entre cuatro adultos.

Una vez conseguidas todas las pruebas, volvimos al neurólogo. Leyó los informes, exploró a Javier de nuevo y concluyó: «No os preocupéis. Lo que le pasa a este niño es que le falta un hervor». Como si fuera una coliflor. Habría que hacerle, eso sí, un seguimiento, pero lo que se clava en el corazón angustiado de unos padres es ese «no os preocupéis». Así que, a pesar de todo, seguimos preocupándonos y buscando respuestas.

Nuestro amigo Carlos, el ginecólogo, nos puso en contacto con otro pediatra, que a su vez nos recomendó la investigación genética. Así fuimos a parar a las manos del doctor Cabello. A pesar de las veces que habíamos pasado ya por el trámite de una nueva consulta, afrontamos con optimismo la investigación genética. A las preguntas ya rituales como «¿qué le pasa al niño?, ¿fueron normales el embarazo y el parto?, ¿con cuántos meses sostuvo la cabeza?, ¿a qué edad comenzó a caminar?», se sumaron otras nuevas y sorprendentes: «¿Os habéis drogado alguna vez?, ¿trabajáis con material radiactivo?».

El objetivo consistía en obtener un cariotipo (mapa genético) de cada uno de nosotros para ver si se evidenciaba alguna anomalía o enfermedad en este sentido. Todo ello, claro, acompañado de los análisis sanguíneos de rigor. Una vez más, «numerito» en el laboratorio para sujetarle y conseguir extraerle sangre. Por aquel entonces, Javier ya empezaba a huir de las batas blancas como de la peste (incluidas las que veía en las farmacias) con esta frase: «No pasa nada». Era y aún es su forma de decir que estaba asustadísimo. Supongo que la repetía por las incontables ocasiones en que la había escuchado de nuestros propios labios cada vez que debía enfrentarse a una nueva prueba médica.

Pasados unos días, nos llamaron de nuevo a la consulta. Recuerdo perfectamente la frase del genetista cuando fuimos a recoger los resultados: «No busquéis más. Aquí está la respuesta». En esa respuesta puede leerse lo siguiente:

> Estudio genético molecular: cromosoma extra en todas las células del consultante. Este cromosoma presenta dos regiones terminales que hibridan con las secuencias centroméricas del cromosoma 15 y una región intermedia en la que existe una duplicación de la región SNRPN correspondiente 15q11-q13. En este cromosoma derivado del 15 no existe el gen pml que se encuentra en la región 15q22. En consecuencia, existe una tetrasomía parcial del cromosoma 15 que probablemente es la causante de las alteraciones que presenta el paciente.

El doctor tuvo la amabilidad de traducirnos a un lenguaje que pudiéramos comprender aquel galimatías. Más o menos nos explicó que, durante el proceso inicial de la gestación, el ADN de Javier había duplicado la información de nuestro ADN en una región indefinida del cromosoma 15.

El alivio inicial que sentimos al escuchar aquel «no busquéis más» fue seguido por un bombardeo de preguntas: ¿sabía la ciencia para qué servía exactamente el cromosoma 15? ¿Por qué el informe establecía como «indefinida» la región donde se encontraba la tetrasomía? ¿Existía algún tipo de síndrome descrito o asociado a esa alteración? ¿Por qué no debíamos seguir buscando, cuando se decía que aquélla era la causa probable, pero no segura, de los problemas de Javier? Nuestras preguntas obtuvieron muchas negativas por respuesta. A pesar de lo avanzado del Proyecto Genoma Humano,[3] que por esas fechas había secuenciado el 90 por ciento de los genes, aún quedaban muchas cosas por averiguar. Por ejemplo, cuál era la función de todos aquellos genes. Por explicarlo de alguna manera, se sabía dónde estaban las carreteras que dibujaban el mapa del ser humano, pero se desconocía a qué lugares conducían.

En octubre de 2004 saltaba a las páginas de los periódicos la noticia de que el ser humano tiene unos 10.000 genes menos de lo previsto inicialmente. La región del cromosoma 15 (donde se encontraba la anomalía genética de Javier) era indefinida porque —en aquel momento, en 1998— no estaba secuenciado todo ese cromosoma. Por lo tanto, tampoco era posible ningún tratamiento, algo que tardaría entre diez y quince años en llegar según las previsiones.

Por otra parte, ninguna publicación científica había descrito jamás aquella anomalía como un síndrome específico que afectase a varios individuos, y el doctor tampoco podía estar seguro, al cien por cien, de que lo que había detectado fuese la causa de los problemas de Javier. Nos ofreció un porcentaje de seguridad del 70 por ciento.

---

3. Reproduzco aquí parte de un seminario impartido por el profesor Enrique Iáñez Pareja y recogido en un artículo publicado en www.ugr.es/~eianez/Biotecnologia/genoma-1.html en el año 1998: «El PGH (Proyecto Genoma Humano) es el primer gran esfuerzo coordinado internacionalmente en la historia de la biología. Se propone determinar la secuencia completa (más de 3.000×10^6 pares de bases) del genoma humano, localizando con exactitud (cartografía) los 100.000 genes aproximadamente y el resto del material hereditario de nuestra especie, responsables de las instrucciones genéticas de lo que somos desde el punto de vista biológico».

La ciencia, pues, no ofrecía entonces ninguna solución para el problema de nuestro hijo, aunque quizá sí una explicación, en alguna medida. Sin embargo, lo que acabó de desconcertarnos por completo fue otra aseveración: si el cien por cien de la población se hiciera un cariotipo, el 90 por ciento presentaría alguna alteración genética. Así sucedía, por ejemplo, en el caso de José Luis: tenía lo que el doctor definió como una «rotura cromosómica» del diez por ciento: de cada cien cromosomas, diez estaban «rotos».

El especialista fue lo suficientemente discreto como para, durante la consulta sobre los resultados del informe, llevarse a mi marido aparte e interrogarle sobre su posible relación con las drogas o con material radiactivo. Aún nos reímos con su respuesta: «¿Un whisky de vez en cuando puede considerarse una droga?». E insistió de nuevo en el tema —procurando siempre que yo no estuviera presente— cuando trasladó nuestro caso al centro hospitalario Ramón y Cajal. Allí nos repitieron los análisis e incluso nos sacaron fotografías a los tres, supongo que para presentarnos como caso médico en alguna publicación científica.

De la investigación genética nos remitieron al Departamento de Neuropediatría. Otra consulta, más pruebas, un nuevo especialista. En esta ocasión se trataba de un médico algo distante con nosotros, con aire distraído y cabellera blanca que le daba aspecto de Einstein. Según nos había explicado el especialista, se trataba de una eminencia en su especialidad, la neurología infantil. Su primer informe tiene fecha de marzo de 1998 y es el que se extractaba al principio de este capítulo. Javier tenía entonces tres años y dos meses. Además de toda la analítica nueva que le realizaron, y que era normal en todos los aspectos, necesitaban unos análisis de orina. Por aquel entonces Javier seguía utilizando pañales. La secuencia fue de pesadilla: enormes colas para conseguir el artilugio de recogida; odisea para obtener una cantidad aceptable de líquido (el «invento» se pegaba a sus genitales con un plástico adhesivo que debía de ser bastante molesto, porque se lo arrancaba continuamente); de nuevo, más colas para entregarlo y, supuestamente, enviarlo a un laboratorio de Barcelona para su análisis... y descubrir que la muestra se había perdido camino de la Ciudad Condal.

Desvelada por la red

Nos marchamos del Ramón y Cajal con el convencimiento de que, pese a los excelentes medios técnicos de la Seguridad Social, había que ser de una pasta muy especial para aguantar su burocracia. Pasta de la que, desde luego, nosotros carecíamos. Desanimados y con el único diagnóstico de «retraso psicomotor secundario a cromosopatía», nos encontramos completamente perdidos y sin saber muy bien qué hacer.

Recuerdo que comenzó a entrarme la fiebre de la búsqueda de información por internet. Pasaba largas horas nocturnas, desvelada, navegando por la red en busca de una respuesta. A través de páginas estadounidenses como Medline encontraba incomprensibles artículos que hablaban de síndromes como el de Prader-Willi. En la página de la Asociación Española para esta enfermedad[4] —que entonces no existía— puede leerse lo siguiente:

«Los retrasos de desarrollo se hacen menos llamativos entre los 2 y los 5 años. Las habilidades motoras —finas y gruesas— mejoran. En ocasiones no caminan hasta los 4-5 años. Los niños con SPW tienen distintos trastornos de aprendizaje y su capacidad intelectual normalmente varía en un retraso de moderado a ligero.

»Durante esta segunda etapa el habla y el lenguaje mejoran. Muchos niños se vuelven excesivamente habladores durante estos años. Sin embargo, la mayoría de ellos tienen errores de articulación. En estos primeros años el lenguaje expresivo (habla) general-

4. www.prader-willi-esp.com

mente va algo más retrasado que el lenguaje receptivo (comprensión). Este retraso puede provocar frustración en el niño (y la expresa con rabietas) y en las personas de su entorno. Mejorar sus habilidades comunicativas será otro de los objetivos de este período. En algunos casos un retraso excesivo en la adquisición del lenguaje puede requerir el uso de signos y métodos aumentativos de la comunicación.

»Los niños con SPW son generalmente cariñosos y es muy fácil quererlos. A partir de los 4 años pueden comenzar a ocurrir momentos en que tenga cambios de comportamiento significativos como tozudez, rabietas y dificultad para afrontar los cambios. El déficit de habilidades sociales crea a menudo dificultades en la relación con sus compañeros y genera problemas de conducta. El tratamiento conductual por parte de un profesional en esta etapa puede prevenir problemas en un futuro. Debe crearse un entorno suficientemente estructurado que permita la máxima autonomía y a la vez minimice aquellas condiciones que les induzcan a realizar conductas inapropiadas. La implantación de unas normas consistentes y mantenidas estrictamente por parte de todos los cuidadores es, por sí sola, la intervención más efectiva».

Cuando encontraba algo así, llamaba al día siguiente al genetista o al neurólogo de Sanitas para asegurarme de que no se les había pasado por alto este tipo de cosas en un diagnóstico que, salvo en algunos aspectos, cuadraba bastante bien con la descripción de Javier. Recortaba y archivaba todo lo que los periódicos publicaban sobre investigaciones del genoma humano, en concreto del cromosoma 15. Por ejemplo, un equipo catalán había descubierto cierta relación entre determinadas fobias, conductas obsesivo-compulsivas y el cromosoma 15. Y creía ver en el comportamiento de Javier una relación estrecha con su alteración cromosómica; por ejemplo, en su extraña relación con el sonido.

Desde muy pequeño parece tener unas dotes especiales para la música. Aprendía, y aún hoy lo hace, melodías y letras con una facilidad increíble, subiendo o bajando de octava para acoplarse al tono que escucha por la radio, la televisión, el aparato de música o la persona que canta a su lado. Sin embargo, la música es a la vez una de sus obsesiones: puede escuchar cientos de veces la misma canción. No sólo no se cansa, sino que la pide una y otra vez. Por otra parte, sonidos como el de una motocicleta, una segadora, una batidora o unos fuegos artificiales pueden provocarle unas crisis de ansiedad tremendas.

Yo corría con toda esta información al genetista o a cualquier otro médico conocido para exponerle mis «hallazgos»... sin que me hicieran el más mínimo caso. José Luis pensaba que aquello no hacía más que originarme quebraderos de cabeza que no llevaban a ninguna parte. Me costó muchos años convencerme de que tenía razón. O quizá es que ahora sé realmente lo que busco.

En mayo de 1998 Javier tenía tres años y medio. Ni los especialistas que habíamos visitado ni las pruebas médicas realizadas arrojaban ninguna luz sobre cuál era el siguiente paso que debíamos dar. Fueron las circunstancias las que nos obligaron.

Como relataba al final del capítulo anterior, el colegio de Javier y Daniel (el SEK Ciudalcampo) nos convocó a una reunión durante la fecha en que suele hacerse la reserva de plaza para el curso siguiente. Tras explicarnos que nuestro hijo pequeño no podía seguir allí porque no había adquirido el nivel necesario de conocimientos y porque carecían del personal adecuado para ocuparse de él, nos ofrecieron una opción: otro colegio en la zona donde vivíamos, especializado en niños con problemas.

Allí nos fuimos. Concertamos una entrevista durante la que nos contaron su proyecto, que nos entusiasmó. Al parecer, y al igual que nuestro hijo, muchos niños presentaban problemas de aprendizaje y conducta. El masificado sistema educativo complicaba la adaptación de esos niños en circunstancias especiales, pero ese colegio pensaba que debía ser exactamente al revés: era el sistema el que debía adaptarse a ellos, como un traje a medida. Para ello

—nos explicaron— utilizaban las adaptaciones curriculares, unos profesionales muy especializados y, por supuesto, un número muy reducido de niños por aula.

A pesar del esfuerzo económico que aquel colegio suponía para nosotros, nos pareció el idóneo para Javier. Sin embargo, había un problema: nuestro hijo no había cumplido aún los cuatro años (la edad mínima para entrar) y debía pasar previamente por dos mañanas de pruebas y observación para ver si presentaba el nivel necesario. No tengo palabras para describir la angustia de aquella semana y media que tardaron en responder a nuestra petición de plaza. ¿Qué íbamos a hacer si nos la denegaban? Finalmente, nos convocaron a una nueva entrevista en la que nos dirían si Javier había sido admitido. Cuando escuchamos aquel «damos la bienvenida a Javier», no pude articular palabra: la angustia contenida durante aquellos días se desbordó en lágrimas.

La directora me miró un tanto desconcertada por mi reacción, pero rápidamente cayó en la cuenta de lo que sucedía: «Creo que os lo hemos hecho pasar un poco mal, ¿no?». Asentí. José me cogió la mano y nos miramos. Se había cerrado una puerta para Javier pero, tras ella, había otra dispuesta a abrirse.

Capítulo 3

Años de incertidumbre

Con el nuevo curso y el nuevo colegio de Javier, en septiembre de 1998, la normalidad pareció volver a nuestras vidas. Sólo teníamos que sortear esos «pequeños» inconvenientes que dificultan la intendencia de cualquier familia. Por ejemplo, el hecho de tener a nuestros hijos en colegios diferentes. Los autobuses escolares que les traían de vuelta a casa (por la mañana les llevábamos nosotros) lo hacían con media hora de diferencia. La parada de Javier —último de los dos en llegar— se encontraba a dos kilómetros de donde vivimos, lo que suponía que o bien recogíamos a Daniel y esperábamos con él a que llegase su hermano, o bien tenía que haber alguien en casa para acompañarle hasta que alguno de nosotros recogiera a Javier en la parada. Como en tantas ocasiones, los abuelos paternos fueron una ayuda inestimable en este sentido, pero por si acaso decidimos contar con una persona interna que nos ayudara en casa con los niños.

Complicaciones aparte, Javier parecía un niño feliz. Había arrancado ya a hablar, pero de una forma muy curiosa: a base de inversión pronominal y ecolalias (descubriríamos muchos años más tarde el significado de estos términos técnicos). Por ejemplo, si tenía sed decía «¿quieres agua?»; o si tenía ganas de jugar, «¿quieres la pelota?». Por otro lado, se mostraba incapaz de elegir entre dos opciones, por ejemplo entre un yogur o fruta a la hora de merendar. Todavía hoy le cuesta.

Por esa misma época comenzó a inventar unos extraños palabros que utilizó hasta los seis años y que incorporó con normalidad a su lenguaje. Para él tenían su propio significado, puesto que los empleaba con frecuencia. En algunos casos fuimos capaces de descubrir su sentido. En otros, todavía lo estamos intentando. Lo cierto es que no sabemos de dónde salió esa extraña terminología. Ésta es una pequeña muestra de ese vocabulario: la marisona es el reposacabezas en los asientos del coche; el vatocanen, la pelota de baloncesto; el bombo, un balón de rugby; el euskandul, el logotipo de la cadena de hamburgueserías McDonald's. En cuanto a los términos gemonte, toferolto, gueresmo y lup, no tenemos ni idea de su significado.

En lo que se refiere a su comportamiento, Javier podía pasarse horas (todavía lo sigue haciendo) jugando con pelotas o con el perro. A estas conductas obsesivo-compulsivas (otro término experto que ha pasado también a formar parte de nuestro diccionario familiar) se fueron sumando otras, como abrir y cerrar puertas o pasar rápidamente las páginas de las revistas de decoración que colecciono. En este último caso, conseguimos convertirlo en una obsesión positiva: gracias a su memoria portentosa aprendió con rapidez muchísimo vocabulario relacionado con objetos cotidianos (mesa, silla, cama, cocina, sofá, vaso, plato, reloj, tenedor, cuadro...).

Sin embargo, no parecía tener ningún interés por la televisión —ya fueran series de dibujos animados o las clásicas películas de Walt Disney— ni por actividades como pintar. Además, carecía de lo que los expertos llaman «psicomotricidad fina», la que capacita para, por ejemplo, sostener con firmeza un lápiz entre los dedos o abrocharse los botones. Por supuesto, odiaba los juegos de construcciones, cuyas piezas acababan siempre desparramadas por el suelo y utilizadas como arma arrojadiza.

Las relaciones con otros niños de su edad tampoco habían mejorado. Su forma de acercarse a ellos consistía básicamente en agresiones: empujones, patadas, pellizcos... Si estábamos en la playa o en un parque infantil, su mayor felicidad era lanzar una paletada de arena contra el contrario. Sin embargo, con la misma facilidad se acercaba y les daba un beso, un abrazo enorme o una caricia. Fue por aquel entonces cuando comenzó a mostrar una inmensa capacidad para saber hasta dónde podía llegar con los demás y conseguir lo que quería (fundamentalmente, jugar a la pelota o con el perro). Y en especial con los adultos.

Como comentaba unas páginas más atrás, en casa vivíamos en un estado permanente de alerta. Sentía una atracción irresistible por los enchufes, el fuego de la cocina, los cuchillos... Hasta que Javier consiguió mantenerse en pie, le encantaba ir al baño y trepar por la taza del retrete. Atraído por el agua del fondo, en más de una ocasión le sacamos por los pies cuando ya había iniciado su inmersión en las profundidades. Hoy sigue disfrutando con el agua. Cada vez que hay que sacarle del elemento líquido, ya sea en la piscina, en la bañera o en el mar, hay que armarse de dosis de paciencia dignas del santo Job.

El nuevo colegio era una esperanza alentadora para que, entre todos, pudiéramos conseguir que Javier mejorase algunos aspectos de su conducta. Estaba en una clase con sólo ¡tres compañeros más! Araceli, su profesora, nos pareció una persona competente y muy tranquila. Y el número de alumnos, el idóneo para dedicarle a cada uno el tiempo suficiente. Además, el nuevo centro ponía a disposición de Javier, en horario escolar, apoyos extra en psicomotricidad y logopedia (con suplemento económico a la ya de por sí carísima escolaridad). Por supuesto, le apuntamos inmediatamente. ¿Qué no habríamos de hacer por nuestro hijo, si los profesionales nos lo recomendaban?

Uno de los consejos que nos dieron fue el de volver al primer neurólogo que había visto a Javier, y que en el colegio era bien conocido a través de la experiencia con otros alumnos, así que a él regresamos. Claro que en el lapso de tiempo entre las primeras citas y la de ahora habían cambiado algunas cosas. La primera, como ya comenté, que su consulta se había trasladado. Ahora se encontraba en un lujoso chalé cerca de la madrileña estación de Chamartín. La segunda, que se había masificado. Pese a la cita previa, podía pasar hasta una hora y media hasta que, en mitad de aquel guirigay de niños y padres, llamaban a Javier.

El descubrimiento de la hiperactividad

Para cada visita había establecido una especie de protocolo consistente en que, antes de la consulta con el médico, el niño debía realizarse un electroencefalograma. La enfermera, José Luis y yo sudábamos lo indecible para conseguir que nuestro hijo —en pleno ataque de ansiedad con gritos, llantos y patadas— no se arrancara aquel casco galáctico y los electrodos a él fijados. Cuando nos veíamos en tales situaciones, siempre nos preguntábamos lo mismo: ¿tendría alguna validez aquella prueba teniendo en cuenta el estado en que se encontraba Javier? Tras la segunda o tercera cita, renunciamos voluntariamente al asunto, aunque mi marido se ofreció a cargar el gasto en la tarjeta del seguro médico si ello era requisito indispensable para ver al médico, según explicaron.

Otro cambio era el del propio especialista que nos atendía. Ya no estaba aquel hombre grande y bonachón que nos había comentado aquello de que al niño «le faltaba un hervor». El nuevo doctor no era tampoco el titular de la consulta (seguíamos acudiendo por una sociedad médica): se trataba de un médico joven, tranquilo también, que nos pareció muy amable.

Fue a él a quien oímos hablar por primera vez del término «hiperactividad», otra palabra que se sumaría a la jerga familiar relativa a nuestro hijo pequeño. A pesar de la deficiente traducción al español, traslado aquí por su interés la definición que el Instituto Nacional de Salud Mental de Estados Unidos (NIMH, por sus siglas en inglés) hace del llamado Trastorno Hiperactivo de Déficit de Atención.[5]

«Imagínese vivir en un caleidoscopio de rápido movimiento en el cual sonidos, imágenes y pensamientos están en constante movimiento. Aburrirse fácilmente, sin poder concentrarse en las tareas que necesita cumplir. Distraído por imágenes y sonidos sin importancia, de manera que su mente lo lleva de un pensamiento o actividad al siguiente. Quizá esté tan envuelto en un collage de pensamientos e imágenes que no se da cuenta cuando alguien le habla.

»Para muchas personas, esto es lo que significa tener el Trastorno Hiperactivo de Déficit de Atención o ADHD (Attention Deficit Hyperactivity Disorder). Quizá no pueden sentarse quietos, planificar de antemano, terminar tareas o estar plenamente conscientes de lo que está ocurriendo a su alrededor. Para sus familias, compañeros de clase o colegas parecen existir en un remolino de actividad desorganizada o desenfrenada. De repente —en algunos días o en algunas situaciones— parecen estar bien, llevando a los demás a pensar que la persona con ADHD en realidad es capaz de controlar estos comportamientos. Como resultado de esto, el trastorno puede arruinar las relaciones de la persona con los demás, así como perturbar su vida diaria, consumir energía y disminuir su amor propio. [...]

«Entendiendo el problema»

»A los 3 años, Marcos ya era un tornado humano, precipitándose por todas partes y desbaratando todo en su camino. En la casa, se lanzaba de una actividad a otra, dejando un sendero de juguetes detrás. En las

---

5. El Instituto tiene una página de internet en la que muchos de sus artículos, como el que se reproduce, están en español. La dirección de éste, en concreto, es www.nimh.nih.gov/publicat/spadhd.cfm.

comidas, volteaba platos y hablaba sin parar. Era imprudente e impulsivo, corriendo a la calle cuando venían carros, sin ninguna importancia de cuántas veces su madre le había explicado el peligro y sin importancia de cuántas veces su madre lo había regañado. En el campo de recreo, no parecía ser más salvaje que los demás niños. Pero su tendencia a reaccionar demasiado —tal como pegarles a sus compañeros sólo porque se tropezaran con él— ya lo había hecho entrar en apuros varias veces. Sus padres no sabían qué hacer. Los abuelos complacientes de Marcos les aseguraban que "los niños serán niños. No se preocupen. Ya se le pasará con la edad". Pero no fue así.»

¡Eureka! Parecíamos haber encontrado una definición bastante exacta de lo que le estaba sucediendo a Javier, que parecía el hermano gemelo —en lo que a conducta se refiere— del tal Marcos. Según ese mismo estudio, la hiperactividad con déficit de atención afecta a entre el 3 y el 5 por ciento de todos los niños (unos 2.000.000 en Estados Unidos) y es hasta tres veces más frecuente en los varones que en las niñas. La hiperactividad se convirtió, durante la década de los noventa, en el trastorno de moda en las aulas estadounidenses. Como ocurre con todas las modas científicas, presentaba también sus inconvenientes: las escuelas públicas obtenían subvenciones extra para apoyar a los niños con este trastorno, y durante los noventa se produjeron abusos de este tipo de diagnóstico. Mi amiga Cristina, por ejemplo, tuvo que luchar lo indecible para que a uno de sus hijos le reconocieran una dislexia que las autoridades escolares se empeñaban en tratar como trastorno del déficit de atención. Y una vez conseguido esto, batalló para obtener los apoyos adecuados a esta disfunción, que no estaba subvencionada.

Una tabla de salvación

Como todas las modas importadas, el THDA llegó a España con la década de retraso correspondiente. Muy pocos pediatras sabían realmente qué era aquello y cómo tratarlo. Y, desde luego, el término no había entrado aún en el ámbito de la docencia.

Sin embargo, representaba una tabla de salvación para nosotros porque explicaba —en gran medida— la conducta de Javier. Por ejemplo, su resistencia a estar sentado en una silla sin moverse y obligado a una única tarea durante la primera terapia que habíamos probado. O, en la escuela infantil, la dificultad para aprender cosas nuevas. Pretender que centrara su atención en lo que fuese durante más de tres minutos seguidos era poco menos que imposible.

En casa lo habíamos intentado con la televisión, sobre todo mediante los dibujos animados, pero no servía: medio minuto y, de repente, cuando parecía estar más interesado en la pequeña pantalla, giraba la cabeza y repetía una palabra cualquiera de una conversación mantenida en el otro extremo del cuarto o incluso en la habitación contigua. Su atención se distraía de la tele y abordaba otra actividad nueva que duraba más o menos lo mismo. Recuerdo que, en la familia y con los amigos, comentábamos que era como si tuviese un pequeño pero potente radar en su cabeza, capaz de captar cualquier sonido en un radio de quinientos metros. Podía ser el ladrido de un perro, el canto de un pájaro, la música en la casa del vecino, la radio o la charla entre dos personas en la puerta de casa.

¿Existía una medicación para la hiperactividad? Sí, el metilfenidato, más conocido por su nombre comercial de Rubifen. Javier no toleró el Rubifen durante aquel curso 1998-1999, pese a todas nuestras expectativas. La cuarta parte de un comprimido en el desayuno le hacía sentirse adormilado (de hecho, se dormía profundamente en el trayecto de casa al colegio), tembloroso, inestable físicamente (como si se mareara) y, sobre todo, asustado. Aquel niño no era Javier. Lo intentamos dos o tres veces antes de renunciar a esa medicación.

Sin embargo, durante aquel curso, ésa sería la menor de nuestras preocupaciones.

Nuevo frente de batalla

En marzo de 1999, al cumplir los treinta y seis años, me diagnosticaron un cáncer de mama, afortunadamente descubierto a tiempo gracias a la profesionalidad y los desvelos de Carlos, mi ginecólogo y buen amigo. Durante mi estancia de casi un par de semanas en el hospital sólo permití que los niños me visitaran una vez: no quería que me viesen en esas condiciones, en las que —además del estado psicológico— no podía apenas abrazarles (mi brazo derecho estaba vendado a mi cuerpo maltrecho, aunque menos que mi ánimo).

Esa misma razón nos impulsó a llevarles, durante los fines de semana que me tocaba someterme a la quimioterapia posterior, a casa de sus abuelos paternos. Mis hijos no me molestaban, desde luego: sólo queríamos ahorrarles el trago de ver a su madre mareada, con náuseas y vomitando durante los dos o tres días que duraba el efecto de los fármacos.

Cuando hablamos de cómo enfocar aquel tema con los niños, nuestras preocupaciones se dirigieron inmediatamente hacia Javier. ¿Cómo iba a reaccionar? ¿Cómo íbamos a explicárselo para que lo entendiera? Por supuesto, hablamos con Daniel —que entonces tenía nueve años— y le ofrecimos también una explicación sencilla: mamá tenía un bultito en el pecho y debía estar unos días ingresada para que se lo curaran.

Al volver del hospital recuerdo que observé a Javier con preocupación: no me hablaba y giraba la cabeza hacia otro lado cuando le miraba. Supuse que estaba enfadado conmigo por haber «desaparecido» de su vida durante unos días, por quejarme cuando me daba un achuchón más fuerte de lo debido (casi siempre) y porque, cada vez que se acercaba a mí, alguien le decía: «¡Ten cuidado con mamá!». Al menos tenía una forma de manifestar su enfado y su preocupación.

Las primeras notas de Daniel tras mi operación mostraron un bajonazo en su rendimiento escolar. Y al hablar con su tutora nos percatamos del doble error que habíamos cometido. Por un lado, no avisar en el colegio de que había una situación familiar especial. Por otro, pensar que Daniel iba a superar las circunstancias con mucha más facilidad que su hermano. Aprendimos una lección que ya jamás olvidaríamos: a pesar del tiempo que requiere un niño con problemas, jamás debemos deducir que los hermanos no atraviesen sus propias dificultades, especialmente cuando se trata de situaciones complicadas que afectan a toda la familia. A partir de aquel momento, fuimos mucho más conscientes del desequilibrio en la atención a nuestros hijos; y hemos intentado compensar la situación dedicando «tiempos especiales» a Daniel, como actividades de ocio y escapadas a solas con él.

Desde que tiene uso de razón, e incluso antes de que lo preguntara, hemos intentado explicarle la situación de su hermano en términos que pudiera comprender a medida que crecía. Por ejemplo, diciéndole que Javier «iba un poquito más despacio que otros niños de su edad». Así le explicábamos por qué a veces teníamos que cambiarle de colegio. También hemos procurado hacerle partícipe de las terapias o de las consultas con especialistas, pero sin forzarle a ello: el simple hecho de preguntarle si quería participar provocaba en él una respuesta positiva.

No tengo demasiadas imágenes del año posterior a mi diagnóstico y operación de cáncer, salvo la que me devolvía —lacerada— el espejo. Más bien guardo recuerdos de sensaciones y emociones: la lucha por vencer a la enfermedad (porque estaba convencida de que el estado anímico influye en ella), y la preocupación por mi marido, por nuestros niños (no podía faltarles) y por mis padres (que habían perdido ya dos hijos) ocuparon casi todos mis pensamientos y mi corazón.

No fue una lucha fácil, pero sí me hizo sentir la mujer más querida del mundo por el hombre que amo (que no se separó de mí ni un momento durante aquellos meses) y por todos los que me rodean, familiares, amigos y compañeros de trabajo (por entonces ejercía como responsable de contenidos en el canal temático Viajar).

Recuerdo muy bien, no obstante, la que fue la anécdota de aquel verano. Una noche, cuando creíamos a Javier plácidamente dormido en su cama, llamaron al timbre. Eran las doce de la noche. Ante la puerta de casa apareció un grupo de adolescentes, una de ellas con el niño en brazos. Le habían encontrado en plena calle, en pijama y descalzo, custodiado por nuestro fiel mastín, que le protegía por el lado de la carretera. Afortunadamente, vivimos en una urbanización cerrada y no habría podido salir más allá de la entrada principal. Claro que en casa no había encontrado obstáculo alguno para su expedición nocturna: todas las puertas estaban abiertas y, de algún modo, consiguió abrir también la cancela del jardín.

Desde entonces, nuestro hogar es, por las noches y a partir del momento en que Javier se acuesta, un lugar cerrado a cal y canto. Y, por supuesto, insistimos muchísimo en el tema cada vez que se queda con familiares y amigos, o cuando va a las excursiones del colegio.

Un nuevo curso

El curso 1999-2000, durante el cual Javier cumpliría cinco años, llegó con una novedad: la que había sido profesora de Javier se marchaba del colegio a los dos meses de comenzar. Aquello no nos gustó demasiado. El año escolar acababa de iniciarse y a Javier le costaban muchísimo los cambios de rutina, como pasar de las vacaciones a las jornadas de colegio y viceversa. Pero, sobre todo, le costaba adaptarse a una persona nueva.

No nos dieron demasiadas explicaciones sobre el cambio, pero lo aceptamos porque no quedaba más remedio. La nueva profesora era una maestra joven, bastante hiperactiva en nuestra opinión (hablando en términos coloquiales, claro), pero con ganas de hacer las cosas bien, por lo que decidimos darle una oportunidad.

Mientras tanto, el neurólogo a cuya consulta seguíamos acudiendo nos propuso un nuevo intento con la medicación para la hiperactividad. En esta ocasión, Javier pareció tolerar mejor el Rubifen.

Automedicación

Y comenzó un nuevo problema. Por un lado, en el colegio aseguraban que a Javier le venía muy bien la medicación porque «se concentraba» mejor en las tareas escolares de la mañana. Tareas que, por lo general, se limitaban a fichas de preescritura y lectoescritura. Pasados dos cursos, Javier llegó a odiarlas con toda su alma: cada vez que intentábamos hacer alguna en casa, se resistía como gato panza arriba.

Nos daba la sensación de que en la escuela, a medida que pasaba el tiempo, aquellas otras cuestiones que para nosotros eran igual de importantes (como desabrocharse el abrigo, dejar la mochila en su sitio o aprender a ir al cuarto de baño solo) se iban desatendiendo cada vez más.

Y para colmo, la medicación tenía un efecto rebote que hacía que, más o menos a la hora de comer, la conducta de Javier se disparase nuevamente. Por si todo esto fuera poco, nadie nos respondía a la pregunta de cómo afectaba a largo plazo el metilfenidato al organismo. Quizá porque no había estudios sobre el tema. En el colegio eran partidarios de aumentar la dosis introduciendo una nueva toma durante las comidas (las cajas de Rubifen corrían por el comedor escolar), y así llegó un momento en que el neurólogo dejó en nuestras manos el ir aumentando la medicación. Durante cuatro cursos no dejamos de hacernos esta pregunta: ¿cómo era posible traspasar a los padres la responsabilidad de un fármaco que no se vende sin receta? La respuesta del neurólogo nos convenció al principio: nadie mejor que los progenitores y el colegio para observar el comportamiento del niño y decidir si necesitaba dosis adicionales.

Aunque seguimos esta línea durante algún tiempo, llegó un momento en que nos negamos a ambas cosas: a darle la medicación y a aumentar por nuestra cuenta las dosis.

Una nueva terapia

No obstante, pasaron varios meses antes de tomar esas y otras decisiones que afectaron de forma importante a la vida de Javier. De momento seguíamos adelante con el colegio, pues no estábamos aún descontentos con los resultados. Todo lo contrario. A finales de cada curso, por ejemplo, organizaban una gran fiesta en un teatro de un municipio cercano a Madrid.

Recuerdo la emoción de la primera vez y también los nervios que sentimos ante la posible reacción de Javier. ¿Sería capaz de soportar el ruido —que tanto le asustaba— de los aplausos? ¿Podría aguantar sin salir correteando por todo el escenario? Claro que José y yo lloramos al verle moviéndose sobre las tablas de un teatro, sonriendo y saludando al público... y sujeto por la mano firme de su profesora para contenerle.

Me emocionó más aún la ceremonia de graduación de los chicos y chicas del último curso, que tenían en torno a los dieciséis o diecisiete años. Si ellos habían sido capaces de conseguirlo, ¿qué nos impedía soñar con ver a Javier allí algún día, recibiendo su diploma? En aquel momento, no nos planteábamos el «después» de aquella ceremonia.

Al comenzar cada curso, el colegio reunía a los padres para ofrecernos una interesante e instructiva charla sobre distintos aspectos de la educación (por ejemplo, los réditos del refuerzo positivo en contra del castigo). A pesar de todo, seguíamos buscando a ciegas «algo». Teníamos la sensación de que no estábamos haciendo lo suficiente por Javier.

Durante el segundo curso de nuestro hijo en el nuevo colegio, entre septiembre de 1999 y junio de 2000, escuché a una compañera de trabajo hablar maravillas sobre una terapia que un sobrino suyo seguía a través de una fundación de Barcelona. Al parecer, el niño había conseguido grandes progresos. Nos pusimos en contacto con la fundación para concertar una cita con el neurólogo estadounidense que, según nos explicaron, acudía cada tres meses a la Ciudad Condal para conocer a los niños, abrir un historial y proponer la «rehabilitación» neurológica. Todo al «módico» precio de 124.200 pesetas (746 €) cada consulta.

Nuestra llegada a Barcelona, el 29 de abril de 2000, fue apoteósica. Por una de esas extrañas conexiones que se suceden en el cerebro de Javier, nada más abordar el taxi en el aeropuerto catalán comenzó a corear el ¡Hala Madrid! No hace falta explicar de qué equipo de fútbol somos forofos en nuestra casa... ni la cara de circunstancias que se nos quedó a los padres de la criatura ante la mirada atónita del taxista. A sus cinco años, aún podíamos justificar los comportamientos de nuestro hijo «por la edad».

Llegamos a la cita con el neurólogo a las tres en punto de la tarde, en horario estadounidense para estas cosas. Esperamos, solos los tres, en una sala espaciosa llena de juguetes. Javier, que parecía «oler» ya al nuevo especialista, correteaba nervioso de un lado a otro. Por fin pasamos a consulta.

El neurólogo estadounidense —inmenso físicamente y de penetrantes ojos azules— estaba junto a una chica rubia bastante joven. Era su hija, encargada de traducir sus preguntas y nuestras respuestas. Me llevé una buena reprimenda de aquel hombre por hablar en inglés y, sobre todo, por traducirle a José Luis lo que él preguntaba y yo respondía. Supongo que debía justificar el porcentaje del pago que correspondía a la intérprete.

Una vez más aparecieron los interrogantes que conocíamos de memoria: ¿cuándo sostuvo la cabeza por primera vez? ¿Durante cuánto tiempo gateó? ¿Qué edad tenía cuando comenzó a caminar por sí mismo? Pareció darle mucha importancia al hecho de gatear. Ninguno de los dos recordaba durante cuánto tiempo lo hizo, pero sí que no había sido demasiado. Incluso nos invitó a intentar que Javier lo hiciera allí mismo. Desconcertados, no lo conseguimos. Más desconcertados aún nos quedamos cuando propinó a Javier un empujoncito en el culete y el niño se puso a gatear.

Según nos explicó posteriormente, durante los primeros meses de vida de nuestro hijo su cerebro se había «saltado» algunos pasos clave para el correcto desarrollo posterior. Grosso modo, la terapia consistiría en unos ejercicios que ayudarían a que el cerebro recuperase esas fases perdidas. Dicho esto, nos hizo salir de la consulta para aguardar, en la sala de espera, el análisis de los ejercicios que servirían para ayudar a Javier.

Ésta es la lista de todo lo que debíamos hacer:

1. Masajear, con un aparato específico, brazos, piernas, manos, pies y dedos (un minuto cada extremidad). Javier debe estar tumbado y relajado.
2. Hacerle gatear, con la mano y la rodilla opuestas, mientras sortea obstáculos y se le persigue (cinco minutos).
3. Hacerle andar de rodillas, hacia delante y hacia atrás, sin zapatos (un minuto).
4. Tumbado en el suelo, boca arriba, abrir y cerrar brazos y piernas a la vez (cinco veces o un minuto).
5. Con la boca fruncida y cerrada, moverle los labios hacia arriba y hacia abajo con la palma de la mano (un minuto).
6. Frotarle el interior de la boca (encías, paladar...) con un cepillo de dientes, sentado y sin forzarlo. Si muerde el cepillo, utilizar un corcho como tope (un minuto).
7. Hacerle dar besos al aire muy sonoros, con los labios apretados (un minuto).
8. Soplar una pelota de ping-pong de un lado a otro de la mesa, procurando que no se caiga (un minuto).
9. Rodar lateralmente desde el cabecero a los pies de la cama (un minuto).

10. Con la habitación a oscuras y Javier sentado en posición de indio, encender y apagar una bombilla roja cada tres segundos, desplazándose por la habitación en silencio (un minuto).
11. Con la habitación a oscuras y Javier sentado encima de nosotros, susurrar cosas interesantes, no canciones (un minuto en cada oreja).
12. En la cama, a gatas, dar una voltereta pasando un brazo por debajo hacia el hombro y utilizando el otro para voltearle (tres veces hacia delante).
13. Colgarle de una barra de modo que sus pies estén muy cerca del suelo (tres segundos con las palmas hacia arriba y tres segundos con las palmas hacia abajo).
14. Colorear formas básicas: círculo, cuadrado, triángulo... Hablar mientras colorea. Un solo dibujo de cinco centímetros de altura por papel y con el perfil de las figuras muy grueso (dos minutos).
15. Mover objetos variados (uno cada vez) delante de él de tal manera que sólo mueva los ojos. Si es necesario, sujetarle la cabeza (un minuto).
16. Leerle un cuento mientras está sentado con las piernas en rombo y estirárselas al mismo tiempo que se lee. Explicar la historia e intentar que responda a preguntas tipo «¿dónde...?», «¿quién...?», «¿de qué color...?». Él no debe pasar las páginas (dos minutos).
17. Hacerle cosquillas por todo el cuerpo.

La lista se completaba con estos dos lemas:

¡JAVIER <u>NUNCA</u> DEBE LLEVAR EL CONTROL!

¡HACER LOS EJERCICIOS <u>SÓLO</u> CON UNA PERSONA!

Era fundamental para el éxito de la terapia no saltársela ni un solo día del año, ya fuera fin de semana o festivo. Había que hacer los ejercicios siempre a la misma hora y en el mismo orden, y ser constante, constante y constante. El neurólogo nos recomendó grabar el comienzo de los ejercicios y sus tiempos, con un pitido que indicara el final de cada uno y el comienzo del siguiente.

Salimos de allí con sentimientos encontrados: José, escéptico; yo, entusiasmada.

Ya de vuelta en Madrid, hicimos los deberes comprándonos todos los artilugios necesarios (la bombilla roja, el aparato de masaje, las pelotas de ping-pong, la barra), grabando los ejercicios y fotocopiando cientos de folios con figuras geométricas básicas.

Javier no opuso demasiada resistencia. Es más, parecía disfrutar con algunos ejercicios, como las volteretas o las cosquillas. Sin embargo, odiaba estar a oscuras con la bombilla, los susurros y los ejercicios de colorear (eran como las fichas del cole). Los memorizó muy pronto, hasta tal punto que se adelantaba con su voz un segundo al «¡píííí!» de la grabación que indicaba el final de cada ejercicio.

Durante cinco meses, siempre a las siete en punto de la tarde, realizamos a diario aquellas sesiones de media hora. En agosto cargamos con el «kit» de rehabilitación neurológica para las vacaciones. Sin embargo, no apreciábamos grandes progresos en Javier, salvo un detalle que veníamos observando desde hacía un par de veranos: era como si, liberado de la presión escolar y de los horarios rígidos —pese a que los profesionales nos decían que la rutina era lo más conveniente para él—, estuviese más tranquilo.

Quizá fueran las horas que pasaba en la piscina o en el mar (para nosotros era su forma de descargar adrenalina), pero durante las vacaciones su vocabulario se ampliaba, su sintaxis mejoraba, dormía más horas y su conducta era menos inquieta.

Con lo que no contamos fue con la angustia y la presión que supusieron para nosotros aquellos ejercicios. Si por cualquier causa nos saltábamos la sesión, nos acosaba una culpabilidad que nos hacía sentirnos los peores padres del mundo. La terapia acabó convirtiéndose en una especie de tormento para nosotros. A las siete de la tarde, en cualquier familia, en cualquier lugar del mundo, puede pasar cualquier cosa: desde una visita inesperada o una cita con el médico, hasta el simple y puro cansancio de un padre y una madre que trabajan.

Había que hacer algo. José Luis, mucho más pragmático que yo, me convenció con un argumento muy sencillo: si aquello nos generaba tal grado de angustia, tampoco podía ser demasiado bueno para Javier, que podía percatarse de nuestro estado.

Nunca acudimos a la segunda cita en Barcelona con el médico estadounidense, prevista para el 7 de octubre de aquel año 2000. Una vez más, nos quedó la ya conocida sensación de tiempo perdido.

Capítulo 4

Las curvas del camino

Hasta pasados los cinco años, los problemas de Javier parecían más de expresión que de comprensión. De esa edad recuerdo una anécdota que aún me hiela la sangre en las venas. Una tarde estaban de visita en nuestra casa una prima de mi marido y su hijo. En un momento dado, el niño —un año menor que Javier— se puso a charlar con su madre, no recuerdo sobre qué. El caso es que, en un intento desesperado de imitarle, Javier comenzó a lanzarme un montón de frases inconexas y sin sentido. Acabó llorando, y yo con él. Era como si fuese completamente consciente de su incapacidad para comunicarse conmigo de la misma forma que su primo lo hacía con su mamá. Tanto José como yo sufrimos lo indecible con aquella escena. Ya era bastante duro para nosotros intuir que algo le sucedía a Javier como para, además, comprobar que él también se daba cuenta.

Por lo demás, nuestra vida transcurría con una normalidad a la que habíamos incorporado las casi rutinarias visitas a los servicios de urgencias. Al catálogo de cardenales, heridas y arañazos que ilustraban el cuerpo de Javier desde la cabeza hasta los pies se sumaban —de vez en cuando— otros sustos mayores.

A los cinco años era ya capaz de dormir una noche entera —no más de siete u ocho horas—, pero no siempre. Con frecuencia se despertaba a primeras horas de la madrugada para iniciar sus exploraciones por la casa, cuyas puertas exteriores cerrábamos bajo siete llaves desde su aventura, en pijama y descalzo, por las calles de la urbanización.

Una de esas noches me despertaron unos ruidos en la cocina. Me extrañó porque la puerta de esa estancia tenía un pasador que impedía su apertura. Salté de la cama y volé escaleras abajo para ver qué sucedía. El pasador, situado a una altura a la que Javier no llegaba un año antes, estaba roto. Como todos los niños, Javier crecía y había conseguido alcanzarlo. La puerta de la cocina estaba abierta de par en par.

Con la luz encendida le descubrí sentado en el suelo sobre un charco. A su lado, un bote vacío de «quita-grasas»... y una sospechosa mancha blanca alrededor de su boca. Corrí —una vez más y con el bote en la mano— a urgencias, donde pasó la noche en observación mientras se bebía a sorbitos un vaso de aceite de oliva. Afortunadamente, el Servicio Nacional de Toxicología confirmó que el líquido no era peligroso.

Javier y sus amigos

Javier comenzó el curso 2000-2001 en el mismo colegio y repitiendo el segundo ciclo de educación infantil. Según el psicólogo, la directora y su profesora, no estaba aún preparado para la educación primaria, cuando se supone que los niños deben tener ya bastantes nociones de lectoescritura.

Nuestro hijo no poseía esas habilidades. No podía sujetar un lápiz con firmeza, ni siquiera los denominados tridimensionales, que tienen tres lados para que la sujeción resulte más fácil. Es más: ni siquiera sabíamos si era diestro o zurdo, porque unas veces cogía los lápices con la mano derecha y otras con la izquierda. Lo mismo sucedía cuando jugaba a encestar la pelota. En lenguaje de expertos, no presentaba «lateralidad definida». Tampoco era capaz de representar por sí mismo la figura humana más básica, con unos palotes como extremidades y un círculo como cabeza. Y, cuando coloreaba figuras, los trazos se salían siempre de los límites del dibujo.

A esa edad era capaz de reconocer y nombrar las partes del cuerpo, así como todos los colores y las figuras geométricas básicas: triángulo, cuadrado, círculo. Sin embargo, seguía odiando las fichas de trabajo, que le causaban una mezcla de aburrimiento y frustración. Comenzamos a darnos cuenta del exceso de fichas al que le sometían cuando insistió, por primera vez, en «rodear» con la cuchara el cacao en la leche del desayuno: rodear con un círculo figuras iguales era una de las fichas habituales.

Surgieron entonces los primeros desencuentros con el colegio. Para nosotros era más importante que Javier aprendiera a relacionarse con sus compañeros, a quitarse el abrigo solo y dejarlo en su perchero, a ir al baño y volver a la clase sin distraerse por el camino, a controlar su impulsividad cuando cruzaba una calle... El colegio también consideraba importante estos aspectos de la educación de nuestro hijo, pero situaba al mismo nivel el aprendizaje clásico: leer, escribir o iniciarse en las matemáticas. A pesar de lo que nos decían, tanto José como yo teníamos la sensación de que estaban haciendo más hincapié en lo último.

Por otra parte, empezamos a notar cierta masificación en las aulas. Javier asistía a una clase con otros diez u once niños más, aunque —según nos decían— separados en dos grupos dentro de la misma aula según sus niveles de conocimiento.

Por más que le preguntáramos, resultaba muy difícil que Javier nos contara las cosas que había hecho en el cole. Como mucho conseguíamos un «he pegado a Marta» o «he tirado arena a Antonio». Nunca salía de él explicarnos sus vivencias escolares. Pese a todo, tenía amigos. Y le invitaban a sus fiestas de cumpleaños. En esas fiestas mi marido y yo nos dábamos cuenta de que los otros niños también eran «especiales». Algunos carecían por completo de habla, aun cuando comprendieran perfectamente lo que se les decía. Otros presentaban problemas de movilidad. Muchos eran excesivamente tímidos o asustadizos. Y algunos se parecían a nuestro hijo por su hiperactividad, impulsividad y formas incorrectas de expresión.

Javier no «desentonaba» en aquellas fiestas, donde lo que más nos llamaba la atención era el absoluto y generalizado mutismo de los padres respecto a los problemas que afectaban a sus hijos. En más de una ocasión, cuando quise acercarme a ellos para compartir angustias y preocupaciones, me encontré con un portazo imaginario en las narices.

A pesar de los apoyos en logopedia y psicomotricidad, teníamos la sensación de que nuestro hijo necesitaba algo más. De nuevo a través de Carmen, la hermana de mi marido, nos pusimos en contacto con otro especialista: Javier Tamarit.

Tercer intento: una nueva terapia

Javier Tamarit es un psicólogo especializado en trastornos como el autismo. Por aquel entonces, trabajaba como director técnico de CEPRI, una asociación de padres y profesionales de autismo.[6] Nos citó en la antigua sede de la asociación, un chalé a las afueras de

6. «CEPRI es una asociación sin ánimo de lucro formada por familiares y profesionales que surge en Madrid a finales de los años setenta. Es miembro de la Federación Autismo-España. La asociación cuenta con una escuela para treinta niños y niñas entre los tres y los dieciséis años, con autismo u otros trastornos relacionados. Además de la escuela, la asociación cuenta con un centro de formación profesional que atiende a doce adolescentes entre los dieciséis y los diecinueve años, a los que se continúa enseñando, como en el período de la escuela, habilidades de comunicación, de relación social, de autonomía, ocio, uso de los recursos comunitarios... Además aprenden, paso a paso, a fotocopiar, a encuadernar, a plastificar... Estas tareas las siguen llevando a cabo cuando, al cumplir los diecinueve años, pasan al centro de día que CEPRI tiene para veinticinco personas adultas con autismo.» (Información de la página www.autismo.com)

Madrid. Era un día gélido y gris del invierno de 2001. Antes de iniciar una terapia, quería observar a nuestro hijo en el patio, donde —entre otras muchas cosas— había pelotas y una canasta de baloncesto que, por supuesto, atrajeron inmediatamente su atención. Javier protestaba continuamente y se dirigía, con la pelota en sus manos, a aquel profesional, empujándole levemente hacia la canasta. En un momento dado Tamarit se dirigió al niño y le dijo: «¿Me ayudas?».

Aquellas palabras fueron como el *abracadabra* del cuento. Ante nuestro asombro, cada vez que nuestro hijo se dirigía al psicólogo con la pelota, repetía «¿me ayudas?», para que le cogiera en brazos y le ayudara a encestar la pelota en la canasta, con grandes risas y regocijo por su parte.

Ya en su despacho nos explicó que —desde su punto de vista— Javier necesitaba herramientas de comunicación que le hiciesen más accesible el entorno, así como una terapia que le ayudara también a regular su conducta impulsiva. No puedo describir la forma en la que habla Javier Tamarit, pero conozco muy bien el efecto de tranquilidad y sosiego que produce en padres angustiados como nosotros. Aquélla fue la primera vez que experimenté esta sensación, aunque después vendrían muchas más, algunas como testigo y no como protagonista.

Javier Tamarit nos recomendó acudir a ALANDA (Asociación para el Apoyo Familiar, Escolar e Individual), al frente de la cual se encontraba su esposa, Laura Escribano, junto a otros profesionales que también habían trabajado en CEPRI. Tras la primera entrevista con Laura Escribano y Laura Velayos (la profesional que llevaría directamente la terapia de Javier), nos gustó el detalle de que las sesiones —dos por semana— se hicieran en casa. Sobre todo después de aquella primera experiencia en el centro de estimulación precoz para niños con síndrome de Down, fracasada en parte por el tema del horario y el transporte. Entre otras cosas, nos explicaron que para los niños resultaba mucho menos agresiva la terapia si se realizaba en el entorno más conocido: su propio hogar.

Las dos horas semanales consistirían, básicamente, en enseñar a Javier técnicas de autocontrol y herramientas de comunicación, tal y como nos había recomendado Tamarit. «Las Lauras» (como a partir de entonces las llamaríamos en el ámbito familiar) querían también concertar una entrevista con el personal del colegio para que todos trabajásemos en la misma dirección con Javier.

Reconozco que, en esta ocasión, yo me mostré bastante más escéptica que José. Mi escepticismo derivaba de los dos fracasos anteriores (incluido el de la terapia con el neurólogo estadounidense). Por el contrario, mi marido parecía ahora bastante más animado que yo.

Durante aquel invierno de 2001 fuimos aprendiendo pequeños trucos que las dos Lauras nos explicaban con paciencia en reuniones —siempre en nuestra casa— a las que también asistía nuestro hijo Daniel. Por ejemplo, descubrimos que Javier tenía su autoestima por los suelos. Habíamos observado cierta escena en más de una ocasión: cuando se rompía algo en casa o un niño pequeño lloraba, Javier respondía siempre, a toda velocidad, con un «yo no lo he *rompido*» o «yo no le he pegado». Jamás habíamos llegado a la conclusión de que aquello fuera síntoma de una autoestima muy baja.

También tuvimos que aprender a desterrar una palabra de nuestras vidas. Cuando las Lauras nos preguntaron cuál había sido la palabra más escuchada por Javier en su corta vida, no tardamos demasiado en responder: la palabra era «¡no!», y todos sus derivados («¡ni se te ocurra!», «¡deja eso inmediatamente!», etc.). Estas frases negativas iban siempre acompañadas de expresiones faciales y gestos que, para Javier, actuaban como un imán irresistible. Su tendencia al peligro (los dedos en los enchufes, arrojar cosas) era una de sus formas de comunicarse, puesto que provocaban en nosotros una reacción exagerada de atención hacia él.

Tuvimos que aprender a ser padres de nuevo (y aún lo estamos intentando). Reprimirse cuando uno ve que su propio hijo va directo hacia el descalabro exige mucha sangre fría. Intentar, en una décima de segundo, distraer su atención hacia otra actividad, también. Ignorar una patada o exclamar «¡huy, se ha caído el vaso!» cuando lo estampaba contra el suelo era ya de nota. Sin embargo, cuando lo lográbamos, funcionaba.

Ahora mismo, mientras escribo estas líneas, Javier está subido a la misma silla en la que me siento, en cuclillas y rodeándome el cuello con un brazo, mientras que con la otra mano me intenta quitar las gafas. Sé que está aburrido y que sólo intenta captar mi atención. También sé que si le ignoro y le explico con calma y sin aspavientos que terminaré en seguida, dejará de comportarse así.

Las nuevas técnicas parecían obrar maravillas, sobre todo al invertir la gestualidad para utilizarla sólo en los momentos positivos (cuando conseguía, por ejemplo, vestirse solo) y no en los negativos. También nos llamaba mucho la atención cómo las Lauras eran capaces de encerrase en una habitación con Javier y mantener su interés durante nada menos que ¡una hora!

Recuerdo que, por entonces, comenzaron a importarme cada vez menos las miradas extrañadas de los desconocidos, sobre todo con ocasión de nuestras celebraciones, alharacas y gritos de júbilo en público cuando Javier, de repente, atendía indicaciones como la de meter las naranjas en el carro de la compra (en vez de jugar con ellas al fútbol).

Aquella terapia no prometía curas milagrosas y requería constancia y tiempo. Desde mis dudas iniciales, en febrero de 2001, nuestra actitud viajó hacia una confianza total en los profesionales de ALANDA. De hecho, hoy seguimos con ellos y no sólo por su magnífico trabajo con Javier: nos abrieron las puertas de una «escuela de padres» en la que compartimos aprendizaje y sentimientos con otros progenitores. Contaré esa experiencia con más detalle en un capítulo posterior.

Primer toque de atención en el colegio

Javier permaneció aún dos cursos más en ese colegio en el que, desde 1998, habíamos puesto tantas ilusiones. En junio de 2001, durante la entrevista de final de curso, recibimos el primer toque de atención: nuestro hijo pasaría por fin a educación primaria, aunque no estaban muy convencidos de que hubiese adquirido las habilidades necesarias para hacerlo. Sin embargo, según nos explicaron, la LOGSE (Ley de Ordenación General del Sistema Educativo, de 1990) no permitía repetir más de un curso por ciclo, por lo que era «necesario» que pasara.

Había también otros pequeños detalles que nos incomodaban cada vez más. Por ejemplo, parecía no gustarles demasiado las entrevistas periódicas que proponían las profesionales de ALANDA para intercambiar experiencias sobre los progresos de Javier y comunicarles en qué y cómo estaban trabajando con él. Asistimos a algunas de ellas y comprobamos reacciones a la defensiva por parte del personal del colegio, como si alguien estuviera cuestionando su forma de hacer las cosas, cuando nos constaba que no era así en absoluto.

La masificación del colegio se hacía cada vez más patente. El autobús escolar que traía a Javier de vuelta a casa se detenía ya en tantas paradas que nuestro hijo se demoraba casi una hora y media en llegar (con su consiguiente impaciencia *in crescendo*). Para colmo, y para disgusto nuestro, habían suprimido a la persona adulta que, en teoría, debía estar presente en el transporte. Tras este descubrimiento decidimos ir a buscarle nosotros a la salida del cole.

Una de las tardes en que fui a recogerle me topé con la siguiente escena: en el grupo de niños que esperaban a sus papás o mamás no encontraba por ninguna parte a Javier. Le descubrí sentado en un banco, solo, al otro extremo de la pared. Pregunté a la persona responsable del grupo el porqué de esa situación y su respuesta fue que «tenía muchos niños a los que vigilar y la única manera de controlar a Javier y evitar que diera patadas o se enzarzara con los demás consistía en separarle».

Disgustada, le dije que aquello no me parecía ni medianamente razonable. Se suponía que era una de esas oportunidades que el colegio debía aprovechar para enseñarle, poco a poco, a controlar su conducta (y una de las razones por las que pagábamos un dineral, aunque me mordí la lengua respecto a este comentario). Sin embargo, en lugar de hacer esto, apartaban a Javier como a un «niño molesto».

A partir de ese instante, nuestra desconfianza hacia el colegio fue en aumento.

Un profundo bache emocional

Revisando la documentación médica de Javier, nos dimos cuenta de que nos habíamos marchado del Ramón y Cajal sin la famosa y complicada prueba de la orina, que se había perdido camino a un laboratorio de Barcelona. Al comprobar que la finalidad de la prueba se centraba en descartar una mucopolisacaridosis, me puse a buscar como una loca en internet. Me asusté mucho cuando descubrí que aquella enfermedad era mortal y que la mayoría de los niños que la padecían no superaban la adolescencia.

Dicho y hecho, nos armamos de paciencia para volver, al cabo de cuatro años, a la consulta del neuropediatra de ese centro hospitalario. Costó algún tiempo que encontraran el informe de Javier. Afortunadamente, recoger una muestra de su orina no resultó tan complicado como la primera vez, pero la cita se convirtió en una de las experiencias más dolorosas que hemos vivido hasta hoy.

El especialista nos recibió en su consulta con unas maneras algo ariscas, cuestionando nuestra decisión de dejar el tratamiento cuatro años atrás. Era como si pusiera en duda que la famosa muestra de Barcelona se hubiera perdido. En caso de ser cierto, ¿qué ganábamos nosotros mintiendo sobre ese aspecto?

A continuación nos dio la noticia de que la nueva prueba de orina había resultado negativa. Es decir, que Javier no padecía mucopolisacaridosis. Me temblaron hasta las pestañas cuando lo escuché: no quería ni pensar en nuestro ya habitual sentimiento de culpabilidad en todo lo relacionado con Javier si los resultados hubiesen sido positivos. Habría querido morirme allí mismo.

Tras observar a nuestro hijo y hacer las preguntas de rigor para poner al día el informe, llegó nuestro turno. Traslado aquí la conversación:

> JOSÉ LUIS: Doctor, ¿cuál es su opinión respecto a la evolución de Javier?
>
> DOCTOR: Nunca se sabe en estos casos. ¿Sabe leer y escribir?
>
> AMPARO: No, doctor. Le cuesta coger el lápiz, pero va haciendo progresos. Reconoce colores, figuras geométricas y las vocales.
>
> DOCTOR: Si no lee y escribe, olvídense. Vayan ustedes haciéndose a la idea de que su hijo va a depender de una institución el resto de su vida.

Subrayo esta última afirmación porque se me quedó grabada a fuego en el corazón y en el cerebro. Una catarata de pensamientos cruzó por mi cabeza (e imagino que también por la de José Luis) en un décima de segundo. ¿Se refería a una institución mental? ¿Por qué tendría Javier que depender de alguien toda su vida? Y si era así, ¿qué sucedería cuando faltásemos nosotros? ¿Era ésa la forma correcta de comunicar a unos padres angustiados una noticia de ese calibre? El desconcierto, pero sobre todo el dolor, nos bloqueó. Salimos de allí balbuceando unas palabras. Ya en el ascensor, comencé a llorar las once plantas que había hasta la salida. José Luis tenía la mirada perdida. Incapaces de dirigirnos siquiera una palabra de apoyo el uno al otro, nos fuimos de allí, cada uno en su coche.

Recuerdo haber llorado todo el camino hasta no sé muy bien dónde. Y supongo que a mi marido le sucedió lo mismo. Horas después, cuando nos reunimos de nuevo, nos fundimos en un abrazo de comprensión mutua por los momentos vividos esa mañana. Todo aquello me sumió en un profundo bache emocional del que me costaría salir varias semanas. Afortunadamente, teníamos un verano prometedor por delante.

Un verano muy movido

Javier tenía entonces siete años y fue uno de los veranos más ajetreados que recuerdo. Habíamos planeado unas vacaciones en Estados Unidos con nuestros amigos, Mike y Cristina, y sus hijos, Jonathan y Alex. Eso suponía volar desde Madrid a Washington haciendo una escala en París para cambiar de avión.

Sólo los padres de niños con problemas de conducta o hiperactividad pueden saber lo que significa una jornada de aviones y vuelos transatlánticos: a los cinco minutos de embarcar ya quieren soltarse el cinturón, cambiar de asiento, corretear por el pasillo, tocarle la cabeza al pasajero de delante o lanzar la bandeja de la comida por los aires. Eso, en el mejor de los casos. En el peor, y si en algún momento se asustan por el ruido o las sensaciones al despegar o aterrizar, el panorama puede ser dantesco.

A pesar de todos los inconvenientes, José y yo habíamos decidido hacía tiempo no negar a Javier las mismas experiencias que su hermano había vivido. Nos parecía injusto, por mucho que nos incomodasen determinadas situaciones. Además, y a medida que Javier iba creciendo, su comportamiento se hacía cada vez más extraño a los ojos de los demás: no es lo mismo una rabieta a los dos años que a los siete, cuando la envergadura física empieza a requerir considerables esfuerzos por parte del adulto.

Sorprendentemente, Javier voló con relativa tranquilidad, tanto a la ida como a la vuelta. Quizá había sido su entrenamiento previo en muchos viajes; o quizá la pequeña «tortura» a la que le sometíamos la noche anterior, acortando sus horas de sueño. El caso es que fue un viaje excelente. Tras cuatro días en la capital de Estados Unidos, abordamos un trayecto en coche de cinco horas de duración (con comportamiento impecable de Javier incluido). Nuestro destino era Deep Creek Lake, un precioso lago al norte del Estado de Maryland, donde habíamos alquilado una casita.

Todos, adultos y niños, disfrutamos de aquellas vacaciones. Los días resultaban agotadores. Por la mañana, excursión en barco, motos de agua o piraguas (momento delicado en la canoa cuando José Luis —con Javier completamente dormido en su asiento— encalló en la ribera del lago ante las carcajadas del personal). Por la tarde, visita cultural a algún museo o aldea de los *amish*. Al volver a la casita, chapuzón en la piscina cubierta o partido de tenis. Tras la cena, caíamos rendidos en la cama.

Relato estas vacaciones con tal lujo de detalles porque fue en ese verano del 2002, y a pesar del trasiego, cuando conseguimos que Javier no mojara la cama por la noche. Hasta entonces había estado utilizando pañales para dormir, aunque ya hacía tres años que no los necesitaba durante el día.

Cuando volvimos a España nos detuvimos en casa lo justo para poner dos lavadoras, hacer las maletas y marcharnos de nuevo. Primero hacia el sur, a la casa de mis padres en Nerja (Málaga), y hacia el norte después, a El Ferrol (La Coruña), donde nos esperaba la celebración de las bodas de oro de unos tíos de mi marido.

Pese a un verano tan viajero, Javier consiguió no mojar la cama ni una sola noche. Para nosotros era un logro extraordinario. Sin embargo, en octubre, al mes escaso de comenzar el curso, tuvimos que volver a los pañales nocturnos. Lo cierto es que el comienzo del curso 2002-2003 fue un auténtico desastre. Nos sentíamos desconcertados, después de las mejoras experimentas por Javier. A comienzos de noviembre solicitamos una cita con su nueva profesora. Quizá estaba sucediendo algo durante la jornada escolar que afectaba a nuestro hijo, algo que era incapaz de comunicarnos por más que le preguntábamos.

Durante aquella entrevista descubrimos que, en apenas mes y medio, a Javier le habían cambiado ¡dos veces! de grupo. Eso suponía que, al ya de por sí difícil momento de adaptarse de nuevo a la jornada escolar, había que añadir el traslado, en dos ocasiones, a nuevos grupos de niños y profesora. Nos enteramos también de que, durante algunas clases, le trasladaban al curso de educación infantil. Lo peor de todo era que no se habían molestado en contactar con nosotros para comunicarnos estos cambios, cruciales para Javier desde nuestro punto de vista. Para nosotros ésa era, a todas luces, la razón por la que había dejado de controlar la micción nocturna.

Las consultas con el neurólogo no iban por mejor camino. A la vuelta de las vacaciones decidimos suspender definitivamente la medicación. Javier descansaba de ella durante los fines de semana, las fiestas y las vacaciones navideñas y estivales. En casa, por tanto, no éramos testigos directos de cómo le afectaba. Sí habíamos apreciado, en cambio, su mejoría sin Rubifen durante aquel verano del 2002, cuando tenía siete años y medio. Además, y como he mencionado antes, no estábamos en absoluto de acuerdo con la automedicación, que hacía recaer sobre nosotros la responsabilidad de la dosis. Y, para colmo, las visitas al especialista comenzaban a convertirse en una auténtica tortura por los interminables tiempos de espera.

Pese a las protestas del colegio, decidimos suprimir por nuestra cuenta el Rubifen.

¿Qué queréis para vuestro hijo?

Al comienzo del siguiente curso escolar, reanudamos la terapia en casa con ALANDA. Comentamos con ellas las palabras —que tanto daño e interrogantes nos habían causado— del neurólogo del Ramón y Cajal. Ellas nos recomendaron una entrevista con el equipo de Iridia, un grupo de psicólogos especializados en realizar evaluaciones globales de las habilidades de los niños. A este equipo pertenecía también Laura Velayos, la profesional con la que Javier tenía las sesiones dos veces por semana.

Al frente de aquel equipo se encontraba el psicólogo Javier Tamarit, al que habíamos conocido el año anterior. La evaluación se realizó durante los días 17 y 18 de septiembre de 2002. Durante el primer día, Tamarit nos entrevistó a José Luis y a mí, mientras a nuestro hijo le realizaban pruebas en una sala cercana. Tengo grabada en la memoria aquella entrevista. Lo más destacado fue la pregunta que el psicólogo nos hizo a ambos: «¿Qué queréis para vuestro hijo?». Nunca habíamos hablado entre nosotros de ese tema. Tácitamente, y a través de los años, habíamos acordado no mirar demasiado lejos en el horizonte del futuro. Ante las dudas y las incógnitas que nos planteaba, habíamos cerrado esa puerta para alegrarnos, exclusivamente, con los pequeños triunfos que Javier conseguía día a día.

Sin embargo, ante aquella pregunta, nuestras palabras salieron a borbotones mientras nos dábamos cuenta de que coincidíamos, punto por punto, en nuestra opinión. Queríamos, como todos los padres, que nuestro hijo fuera feliz. Para conseguirlo, nos parecía más importante mejorar sus habilidades sociales y de comunicación. ¿De qué le serviría aprender a leer si no sabía jugar con otros niños? ¿Qué utilidad tenían las matemáticas cuando no podía expresar que le dolía algo o que se encontraba triste? Hablamos casi tres horas, durante las cuales Javier Tamarit nos explicó también los trastornos en el espectro del autismo, que presentaban aspectos similares a la personalidad de nuestro hijo.

El 24 de octubre del año 2002 llegó el informe de evaluación. A lo largo y ancho de quince páginas se describían las conductas de Javier, sus habilidades, sus carencias, sus necesidades... Todo con un tacto exquisito, en un lenguaje coloquial que podíamos comprender y con la perspectiva de ir introduciéndonos, poco a poco, en los párrafos finales que transcribo a continuación.

«Diagnóstico: discapacidad intelectual»

»Aunque directamente no forma parte de las demandas familiares, nos gustaría comentar nuestra opinión diagnóstica. Hasta el momento Javier ha recibido tres diagnósticos. El primero, de retraso madurativo leve por parte de su neurólogo; el segundo, que indica un retraso psicomotor secundario a cromosopatía (tetrasomía parcial del cromosoma 15). Con posterioridad ha recibido diagnóstico de hiperactividad secundaria a cromosopatía.

»Su funcionamiento intelectual está significativamente por debajo de lo esperable para su edad, así como sus niveles de lenguaje y otras habilidades adaptativas, teniendo todas ellas un perfil más o menos homogéneo. Ateniéndonos a estos datos, Javier presenta, en nuestra opinión, discapacidad intelectual con especiales necesidades de apoyo en el área de la comunicación. Los apoyos deben ir dirigidos a mejorar el control de su conducta, en el manejo del medio —el hogar, la escuela, la comunidad— y el establecimiento de relaciones sociales significativas. No obstante, conforme vaya fomentándose el desarrollo de la comunicación, convendría volver a revisar esta opinión diagnóstica.»

De aquellas quince páginas, lo primero que saltó a nuestros ojos fue lo de «discapacidad intelectual». Nuestros sentimientos fueron contradictorios. Por una parte, aquella evaluación nos afectó profundamente, a pesar de la delicadeza con la que todo estaba escrito y explicado. Tendrían que pasar unos meses para que pudiéramos digerirlo por completo. Por otra, alguien se atrevía, por vez primera y con un lenguaje que comprendíamos, a poner nombre y apellido al problema de nuestro hijo. No sólo eso, sino que nos ofrecía un camino a seguir.

A finales de octubre de 2002, cuando faltaban dos meses para que Javier cumpliera ocho años, intuimos que deberíamos abrir, esta vez sí, una nueva puerta. Tras ella se encontraban las decisiones que afectarían de forma fundamental a la vida de nuestro hijo, a nosotros mismos, a nuestra familia y a nuestro entorno.

Fue un año plagado de curvas. Muchas de ellas nos alejaban del camino correcto. Otras nos acercaron a él. El 2003 estaba a la vuelta de la esquina, rebosante de nuevos sentimientos, descubrimientos y novedades para todos.

Capítulo 5

El final del túnel

No nos resultó fácil asimilar el diagnóstico de discapacidad intelectual de Javier. Hasta esa fecha, a finales de octubre del año 2002, y pese a lo increíble que pueda parecer, pensábamos que los problemas de conducta de nuestro hijo tenían algún tipo de solución. Nadie nos había dicho lo contrario, aunque en nuestro fuero interno puede que intuyéramos la realidad. Quizá ése fuese el motivo de nuestra búsqueda constante de respuestas y terapias a lo largo de los años.

El proceso de asimilación fue doloroso. Primero teníamos que recolocarnos desde el punto de vista emocional con respecto a la nueva situación, lo que supuso muchas noches sin dormir, muchas lágrimas y no pocos momentos de tristeza. Después deberíamos reorganizar toda la vida de Javier —y la familiar— en torno a ese diagnóstico, lo que significaba tomar decisiones importantes que le afectarían de manera profunda en el presente y en el futuro. No obstante, poner en marcha todas esas decisiones significaba pasar a la acción, y eso también nos ayudaría emocionalmente: cuando hay que hacer cosas queda menos tiempo para venirse abajo.

Había muchas preguntas, y las primeras se referían al colegio. Desde la nueva perspectiva, ¿se encontraba Javier en el centro idóneo? ¿Tenían los profesores la formación adecuada para hacer frente a sus necesidades? ¿Nos satisfacía el modo en que se había desarrollado nuestra relación con ellos? Y, sobre todo, ¿cómo se planteaba el futuro de nuestro hijo tras la escolaridad?

A las tres primeras preguntas respondimos con negativas. Desde luego, el colegio en el que estaba no era un centro de educación especial, por mucho que allí hubiera niños con problemas diversos que requerían atención individualizada. Se trataba de un colegio ordinario que «trampeaba» (y permítaseme la expresión coloquial) con la LOGSE. Su objetivo era que los expedientes académicos cumplieran la normativa, la mayoría de las veces alrededor de ese eufemismo llamado «adaptaciones curriculares» para reforzar aquellos contenidos en los que los niños presentaban más dificultades. En nuestra opinión, eran precisamente los contenidos de la educación ordinaria los menos necesarios para Javier. Como ya he comentado unas páginas atrás, ¿de qué le serviría leer si no entendía el significado de las frases? ¿Qué utilidad tiene la tabla del cuatro cuando no se poseen las habilidades sociales mínimas? Además, ¿qué pasaría con Javier *después*, una vez finalizada la etapa escolar?

No fue una decisión fácil. Asumir que nuestro hijo tenía una discapacidad intelectual ya resultó duro, pero trasladarle a un colegio de educación especial era, de alguna manera, como refrendar los hechos. Supongo que ese sentimiento derivaba de una oscura y lejana esperanza de que aquello no podía estar sucediéndole a nuestro pequeño, de que su problema se solucionaría antes o después. Sólo en el fondo de nuestros corazones sabíamos que era imposible y que debíamos tomar la decisión sobre el cambio de colegio cuanto antes y por su bien. Al llegar a esta conclusión experimentamos, de paso, la angustiosa sensación de que habíamos perdido un tiempo precioso para él. Sé que muchos padres comprenderán perfectamente estas palabras. Una vez más, aparecía nuestra vieja amiga la culpabilidad.

Por otra parte, teníamos que afrontar el miedo a lo desconocido. No sabíamos nada sobre colegios de educación especial, sus posibles influencias y consecuencias para nuestro hijo pequeño. La búsqueda comenzó a finales de enero de 2003, cuando Javier acababa de cumplir ocho años.

Lo primero que hicimos, aconsejados tanto por los profesionales de Iridia (responsables de la evaluación y el diagnóstico), como por los de ALANDA (que hacían la terapia en casa), fue visitar los centros. Nos habían proporcionado una lista con varias opciones. Tras descartar alguno por motivos geográficos (demasiado alejados), otros porque nos parecían demasiado especializados (niños con síndrome de Down), y alguno por razones confesionales (centros religiosos), redujimos la lista a dos posibilidades.

El primero era un colegio público, bastante cerca de nuestra casa. Concertamos una entrevista para una mañana, durante la cual nos acompañaría Laura, la terapeuta de Javier. Reconozco que, en aquella primera visita, se me encogió el alma. Es cierto que la arquitectura del centro era impecable, con salas espaciosas y rampas amplias para las sillas de ruedas o los chicos con problemas de movilidad. Las aulas que nos enseñaron estaban también muy bien equipadas: ordenadores, accesorios de gimnasia... aunque vacías. Lo que me sobrecogió fue el silencio. Allí no se oía ni una voz, ni una risa, ni siquiera un llanto. Acostumbrados a la «sonoridad» de Javier, me extrañó aquella ausencia de ruidos. Tampoco nos gustó demasiado el hecho de que no nos dejaran ver alguna de las clases *con* niños. Puede que hubiera una explicación razonable para ello, pero no nos la ofrecieron.

Salimos de allí con la moral por los suelos. ¿Serían así todos los colegios de educación especial? Porque, si la respuesta era afirmativa, estábamos dispuestos a contratar a Laura o a cualquier otro profesional para que atendiera a Javier en casa. Claro que, en ese caso, nuestro hijo no tendría con quién jugar en el recreo, con quién compartir un pupitre, con quién disfrutar de una excursión... En aquel momento, casi cualquier cosa nos parecía preferible a lo que acabábamos de ver.

Unas semanas después, en febrero, concertamos una segunda cita con el colegio Estudio 3, un centro concertado que pertenecía a AFANIAS.[7]

Un centro a la medida de Javier

Estaba bastante lejos de casa, a unos sesenta kilómetros, pero nos lo habían recomendado por su proyecto educativo. Recuerdo que, al entrar, las sensaciones fueron justamente las opuestas a las del centro público. Para empezar, se trataba de una vieja casona, remendada por todas partes, pero con un jardín inmenso y verde. Niños, jóvenes y profesores pululaban de un lado a otro en una especie de caos, aunque todo el mundo parecía saber muy bien a dóndc iba. A pesar del guirigay, se respiraba un ambiente de felicidad. Reconozco que soy muy epidérmica para las primeras impresiones: el ambiente tiene que entrarme por los poros, más que por la vía racional.

Y recuerdo también la entrevista con Mati, la directora. Uno puede descubrir con claridad meridiana a una persona vocacional cuando la tiene enfrente, y Mati era una de ellas. Nos explicó la historia de Estudio 3, su proyecto educativo, la necesidad imperiosa de

---

7. AFANIAS es una asociación sin ánimo de lucro formada por familias de personas con discapacidad intelectual. Ha sido declarada de utilidad pública e inscrita en el Registro de Asociaciones y Fundaciones. Desde el año 1964 atiende a personas con discapacidad intelectual y a sus familias en el ámbito de la Comunidad de Madrid, con los siguientes fines, según recoge su estatuto fundacional:

—Crear y fomentar centros y servicios de carácter pedagógico, científico asistencial y laboral para la enseñanza, atención y rehabilitación de personas con discapacidad intelectual y cuantas acciones sean precisas para mejorar su calidad de vida.

—Promover la tutela a favor de los huérfanos, abandonados o con graves problemas.

Actualmente unas 1.500 personas con discapacidad forman parte de AFANIAS.

Más información en www.afanias.org.

enseñar a cada niño autosuficiencia en la medida de sus posibilidades, cómo estaban organizadas las clases (no sólo por edades, sino por niveles de discapacidad) y, sobre todo, cómo ese proyecto no finalizaba abruptamente a los 16, 17 o 18 años. Después de cumplir estas edades, comenzaba lo que denominaban un proceso de transición a la vida adulta. Les enseñaban cosas útiles: cómo utilizar el transporte público, cocinar... También había una escuela de oficios, un club de ocio para los muchachos y otras instalaciones.

Mati hablaba y hablaba. Sin perder una coma de lo que estaba diciendo, José Luis y yo nos miramos: si existía un centro para Javier, era Estudio 3. No todo estaba perdido. Sin embargo, conseguir una plaza no resultó sencillo. Los profesionales del centro debían realizar primero su propia evaluación de nuestro hijo. Después, tenían que valorar si podía sumarse al grupo que teóricamente le correspondía —muy compenetrado ya desde hacía unos años— y analizar cómo iba a afectar su incorporación a los demás niños. Para colmo, todo dependía de una baja, ya que la proporción profesor/alumnos estaba muy controlada, por tratarse de un centro concertado que se mantenía, en gran medida, gracias a las subvenciones públicas.

Además, el período de convocatoria de plazas no comenzaba hasta abril. «Espera angustiosa» es una expresión que no refleja ni el diez por ciento de lo que sentimos durante aquellos dos meses. ¿Qué íbamos a hacer con Javier si no conseguíamos escolarizarle en aquel colegio?

Me propuse utilizar todas mis artes dramáticas para conseguirlo. Lloré, supliqué, llamé por teléfono a todo aquel que creía poseedor de una influencia: mi cuñada Carmen, que por trabajar en FEAPS (Federación Nacional de Asociaciones de Personas con Discapacidad) conocía a la directora; Javier Tamarit y las Lauras, que también habían tenido relaciones tanto con Mati como con el psicólogo del centro, Tino... No creo que sirviera de mucho. Cuando por fin nos citaron para darnos la bienvenida al curso 2003-2004, mi reacción fue exactamente la misma que años atrás en el colegio que ahora Javier iba a abandonar: la tensión acumulada se desbordó en una llantina incontrolable.

Todavía no habíamos comentado nada de nuestra decisión en el centro al que aún asistía nuestro hijo. Convencidos de que, tras el toque de atención del curso anterior, iban a «despedirnos» antes o después, teníamos curiosidad por saber cómo y cuándo nos plantearían el tema. En mayo se produjo la llamada, a la que siguió una tensa reunión con el director técnico del centro, psicólogo de profesión. Incido en lo de psicólogo porque su charla arrancó apelando a una imagen en la memoria, cuando Javier correteaba por su despacho la primera vez que le vio. Quizá pensó que la ternura le ayudaría a suavizar el golpe de sus palabras posteriores: «Vuestro hijo no puede seguir aquí». La conversación fue muy agria, sobre todo por nuestra parte. José Luis explicó que, si bien nos habíamos sentido contentos con el colegio durante los dos primeros cursos de Javier, las cosas habían cambiado en los posteriores con la masificación y la falta de comunicación hacia nosotros pero, sobre todo, por la sensación de que habían esperado demasiado para ser sinceros y honestos con nosotros. Habían tardado mucho en reconocer que allí no podían hacer nada por nuestro hijo.

Además, si la decisión estaba tomada, ¿por qué esperaron a mayo para comunicárnoslo, cuando las reservas de plaza se iniciaban dos meses antes? Ellos sabían perfectamente lo difícil que resulta encontrar una plaza de educación especial en un centro especializado en los problemas de Javier. Como supimos después, él no era el primer niño —ni desde luego el último en aquel colegio— que debería seguir el camino de la educación especial o de la integración.[8]

A aquel director técnico le explicamos también que, afortunada-

8. En algunos centros de educación ordinaria acogen a niños con necesidades especiales. Durante algunas horas de la jornada escolar, estos niños comparten tiempo con compañeros sin problemas. Es cierto que las relaciones con críos diferentes se normalizan, pero el sistema no acaba de convencernos. Durante esas horas los niños no están con profesionales especializados.

mente, Javier tenía ya plaza en otro centro. Ante nuestra sorpresa, adivinó que se trataba de Estudio 3. Nunca supimos por qué. La entrevista terminó cuando el psicólogo lamentó que nos marcháramos con aquella sensación de falta de honestidad y comunicación por parte del colegio. Para nosotros, fue una experiencia tan desagradable que no quisimos siquiera acudir a la cita programada con su profesora. Ya sabíamos lo que nos esperaba y no estábamos dispuestos a repetir el mal trago.

Aunque quedaban unos días de curso y, por tanto, aún regresaríamos varias tardes para recoger a Javier, salimos de allí con la sensación de hacerlo por última vez. Lloré por la ilusión frustrada de nuevo, por la sensación de pérdida de tiempo, por el daño que podía haber supuesto para nuestro hijo. Parecía que las lágrimas —bien de tristeza, bien de alegría— hacían siempre acto de presencia en todo lo relacionado con la escolaridad de Javier. Como aprendería muy pronto, también lo harían la rabia y la desesperación.

Burócratas y burócratas

Por primera vez teníamos que enfrentarnos a la burocracia en materia escolar. Hasta entonces habíamos vivido en un mundo privilegiado de centros privados en el que nunca hay problemas mientras se pague la factura a fin de mes.

Solicitar un traslado de expediente de un colegio ordinario privado a uno concertado de educación especial, que además ni siquiera se encontraba en nuestra zona, era ya harina de otro costal. Más aún, si cabe, cuando nos topamos con una funcionaria sin el más mínimo tacto y carente de la preparación imprescindible para estos casos (ni ganas de tenerla). A esto había que sumar los horarios de atención al público del organismo donde nos correspondía realizar todos los trámites, incompatibles con una jornada laboral normal. Tras dejar una enorme cantidad de papeles, incluidos los informes médicos y la valoración de quince páginas realizada por el equipo de Iridia, nos citaron una mañana, a las doce y media. Debíamos acudir con Javier.

Allí fui con Laura, la terapeuta, y con el niño. José Luis no pudo acompañarnos en esa ocasión. Creo que fue una suerte que no viniera, porque habría tenido unas palabras con la funcionaria. Juzgue el lector algunas de sus preguntas y comentarios:

«¿Qué le pasa al niño? ¿Cómo dice que se llama el colegio donde quieren plaza? ¿Y el que abandona? ¿Sabe leer y escribir? ¿Puede especificarme un poco más cuál es el problema del niño? ¿Por qué dice que quieren llevarle a un centro de educación especial? Pero ¿qué coeficiente intelectual tiene? ¡Uf! Esto va a tardar un poco, porque está en una zona que no le corresponde y lo tienen que tramitar en la central. Bonito, a ver si te estás un poco tranquilo. Señora, ¿puede decirle al niño que no me toque el teclado del ordenador?».

Llegados a este punto, mi enojo era más que considerable. Resultaba evidente que aquella joven no se había tomado la molestia de mirar la documentación o la solicitud, y que no tenía el más mínimo interés en Javier. Como buena psicóloga y ya amiga, Laura advirtió mi estado y preguntó si era posible que Javier y yo esperáramos fuera mientras ellas dos cerraban aquel asunto. Afortunadamente, todo se resolvió sin mayor contratiempo tras otra larga espera y muchas llamadas telefónicas.

Por suerte, no todos los funcionarios son así. Mientras aguardábamos plaza en Estudio 3 y tramitábamos el cambio de expediente académico, tuvimos también que solicitar la petición de minusvalía. Era un requisito indispensable para que Javier pudiera ingresar en el nuevo colegio. Esta solicitud tuvo también un coste emocional para nosotros. Suponía, una vez más, refrendar el diagnóstico de discapacidad intelectual. Aunque nos explicaron que aquello no era para toda la vida, puesto que se evaluaba periódicamente, para nosotros era como etiquetar a Javier.

José y yo hemos odiado siempre las etiquetas, cualesquiera que fueran. La sociedad en la que vivimos tiende a simplificar la complejidad del ser humano con ellas. «Minusvalía» era y es una palabra que no nos gustaba nada. Javier no «valía por debajo de» nadie ni estaba incapacitado para lo que creemos fundamental en la vida: amar y ser amado. Intuimos, por primera vez, lo mucho que queda por luchar en el mundo de las personas con discapacidad, empezando por el propio lenguaje.

Con cierta prevención por la experiencia previa, llegamos los tres al centro de la madrileña calle de Maudes. La persona que debía ver a Javier era otra mujer, de más edad que la anterior. Observé su bata blanca cuando nos llamó para pasar a su despacho. Me adelanté unos pasos para advertirle del pánico que nuestro hijo sentía cada vez que veía esa vestimenta y le pregunté si era estrictamente necesaria. «Por supuesto que no», me dijo mientras tardaba un segundo en despojarse de ella.

En su conversación nos mostró una sensibilidad y tacto exquisitos, tanto hacia nosotros como hacia Javier. Además, no nos entretuvo mucho tiempo: había leído los informes y comprendía perfectamente las necesidades de nuestro hijo y la angustia que sentíamos como padres. Antes de despedirnos le agradecí su comprensión y su comportamiento. Ojalá todos los funcionarios que tienen que ver con temas de discapacidad fueran como ella: profesionales y cercanos en el trato.

Luego pasamos al despacho de una asistente social, también una persona encantadora. Ella nos explicó las ayudas a las que teníamos derecho: en concreto, unos ridículos 54 euros al mes para un niño sin problemas de movilidad que no necesita ayuda de terceras personas para su subsistencia. ¿Hay alguien que pueda cubrir con esta cifra las necesidades de un hijo con discapacidad? ¿O acaso existen niños que no necesiten de adultos para sobrevivir? Tras esto vino una oleada de preguntas sobre nuestras relaciones de pareja, posibles problemas con el alcohol o las drogas, situación laboral y económica, vivienda y otras circunstancias familiares.

Por primera vez en mucho tiempo pensé que, después de todo, éramos una familia privilegiada. Imaginé que aquellos interrogantes se hacían porque había niños con discapacidad en el seno de familias rotas por el desamor, las drogas, el alcohol, el paro o un hogar y un sueldo indignos. No era, desde luego, nuestro caso. La tristeza, acumulada a lo largo de ocho años, comenzó a mitigarse en ese instante preciso. Y no por ser conscientes de lo dolorosas que pueden ser otras circunstancias, sino porque empezábamos a valorar las nuestras.

Un cole nuevo

Javier comenzó a asistir a Estudio 3, su nuevo colegio, durante el «Campamento Urbano» de julio de 2003. Nos pareció una buena idea que fuera conociendo las instalaciones y a los que serían sus compañeros durante el curso siguiente, que comenzaría a partir de septiembre. Las actividades eran todas lúdicas, lo que sería un aliciente añadido para él.

Y por fin llegó el nuevo curso. Me avergüenza reconocer algunos de nuestros temores iniciales, pero supongo que no seremos los primeros ni los últimos padres en padecerlos. Por ejemplo, si Javier tenía tendencia a repetir frases y comportamientos (ecolalias), ¿cómo le afectaría estar rodeado de niños especiales, muchos de los cuales también mostraban conductas de repetición?

Los profesionales de Estudio 3 nos llevaron de la mano, con delicadeza y competencia, para despejar todas nuestras dudas. Una de las cosas que más agradecimos fue la entrevista inicial con su profesor, Jesús, junto a los padres de los otros alumnos, para exponernos los objetivos del curso. Desde luego, allí no se trataba de aprender a leer y escribir a toda costa. Algunos lo conseguirían y otros no. Para el centro era mucho más importante lograr la autosuficiencia en el vestir, en el comer, en las relaciones con el entorno... Todo, siempre, en la medida de las posibilidades de cada cual.

Al cabo de unos días, durante los cuales se prestó especial atención a Javier en su clase, Jesús nos citó a solas para una charla de dos horas. Quería conocer a fondo a nuestro hijo, saber qué le gustaba hacer y qué no (por ejemplo, las famosas fichas), sus comidas favoritas, las que odiaba, sus hábitos de higiene... Aquel interés nos pareció muy profesional y nos desarmó. ¿A qué padre no le gusta que le pregunten (y responder) sobre su hijo?

Mantuvo también una entrevista con Laura para que todos trabajásemos en la misma dirección. La comunicación entre nosotros y Jesús era fluida. El vehículo era (y aún es) un cuaderno en el que tanto la terapeuta de Javier como nosotros comentamos las actividades o las dudas que van surgiendo. La respuesta de Jesús llega en el mismo día.

Javier tenía una carpeta grande (de esas con fundas transparentes) que debíamos introducir en su mochila cada viernes. En ella llegaban de vuelta las fotos de lo que había estado haciendo en clase durante la semana, el horario ilustrado de actividades, las fotografías con los nombres de sus compañeros y las tareas del fin de semana. El sistema es muy visual y a Javier le encanta repasar una y otra vez su cuaderno del cole. Por primera vez nos contaba las cosas que había hecho en clase, lo que había aprendido, las canciones... Para nosotros, era el niño más feliz del mundo.

Por supuesto, no dejamos de tener alguna que otra preocupación. Por ejemplo, sabíamos que nuestro hijo mostraba cierta tendencia a pegar, pellizcar y empujar a uno de sus compañeros que tenía problemas de movilidad. Sin embargo, Jesús no le daba la menor importancia y nos aseguró que se iba integrando en el grupo perfectamente. Es más, nos dijo que aquel torbellino que era nuestro hijo había resultado un revulsivo para la clase en general y para aquel niño en particular, porque la actitud de Javier le estaba enseñando a defenderse.

Hubo otras novedades. Por primera vez, nuestro hijo se marchaba de viaje a una granja escuela durante... ¡casi una semana! Nunca había estado sin alguien de la familia cerca (los abuelos o su tía Carmen), así que aquello era toda una novedad. Durante aquellos cuatro días, nuestras emociones eran como un cóctel de ingredientes varios: dudas (¿habríamos especificado bien todas las instrucciones, especialmente las que se referían a las excursiones nocturnas de Javier?, ¿nos echaría de menos?); alivio (lo era «descansar» de él durante ese tiempo); remordimiento (por no poder evitar ese pensamiento anterior); nervios (no había forma de contactar directamente con la granja: sólo llamarían en caso de que sucediera algo)...

Todo quedó en agua de borrajas cuando vimos a Javier descender del autobús. No hay espacio suficiente en esta página para dibujar su sonrisa, ni la que mostraba en las fotos: a caballo, deslizándose por una tirolina, paseando por el campo, jugando con los perros.

La equitación fue otra de las sorpresas agradables de ese curso. La madre de uno de los chicos del colegio había organizado —con mucho esfuerzo y dedicación, como siempre en estos casos— un club para enseñar a los niños con discapacidad a montar a caballo. Su nombre es EDAMA.[9]

Apuntamos a Javier en equitación, a pesar del esfuerzo que suponía recogerle en el colegio, conducir durante media hora más alejándonos de casa y esperar otras dos horas (no nos daba tiempo a volver) a que finalizase la clase.

El primer día que le vi subido en un caballo escribí un mensaje SMS a todas mis amigas: «Entre emoción y risa, Javier sobre un pony a punto de dormirse». El vaivén, ya sea a bordo de una barca, sobre el transportín de una bicicleta o sobre un animal, siempre le ha producido sueño.

Poco a poco ha ido aprendiendo a cuidar de los animales. La experiencia con el caballo le obliga también a controlar su impulsividad (como meter la mano en la boca del animal o tirarle de la cola).

9. En España existen muchos clubes de equitación en los que se ofrecen clases para personas con discapacidad intelectual. La información sobre éste en concreto puede encontrarse en www.comunityhorse.com o a través de www.afanias.org.

La reunión final de aquel primer curso en el colegio de educación especial no pudo ser más gratificante para nosotros. Tras evaluar las habilidades y carencias de nuestro hijo (en las que deberíamos trabajar durante el verano), su profesor nos dijo esta frase: «Javier es el alumno ideal: muy trasto, pero muy cariñoso». Babeamos, claro.

Charlando con Mati, la directora, felicitamos a todo el equipo del colegio por su labor, y decidimos otorgarle a Jesús un *cum laude* honorífico como nota de fin de curso. También mantuvimos una conversación con el psicólogo del centro, Tino. Aquella charla fue muy importante para nosotros. Por primera vez alguien se atrevía a aventurar un futuro para Javier. Recuerdo que, cuando comenzó a hablar, le interrumpí:

—Un momento —le dije—. Me está invadiendo una sensación de vértigo tremenda.

¿Me hablaba de la adolescencia de Javier, de su juventud, con bastantes posibilidades de independencia? A lo largo de los años, José y yo habíamos establecido un pacto tácito por el que no nos permitíamos hablar del futuro de nuestro hijo. Teníamos suficiente, como ya he dicho, con alegrarnos de sus pequeños logros en el día a día. Como mucho, poníamos la vista en el año siguiente. Construir esa muralla nos había costado ocho años y no resultaba fácil derrumbarla (aún estamos en ello).

Tino nos enseñó que no hay por qué temerle al futuro. Es más: en algunas ocasiones, es necesario afrontarlo cuanto antes. No es tarea fácil, y hablaré de ello en capítulos posteriores.

Mérida

Aquel año de 2003 fue fundamental en nuestras vidas, y no sólo por emprender la aventura de Estudio 3. El psicólogo Javier Tamarit nos llamó un día para pedirnos un favor, así que quedamos para comer cerca de la oficina de la FEAPS, donde él trabajaba ya como director de Calidad.

De aquella comida recuerdo especialmente dos cosas, ambas incrustadas en mi corazón y que llevo conmigo con especial cariño. La primera de ellas surgió porque, inevitablemente, todo lo que había sucedido con nuestro hijo pequeño durante aquellos últimos meses fue tema presente a lo largo de la conversación. En un momento dado, Tamarit, que además de ser un excelente profesional con los niños tiene una increíble mano derecha con los padres, nos dijo: «Lo estáis haciendo muy bien». A tenor de lo escrito en páginas anteriores, supongo que resulta fácil imaginar mi reacción. No me importó un ápice que estuviéramos en un lugar público: cuando escuché esa frase, el nudo en mi garganta se deshizo en lágrimas de ternura y agradecimiento. Cualquier padre o madre que haya pasado por nuestras mismas circunstancias comprenderá el valor que merecen estas palabras aparentemente tan sencillas. Después de tantas dudas, tantas incertidumbres y tantas angustias, alguien nos aseguraba que estábamos haciendo lo correcto con nuestro hijo. Muchos educadores, médicos, terapeutas y psicólogos deberían tomar buena nota. No cuesta nada y los padres podemos sentir un inmenso alivio a nuestras preocupaciones.

La segunda cuestión fue el «favor» que nos quería pedir. Lo pongo entre comillas porque, en realidad, el favor nos lo hizo él a nosotros. Durante el mes de mayo de 2003, se celebraba en Mérida el II Congreso de Familias de Personas con Discapacidad, organizado por FEAPS Extremadura. Javier me pidió que, para la clausura, escribiese y leyese un texto acerca de lo que esperábamos del futuro los padres de un niño con discapacidad. Habría, además, otros escritos sobre el pasado y el presente.[10]

---

10. Los documentos sobre aquel congreso pueden encontrarse en la página de FEAPS, www.feaps.org/documentos. Además de los testimonios de los padres, puede leerse una interesante conferencia de Federico Carlos Sáinz de Robles y el documento con las conclusiones finales.

Nunca le agradeceré bastante a FEAPS, en general, y a Javier Tamarit en particular, la oportunidad que supuso aquel congreso de Mérida. Para nosotros fue toda una lección de humildad conocer a aquellos padres y madres «coraje» que habían vivido, tiempo atrás, situaciones mucho más difíciles que la nuestra. Me viene especialmente a la memoria una mesa sobre la sexualidad de las personas con discapacidad. Decidí asistir (José fue a otra ponencia simultánea para, entre los dos, acumular la mayor cantidad de información posible) porque era un tema que, en el futuro, deberíamos afrontar con respecto a Javier.

La sala estaba abarrotada a pesar del calor sofocante. El silencio y la tensión en los corazones resultaban sobrecogedores. Algunas madres contaron como, años atrás, habían tenido que contratar furtivamente los servicios de prostitutas o enseñar a sus hijos a masturbarse para satisfacer sus necesidades sexuales. Aquellos testimonios me conmocionaron hasta lo más profundo. Una vez más comprendí la fortuna de vivir en una sociedad mucho más avanzada que la de aquellas madres y la suerte de que Javier hubiera nacido en el seno de una familia como la nuestra. Cuando, antes o después, tuviéramos que plantearnos este tema con Javier, lo haríamos con mucha más facilidad y menos tabúes que los protagonistas de aquellas historias.

También nos impresionó mucho una charla a la que asistieron varios «autogestores», es decir, personas con discapacidad que pueden vivir una vida independiente en pisos tutelados. Una chica hablaba de su trabajo, de sus responsabilidades, de su pareja, de sus amigos, de sus aficiones. Por primera vez fuimos conscientes de que esas personas, tan especiales como nuestro hijo, sentían las mismas necesidades que los demás: amor, amistad, una vida laboral... Simplemente, había que satisfacerlas de una manera algo diferente y, desde luego, sus voces debían ser escuchadas por la sociedad de una forma mucho más eficaz. La charla de los autogestores también nos ofreció esperanzas de futuro para Javier.

Y al fin llegó el día D y la hora H. Una cosa es escribir un texto (algo que ya de por sí me resulta difícil cuando atañe a cuestiones personales) y otra muy distinta leerlo ante casi mil personas en el marco impresionante del teatro romano de Mérida. Pese al ensayo de la tarde anterior y a los consejos de Mercedes Milá (no beber demasiada agua, ponerse un poco de sal en la punta de la lengua), los nervios se apoderaron de mi estómago cuando llegó el momento de salir. Sólo podía escuchar mi corazón desbocado mientras veía la ambulancia aparcada al otro extremo del escenario, convencida de que mis huesos acabarían en aquel vehículo.

Llegó mi turno y, con toda la emoción acumulada después de las reuniones de los dos días precedentes, recité estas palabras, que había memorizado casi por completo:

> Mi hijo Javier tiene ocho años. Unos meses antes de cumplirlos, nuestra familia —su padre, José Luis, su hermano Daniel y yo— cerramos una puerta: atrás dejábamos una peregrinación de consulta en consulta buscando un diagnóstico, cambios cada curso de una a otra guardería, de un colegio a otro, pruebas con esta o aquella terapia que tan buenos resultados estaba dando... pero que no acababan de funcionar con él. Y esta travesía del desierto —por la que imagino muchos de vosotros habréis pasado— ha sido en compañía del miedo, la incertidumbre, la desesperanza, la angustia, la soledad, la rabia, el dolor de entrañas.
>
> Javier, nos dijeron hace unos meses, tiene un retraso madurativo moderado, como si los adjetivos quisieran suavizar el golpe del sustantivo. Así entramos en el mundo de la DISCAPACIDAD, con mayúsculas. Siguiendo consejos sabios, decidimos abrir una puerta nueva cada mañana, sin mirar más allá del día siguiente para alegrarnos con cada logro, con cada paso adelante, con cada risa de Javier. Y, sobre todo, con la creencia de que lo estábamos haciendo lo mejor posible. Nadie como nosotros, como vosotros, conoce el valor que para unos padres tiene esta frase tan sencilla —«lo estáis haciendo bien»— cuando viene de un profesional que comprende a nuestros hijos y las circunstancias de cada familia.
>
> Por eso, cuando la organización de este congreso nos pidió escribir estas líneas sobre lo que esperamos del futuro para Javier, sentimos

vértigo. ¿Cómo abrir esa puerta inmensa? Queremos para Javier lo mismo que para su hermano Daniel: que sea feliz. Para conseguirlo lucharemos con todas nuestras fuerzas. Y para luchar quizá sea más fácil plantearnos primero lo que no deseamos.

No queremos incertidumbres. Muchas se han planteado durante este congreso: ¿cómo enfocar la sexualidad de nuestro hijo? ¿Cuál es el papel de los hermanos? ¿Qué le sucederá cuando no estemos nosotros? Para contestar a estos y otros muchos interrogantes que vayan surgiendo en el camino necesitamos sin duda la ayuda de los profesionales, pero también la experiencia de las familias que han pasado ya por muchas de esas situaciones y que pueden ayudarnos a afrontarlas.

Tampoco queremos guetos. Javier, como todos vuestros hijos, tiene derecho a una vida en sociedad, a disfrutar de todo lo que nos ofrece. Y la sociedad tiene que aprender a vivir con la discapacidad. A medida que Javier crece, la ternura en la mirada de los desconocidos se va transformando en incomprensión, miedo o compasión. Queremos luchar para que, en el futuro, esas miradas sean de comprensión y complicidad. Queremos tener el valor suficiente para decirles: «Sí, Javier tiene retraso. ¡Y qué!».

Como familia nos gustaría contar con todos los recursos posibles para comprenderle mejor y ayudarle en todo lo que podamos. No queremos ser meros espectadores del trabajo de profesionales y educadores, sino participar activamente en el proceso. Como familia ¡necesitamos ayuda en tantas y tantas ocasiones! A veces son cosas que parecen —sólo parecen— sencillas, como por ejemplo superar el miedo a nuestra conciencia por escaparnos un fin de semana sin él. Otras, como elegir un centro y conseguir plaza, se convierten en una carrera imposible de obstáculos más allá de los interminables trámites burocráticos. Algunas veces necesitamos una mano amiga que nos ofrezca consuelo en los momentos difíciles, ánimo para seguir luchando y luz sobre un camino que, de vez en cuando, se empeña en volverse oscuro y tortuoso.

¿Qué esperamos entonces del futuro? Muchas cosas: una educación que se vaya adaptando a las necesidades de Javier; una vida digna y autosuficiente en la medida de sus posibilidades; una atención médica y profesional especializada... Pero también amigos, amor, obligaciones, ocio y alegría. En definitiva, un lugar en el mundo para ser feliz, para querer y ser querido.

Queremos para nosotros la seguridad de que pase lo que pase —y sin hipotecar el futuro de su hermano—, siempre habrá allí alguien para cogerle de la mano y guiarle por donde necesite.

Queremos para Javier, y para todos los niños y niñas, hombres y mujeres con discapacidad intelectual que lleváis en el corazón, exactamente lo mismo que para aquellas personas a las que amamos. Ni más ni menos. Parece sencillo, ¿verdad?

Sabemos que no es una tarea fácil. La vida no lo es, pero en estos meses hemos aprendido algo: que no estamos solos, que hay muchos niños como Javier, muchos hermanos como Daniel y muchos padres como nosotros. Que la angustia compartida es menos angustia y que la esperanza en el futuro será certeza cuantos más nos sumemos a esta lucha.

Muchas gracias.

Cuando levanté la vista del papel por última vez y miré hacia las gradas, sentí el calor y la comprensión de aquellas personas, a las que me había dirigido en un lenguaje nuevo para mí, pero muy conocido para muchas de ellas. Con la emotividad a flor de piel, me escapé en cuanto pude para refugiarme en los brazos de José Luis. Me costó llegar hasta él. Mi cuñada Carmen se había adelantado y me esperaba con los brazos abiertos y lágrimas en los ojos. Fue uno de los momentos más intensos compartidos con ella.

Mérida fue, para nosotros, el final de un largo túnel, el comienzo de un camino a cielo abierto. Sin embargo, no iba a ser el único acontecimiento de aquel curso 2002-2003. La experiencia de la «escuela de padres», iniciada en noviembre de 2002, supuso para nosotros un hito tan importante que merece capítulo aparte.

Capítulo 6

Daniel

Si hay alguien importante en la vida de Javier, ése es su hermano Daniel. «Normal», pensará el lector. Como todos los hermanos, han compartido mucho tiempo y espacio (hasta que Daniel ha reclamado su cuota de independencia adolescente con derecho a habitación propia). Sin embargo, en su relación no han existido cosas tan sencillas como secretos, confidencias, complicidades, juegos habituales de niños, peleas típicas entre dos hermanos que se llevan cuatro años y medio de diferencia... Ni siquiera celos.

Cuando nació su hermano pequeño, Daniel mostró una curiosidad y una ternura impropia de su edad. Aún recuerdo esa mezcla de emociones en su preciosa cara mientras observaba a aquel bebé recién nacido que le devolvía la mirada desde la cuna, con los ojos muy abiertos, en la habitación del hospital.

No es fácil describir cómo se ha desarrollado esa relación. De lo que sí tengo una certeza absoluta es del orgullo que, tanto José como yo, sentimos por ella; un orgullo salpicado también por miedos y dudas.

Hace unos años, en una fiesta de cumpleaños de un amigo de Javier, coincidimos con los padres de una niña que en ese momento tendría catorce o quince años. Ella acudía también al colegio donde estaban escolarizados Javier y su amigo, antes de que decidiéramos dar el paso hacia la educación especial.

La situación de aquella familia nos llamó la atención por dos factores. Por un lado, resultaba evidente que aquella chiquilla tenía problemas de comunicación, de relación con los demás y de conducta. Y a pesar de ello, los padres nos relataban orgullosos su capacidad para realizar operaciones de raíces cuadradas. Aquello nos hizo reflexionar sobre cómo solemos resistirnos a aceptar las limitaciones (tampoco me gusta este vocablo, pero no encuentro otro mejor) de nuestros hijos y cuánto les perjudica esa venda sobre nuestros ojos, especialmente si no hay cerca nadie lo suficientemente honesto, valiente y sincero para retirarla.

Sin embargo, lo que más nos impactó fue la situación del otro hijo de aquella pareja, tres años mayor que su hermana. A los diecisiete o dieciocho años, aquel chico había dicho «¡basta!» a sus padres. Según nos contaron, la situación había comenzado a complicarse durante la adolescencia del muchacho. Literalmente se avergonzaba de algunos comportamientos públicos de su hermana (creo recordar que se trataba de rabietas y pataletas). Las relaciones familiares se habían ido deteriorando cada vez más hasta que, un día, aquel chico les espetó a sus padres que no quería saber absolutamente nada de su hermana; que en todo lo relativo a ella, como atenderla o acompañarla, no contasen con él para nada; que la niña era única y exclusivamente responsabilidad de ellos por «haberla hecho así».

Es una de las historias más crueles que he escuchado en mi vida y nos hizo replantearnos nuestras propias relaciones familiares: ¿dedicábamos tiempo suficiente a Daniel? ¿Cómo se sentía respecto a las conductas de su hermano? ¿Se avergonzaba por ellas? ¿Tenía algún sentimiento de desventaja en relación a nosotros?

La primera alarma se encendió cuando, tras mi vuelta del hospital por la operación de cáncer de mama, nos llamaron del colegio para advertirnos del bajonazo en el rendimiento escolar de Daniel. ¡Habíamos estado *tan* preocupados por la reacción de Javier...! Pensamos que, como siempre habíamos hecho, bastaría con explicarle que mamá tenía un bultito en el pecho y que tenían que quitárselo. Jamás intuimos que aquello no sería suficiente, que se asustaría y preocuparía por no ver a su madre durante casi quince días, por tener que irse a casa de los abuelos paternos durante los fines de semana porque «a mamá le tenían que poner una inyección que la dejaba muy mareada».

A partir de aquel momento, fuimos mucho más conscientes del desequilibrio en la atención a los hermanos. Hemos intentado suplirlo dedicando, como mencioné, tiempos especiales a Daniel: actividades de ocio, escapadas a solas con él y mucha conversación para averiguar cómo se sentía en cada momento. Como apuntan los manuales de psicología para padres, entendemos que lo que vale no es tanto la cantidad, sino la calidad del tiempo que se dedica a los hermanos de niños con discapacidad intelectual.

También es cierto que es ese mismo tiempo el que se va encargando de poner las cosas en su sitio: a medida que crece, nos necesita menos. Y paradójicamente, nosotros le necesitamos más a él en su relación con Javier. Desde que cumplió los trece años consideramos a Daniel lo suficientemente responsable como para quedarse con su hermano pequeño durante unas horas y, así, escaparnos al cine, a cenar con los amigos...

Esto nos ha ocasionado también muchas dudas, que se encargan de reforzar algunos adultos de nuestro entorno: ¿no le habremos hecho crecer antes de tiempo por nuestra propia conveniencia?

He observado esta misma situación en familias con hijos sin problemas de discapacidad y he llegado a la conclusión de que las actitudes suelen ser las mismas. La única diferencia es que se asume como un hecho normal y no se vive con la angustia con que solemos experimentarla los padres como nosotros. También soy consciente de que las circunstancias se complican aún más cuando el hermano sin problemas es el menor y no el mayor, como en nuestro caso, y sobre todo cuando son pequeños.

No tenemos recetas para apaciguar toda esta ansiedad relativa al trato, diferente por necesidad, hacia los hermanos, pero hemos llegado a la conclusión de que, para mal o para bien, esto es lo que hay: se trata de hacer encaje de bolillos procurando que la agotadora atención que requiere un niño con discapacidad se compense con esos tiempos especiales para sus hermanos.

El género también es importante en estos casos. A medida que crece Daniel, y por el hecho de ser varón, nuestro hijo mayor tiene más oportunidades de compartir aficiones con su padre: el fútbol, las motos, los coches... Como todas las madres, yo he asumido el papel de complicidad, de conversaciones sobre afectos y sentimientos, sobre sus relaciones con las chicas y, afortunadamente, sobre imagen y modas (porque a los chicos estos temas les preocupan hoy tanto como a las chicas).

Desde que tiene uso de razón, e incluso antes de que lo preguntara, hemos intentado explicarle a Daniel la situación de su hermano en términos que pudiera comprender a medida que crecía. También hemos procurado hacerle partícipe de las terapias en casa o de las incontables consultas a los especialistas. Siempre ha demostrado curiosidad e implicación, preguntando por todas las cuestiones que le inquietaban en cada momento.

Una de las cosas que más nos ha llamado la atención es la inconmensurable paciencia hacia su hermano: jamás le ha puesto una mano encima, a pesar de las patadas, empujones, pellizcos y golpes que le ha propinado Javier, algunos realmente fuertes. Como mucho, alguna voz seguida de una «retirada» en nuestra busca para, con lágrimas en los ojos, decirnos: «¡Es que no para de pegarme!».

Quizá por haber vivido tantos problemas familiares, nuestro hijo mayor es hoy un adolescente con una sensibilidad muy especial. Él es directamente responsable de la aceptación de Javier en la comunidad en la que vivimos. Recuerdo con especial cariño una mañana de verano, hace tres o cuatro años. Estábamos en la cocina cuando Daniel nos hizo la siguiente propuesta: «¿Qué os parece si me llevo a Javier al club y estamos allí un rato con mis amigos?». El club es la zona social de la urbanización donde vivimos, en la que hay un bar, la piscina, un parque con columpios y las canchas de tenis, fútbol y baloncesto. Para nosotros es el «tontódromo» donde se reúne la juventud. En una décima de segundo José y yo comprendimos el increíble valor de esa proposición: no sólo libraba a Daniel de la aburrida tarea de estar solo en casa con su hermano y sin sus amigos, sino que además permitía a Javier relacionarse con otros niños, aunque fueran mayores que él. Aceptamos, no sin sentir un nudo en la garganta por todos los interrogantes que se nos planteaban: ¿qué pasaría durante el trayecto, con coches en la calzada y perros tras las vallas? ¿Cómo se comportaría Javier con los amigos y amigas de Daniel? ¿Sería su hermano capaz de controlarle en caso de apuro? ¿Sucedería algo de lo que nos pudiéramos arrepentir después? Renunciando a su bicicleta (Javier no sabía montar), Daniel se llevó a su hermano caminando.

Fueron dos horas de incertidumbre total y consciente. A pesar de que estábamos a cinco minutos a pie y a dos en coche del lugar donde se encontraban nuestros hijos, resistimos aquel tiempo a duras penas: queríamos saber cuál sería el resultado del «experimento». La espera valió la pena: ambos retornaron felices y contentos. Daniel, porque había compartido ese tiempo con su hermano y sus amigos; Javier, porque para él era toda una novedad estar con otros niños... sin la presencia de sus padres.

Aquellas salidas se fueron convirtiendo en habituales. Con una paciencia infinita, Daniel enseñó a su hermano a ir como paquete en la bicicleta, primero, y en la moto, después (ambos pertrechados, eso sí, con los cascos).

Conseguir que Javier accediera a subirse a la moto no fue una tarea fácil. El motor produce uno de esos ruidos que le provocaban miedo y ansiedad. Fue una delicia observar cómo Daniel iba pasito a pasito con su hermano. Primero, varios intentos con el motor apagado. Cuando lo consiguió, y para acostumbrarle al movimiento, le paseó sobre el vehículo empujando el manillar. Siguieron varios fracasos hasta conseguir que, al poner en marcha la moto, se mantuviera sobre ella. Por último, la primera vuelta. Realmente, no sé quién la disfrutó más, si los niños o nosotros contemplándoles. Durante el verano de 2003, aquellas salidas ya eran habituales, tanto por la mañana como por la tarde.

Las fiestas de nuestra urbanización se celebran durante la primera semana de septiembre, con muchas actividades para los más jóvenes. Un sábado por la mañana de aquel verano que terminaba, Daniel nos advirtió de que deberíamos estar en la pista de baile a las siete en punto de la tarde... con Javier «guapo y arreglado».

Allí nos fuimos todos, a la hora prevista, para presenciar las coreografías con *playback* que habían preparado los grupos y que constituyen uno de los platos fuertes de las fiestas (los chicos, pero sobre todo las chicas, se lo toman muy en serio y los números son casi profesionales). Cuando pensábamos que ya habían terminado todas las actuaciones y que iba a procederse a la votación, la presentadora anunció por el micrófono la última actuación: Javier, acompañado por sus animadoras, bailaría una conocida canción de aquel verano. Paralizados por la emoción, José y yo contemplamos la felicidad absoluta de nuestro hijo en mitad de aquella pista, rodeado de chicas y coreado por una multitud de vecinos, jóvenes y mayores, que aplaudían su actuación. Por supuesto, se le olvidaron los pasos y sólo pudo dar saltos de un lado a otro con una sonrisa de oreja a oreja. Pero eso era lo de menos. Los miembros del jurado le otorgaron la medalla a la coreografía meritoria del mayor esfuerzo. Y allí subió él, todo orgulloso, a recogerla.

Fue en ese momento cuando estallé en lágrimas de emoción y felicidad. Y me abracé a José Luis, a Daniel y a todas las amigas (una por una) de mi hijo mayor: ellas habían tenido la paciencia de dedicar una parte preciosa de su tiempo de vacaciones a Javier y le habían dado la oportunidad de participar, como un niño más, en una actividad de la comunidad en la que vive. Sólo los padres de personas con discapacidad saben lo importante, y lo difícil, que es a veces esta integración. También me sentí muy orgullosa de mi hijo mayor, porque él era directamente responsable de la aceptación de Javier en su círculo de amigos (y padres, hermanos, familiares). Desde hace un tiempo hemos dejado de ser José Luis y Amparo en la urbanización: somos «los padres de Daniel y Javier».

Estos pequeños sucesos, que pueden parecer banales, tienen un efecto mucho mayor del que pudiera parecer, como los círculos de una piedra arrojada al río.

Durante el curso 2003-2004, Douglas y David —dos vecinos de la urbanización— vinieron a vernos. Pertenecían a un grupo de jóvenes en torno a los dieciséis y diecisiete años, estudiantes de primer curso de Bachillerato en el mismo colegio de Daniel. Como parte de su formación, tenían que realizar un proyecto solidario.[11] Conocían a Javier y querían orientar su trabajo hacia los niños con discapacidad. Nosotros les explicamos que, desde nuestro punto de vista, lo más complicado es el tiempo de ocio.

Se sucedieron las reuniones con Mati (la directora de Estudio 3), el director del SEK, el grupo de estudiantes y algunos padres. La labor de aquellos chicos y chicas fue extraordinaria. A pesar de todas las dudas iniciales, pusieron en marcha un proyecto precioso: seis

11. El Colegio SEK desarrolla este tipo de actividades en el marco del MYP (*Middle Years Program*) o Bachillerato Internacional y junto a Junior Achievement, una entidad que desarrolla, entre otros, programas de Liderazgo Comunitario. Está dirigido a jóvenes de dieciséis y diecisiete años y pretende «ayudar a los jóvenes a identificar las características de los líderes y desarrollarlas, mientras actúan ética y responsablemente trabajando en actividades de servicio comunitario». Los trabajos se realizan en colaboración con patrocinadores, normalmente grandes empresas, que ofrecen recursos económicos o materiales. En el caso que aquí se detalla, fue REPSOL-YPF. Más información en www.jaes.es y en www.sek.es.

niños y niñas del colegio de Javier (y dos de los hermanos de éstos) acudieron todos los sábados de aquel curso 2003-2004 a la piscina cubierta y climatizada del SEK, que cedió sus instalaciones. Se ocuparon de buscar voluntarios (un socorrista, un médico, varios fisioterapeutas) y financiación para comprar material lúdico (pelotas, colchonetas, corchos, aros).

El primer sábado, en el gimnasio del colegio, nos ofrecieron una fiesta de bienvenida con chocolate, churros, *chuches*... y una mochila para cada niño que contenía un completo equipo de natación: toalla, gorro, gafas, calcetines de goma para evitar contagios, bañador. No faltaba ni un detalle: guirnaldas, *confetti*, globos, música infantil... También había algunos chicos disfrazados de payasos.

Debo decir que durante aquellos sábados los únicos que nunca faltaron a la cita fueron los chicos y chicas responsables del proyecto, al que bautizaron «Yo también nado».

De una forma indirecta, nuestro hijo mayor también fue responsable de esta iniciativa. La pandilla de los mayores, a la que pertenecían algunos de los chicos que pusieron en marcha el proyecto «Yo también nado», había conocido mejor a Javier gracias a su hermano Daniel.

Los padres también nos beneficiamos de aquella iniciativa. En cuanto tuvimos la confianza suficiente, nos escapábamos a tomar un café y contarnos nuestras experiencias durante las dos horas que duraba la actividad. Una vez más constaté lo beneficioso que es para todos nosotros que alguien nos escuche. En definitiva, compartir, compartir y compartir.

Ese mismo curso 2003-2004 Daniel tenía que realizar, en inglés, un trabajo escolar para el Bachillerato Internacional. Tenía entonces trece años.

Aparte de lo ilustrativo de las cifras y datos (conseguidos a través de FEAPS con la ayuda de su tía Carmen), de las interesantes entrevistas (realizadas en el colegio de su hermano) con el profesor de Javier y la trabajadora social de Estudio 3, me sigue emocionando la conclusión final, salida de su puño y letra sin ayuda de nadie.[12]

Desde luego, no me ciega mi pasión de madre: no era ni la mejor redacción ni el mejor inglés del mundo, pero recibió un *excellent* de su profesora, Maureen. Y aquel texto pasó de mano en mano por todos nuestros amigos y familiares, cuyos ojos acabaron —como no podía ser menos— empañados.

Fue con la lectura de este texto cuando comenzó a tranquilizarnos la relación de nuestros hijos. Aquella tranquilidad se vio refrendada tras leer una entrevista en *Voces*, la revista bimestral de FEAPS. Se trataba de una charla entre cuatro chicos y chicas, hermanos de otros niños con discapacidad intelectual, que realizó el director de la publicación, Javier López Iglesias, colega mío y amigo nuestro desde hace muchos años. Se publicó en el número 341, correspondiente a los meses de julio y agosto, y éstas fueron las respuestas de Daniel a las preguntas formuladas.

---

12. La traducción de esas líneas sería así:

«Tengo un hermano con discapacidad intelectual. La gente me pregunta: "¿Qué pasa con tu hermano", y yo digo: "Nada. Sólo es otro chico en el mundo pero con discapacidad".

»Ahora todos mis amigos conocen el problema de Javi y están con él como con otra persona. Juegan con él, le hablan y le quieren. Todo el mundo sabe que mi hermano es una persona maravillosa y no les importa que tenga una discapacidad. Eso es lo que todas las personas tienen que hacer en el mundo, hacer sus vidas buenas introduciéndoles en sociedad como cualquier otra persona, darles un trabajo, estar con ellas cuando necesitan hablar. Todas estas cosas hacen mucho mejor la vida de una persona con discapacidad. Si toda la gente en la sociedad sabe esto, entonces estaremos ayudando a estas personas a hacer su vida mejor. Todo lo que quiero es conseguir que la gente sepa que una persona con discapacidad no es una persona rara.

»Para esto hay asociaciones como FEAPS o la ONCE que están ayudando a esta gente y que todos los días ofrecen un poco de ayuda para hacer sus vidas mejores, y eso es lo que necesitamos hacer. Todos juntos lo conseguiremos».

Ser hermano

Cuando hablan de sus hermanos con discapacidad, eluden esta palabra para referirse a «personas con problemas». Si se les pide que definan el carácter de sus hermanos, mencionan que son cariñosos y, en ocasiones, cabezotas. No manifiestan dificultades para asumir la discapacidad intelectual de su familiar, al que aceptan plenamente desde el unánime convencimiento de que ejercer de hermano con ellos es, «con algunos peros y según los días», una tarea maravillosa.

VOCES: ¿Qué es para vosotros la discapacidad intelectual?

DANIEL: Mi hermano tiene una discapacidad que hace que le cueste centrarse. También hace que vaya un poquito retrasado con respecto a los otros chicos de su edad.

VOCES: ¿Cómo os enterasteis de que vuestro hermano o hermana tenía un problema?

DANIEL: A mí me lo dijeron mis padres. El caso es que un día me enfadé con él y entonces me dijeron que mi hermano tenía un problema y que tenía que ayudarle y ser comprensivo con él. Conste que yo le ayudo a él en algunas cosas y él también me ayuda a mí en otras.

VOCES: ¿Creéis que el hecho de que vuestro hermano o hermana tenga un problema hace que disfrute de ventajas sobre vosotros en la vida familiar? Es decir, ¿son en casa más permisivos con ellos que con vosotros?

DANIEL: No creo que mi hermano tenga ventajas sobre mí por el hecho de su problema.

VOCES: ¿Hacéis mucha vida con vuestros hermanos? ¿Salís con ellos?

DANIEL: Yo algunas veces me llevo por ahí a mi hermano. Vamos a jugar al fútbol y eso. Cuando vamos juntos también nos lo pasamos bien, aunque yo también salgo solo con mis amigos.

VOCES: ¿Os gustaría que la situación de vuestro hermano o hermana fuera otra? ¿Creéis que vuestra relación sería otra?

DANIEL: El que él tenga un problema no quiere decir nada. Además, cada uno tenemos nuestras cosas. Habría también que preguntarle a él si está contento conmigo y cómo soy yo.

VOCES: ¿Os obligan u os sentís obligados a compartir cosas que preferiríais no compartir con ellos? ¿Le dedicáis más tiempo que el que le dedicaríais a otro hermano sin problemas?

DANIEL: Sí, hay que dedicarle un poco más de tiempo, pero como lo haces con gusto no pasa nada. No estás obligado a dedicarle más tiempo.

VOCES: ¿Vuestros hermanos se van de vacaciones solos?

DANIEL: Mi hermano está en un cursillo con el colegio, pero sólo es por la mañana, por lo que por la tarde y noche volvemos a estar juntos.

[Los otros niños contestaron que sus hermanos se iban nada menos que ¡quince días! a un campamento de verano. Admiro la valentía de esos padres porque no sé si yo sería capaz de soportarlo. Tampoco hemos encontrado ni buscado aún uno que nos convenza lo suficiente.]

VOCES: Nos hemos preguntado si os gusta u os importa hablar de la discapacidad de vuestro hermano o hermana: ¿os importa realmente?

DANIEL: ¿Por qué nos iba a importar?

VOCES: Si tuvierais que destacar algo de vuestros hermanos, ¿a qué os referiríais en primer lugar? ¿Qué es lo que más os gusta de ellos?

DANIEL: Además de mi hermano, es mi amigo. Estoy hablando a la vez de mi hermano y de mi amigo.

VOCES: En esa misma idea, si os decimos que escribáis tres palabras sobre ellos, ¿qué escribiríais?

DANIEL: Cariñoso, cabezota, buena persona, inquieto.

VOCES: ¿Tenéis dificultades para aceptar las limitaciones de vuestros hermanos?

DANIEL [y los otros tres chicos al mismo tiempo]: ¡No! Habría que preguntar qué es eso de ser diferente. Diferente en qué. Mi hermano es una persona que tiene un problema especial, pero antes de nada es una persona.

VOCES: Finalmente, ¿creéis que la vida de vuestra familia gira fundamentalmente en torno al problema de vuestro hermano o hermana con discapacidad? ¿Sería diferente sin ellos?

[Los cuatro al tiempo]: No, no creemos que nuestras familias fueran diferentes si nuestros hermanos no tuvieran el problema que tienen.

Las respuestas de los otros chicos entrevistados fueron tan entrañables como las de Daniel.

Gracias a nuestro hijo mayor, otros niños han descubierto el mundo de la discapacidad infantil. Ellos serán los adultos de un futuro que, gracias a su experiencia previa, será más fácil para las personas «diferentes». Y éstas ya no lo serán tanto porque sabrán cómo acercarse, cómo compartir y cómo vivir junto a ellas en sociedad, asumiendo esa diferencia con naturalidad.

Capítulo 7

Escuela de padres

La idea de un cole para padres nos entusiasmó desde el principio. Fueron Laura Escribano y los profesionales de ALANDA quienes la pusieron en marcha, no sin esfuerzo, dedicación y a base de buscar financiación aquí y allá. Finalmente, y gracias al apoyo económico de la Obra Social de Caja Madrid, la escuela se puso en marcha en noviembre de 2002.

No se trataba de un «edificio» al que asistir, sino de un proyecto mucho más ambicioso donde el lugar era lo de menos.

A grandes rasgos consistía en lo siguiente: durante un sábado al mes, y hasta el mes de junio de 2003, algunos padres aprenderíamos las técnicas utilizadas por los profesionales para tratar los problemas de nuestros hijos. De esta forma, cubrían una demanda que muchos de nosotros habíamos planteado ya: la necesidad de implicarnos mucho más en el proceso de su educación y desarrollo, pasando de ser meros espectadores a colaboradores activos.

Nunca es fácil ser padre o madre. A un niño con capacidades intelectuales «normales» (otra palabra que odio) podemos transmitirle nuestros valores, cualesquiera que sean, a través de lo que nos dicta el sentido común o de lo que hemos visto en nuestros progenitores (aunque sea por oposición a ellos). Y aun así puede que fracasemos. También es posible ayudarles con las materias que aprenden en el colegio: matemáticas, lengua, literatura, sociales, naturales...

Sin embargo, ¿qué sucede cuando nada de todo eso sirve?

Asistimos con toda la ilusión del mundo a esa escuela de padres cuyas aulas nos cedía el Colegio Arcángel, situado en la madrileña calle de Ángel Ganivet. A nosotros nos tocó el llamado «grupo de Conducta».

Las expectativas no nos defraudaron. Debo decir que nos hacen trabajar como cosacos y que, como en cualquier otro cole, tenemos que hacer deberes (hablo en presente porque, cuando este libro se publique, estaremos a mediados del tercer curso). Entre otras actividades, tenemos que grabar en vídeo ciertas situaciones con nuestros hijos para, posteriormente, analizar en clase tanto las reacciones de los niños como las nuestras. También disponemos de abundante material didáctico: folios y folios con toda la teoría que, después, debemos poner en práctica. Entre la abundante documentación que conservo de esos cursos rescato uno de los primeros papeles que nos dieron y que nos hizo comprender infinitamente mejor cómo se sentían nuestros niños en su relación con el mundo. Se titula «Imagina», y dice así:

IMAGINA...

- *Imagina* que vives en un ambiente en el que nadie te habla directamente pero hablan de ti en tu presencia.
- *Imagina* que los niños se burlan de ti en la calle y los adultos te miran fijamente y murmuran a tus espaldas.
- *Imagina* que las personas te cogen del brazo, te sacan a la calle, te meten en un coche y nunca te dicen dónde vas a ir o qué vas a hacer cuando estés allí.
- *Imagina* que vives y vas a la escuela en lugares controlados por personas que nunca te dejan ir solo a ningún sitio.
- *Imagina* que estás en la escuela y, año tras año, los maestros sólo te preguntan tontadas como «¿qué color es éste?».

- *Imagina* que las personas siempre interrumpen tus intentos de hacer algo y hacen eso por ti.
- *Imagina* situaciones en las que tú intentas decir que estás enfermo y nadie te entiende.
- *Imagina* que, en tu casa, abres el frigorífico, miras dentro y alguien corre hacia ti asegurándose de que no coges comida.
- *Imagina* que vives en un sitio en el que las personas constantemente se quejan de ti o hacen chistes en tu presencia.
- *Imagina* que escuchas constantemente a las personas hablar sobre lo que no puedes hacer.
- *Imagina* que las personas sólo tienen expectativas sobre tus conductas inapropiadas.
- *Imagina* situaciones en las que nadie te pregunta qué preferirías hacer o, incluso, comer...

¡¡¡BIENVENIDO AL MUNDO DE LAS PERSONAS CON PROBLEMAS DE CONDUCTA!!!

Si estuviera en tal situación, creo que no me comportaría de una manera socialmente apropiada, aprobada por los que me rodean.

Creo que trataría de obtener, por lo menos, **algo de control sobre los sucesos de mi vida**, incluso si estuviera extremadamente frustrado y quisiera muchísimo conseguir algo, encontraría la manera de hacer que los demás me lo dieran, **sin importarme la forma en que tuviese que comportarme para conseguirlo**.

El primer paso es convencer a los demás para crear alternativas educativas y programas de tratamiento enfocados en los efectos del ambiente sobre las personas, antes de enfocarlos en el problema conductual en sí mismo.[13]

---

13. Adaptación del texto original «*Imagine what it Must be like...*», de Judith M. Leblanc, profesora de educación especial, desarrollo humano y vida familiar por la Universidad de Kansas (Estados Unidos) y coordinadora de los programas internacionales del Instituto Schieflebush.

No sé de nadie que no se haya emocionado al leer estas líneas, comenzando por los padres que recibimos el texto por primera vez; sobre todo si el lector conoce a algún niño con estas características. Así sucedió con abuelos, tíos, amigos y conocidos, a los que inmediatamente repartimos fotocopias de este texto.

Lo que aprendíamos en la escuela de padres no era lo único que nos animaba cada uno de aquellos sábados, cuya llegada esperábamos con ansia. Para casi todos nosotros suponía además un esfuerzo añadido: por el madrugón (algunos venían de fuera de Madrid), por la intendencia familiar (había que buscar a alguien que se quedara con los niños), por los hermanos (es frecuente que algunos, como nuestro hijo Daniel, tengan actividades ese mismo día) y por las familias (el sábado suele ser el día de la semana que aprovechamos para las celebraciones).

Con todo, compensaba, y no sólo por los conocimientos adquiridos durante aquellas mañanas, de diez y media a dos de la tarde con pausa para café. Las reuniones se convertían en espejos en los que todos nos veíamos reflejados: las dudas, las angustias, el cansancio, el sentimiento de culpabilidad, la tristeza... ¡Éramos todos tan parecidos!

Tanto las horas de aprendizaje como la media hora de descanso se convertían en una terapia de grupo para desahogar nuestras penas y compartir la forma de ser de nuestros hijos. Por fin, alguien hablaba el mismo lenguaje que nosotros sin extrañarse lo más mínimo de las conductas de los pequeños.

El hecho de estar juntos contribuía también a que la sonrisa y la ternura surgieran de un modo más sencillo. Muchos de esos padres (incluido José Luis) aportaban un sentido del humor realmente admirable. La risa es muy contagiosa y ayuda a contemplar las situaciones con una perspectiva bastante menos trágica que cuando se viven en solitario. Así sucedía, por ejemplo, cuando analizábamos el famoso vídeo de Javier jugando al fútbol con las naranjas en un pasillo del hipermercado.

Como clausura de aquel primer curso, a algunos padres se nos pidió escribir y leer unas palabras para describir nuestras impresiones. Éste es el mío:[14]

Sesenta escalones

«Me llamo Amparo y os hablo en representación de los "vecinos de arriba", más conocidos para Laura y sus chicas como el «grupo de Conducta». Espero aproximarme, aunque sea sólo un poco, a lo que hemos sentido los padres de nuestros seis niños.

»Quería titular estas palabras "Sesenta escalones", que son exactamente los que hemos subido cada día de clase durante los últimos meses (Laura, nos pedimos para la próxima vez la clase de abajo). Y este fin de curso coincide también con una jornada de reflexión, mucho más importante para nosotros que la de las elecciones municipales o autonómicas.

»Creo que todos estamos aquí por la misma razón. A ninguno de nosotros nos basta con saber que nuestros hijos están en manos de los mejores profesionales, sino que queremos participar activamente en el proceso, sea cual sea su problema y por muy complicadas que parezcan las soluciones.

»Reconozco que nos apuntamos a este Programa de Familias con la misma cantidad de prevención que de ilusión. Lo primero, quizá porque José Luis y yo hemos intentado con Javier un montón de terapias y consejos que no han funcionado. La ilusión, porque conocemos a nuestras "Lauras" de ALANDA y vemos día a día lo bien que lo están haciendo con él.

---

14. Los textos de los otros padres y madres se recogen en la segunda parte de este libro, titulado «Otras Voces» y bajo el epígrafe «Otros testimonios de la escuela de padres». Los nombres propios se han suprimido o cambiado para salvaguardar las identidades de padres y niños. Todos los textos proceden del Programa de Familias ALANDA, fin de curso, madrid, 24 de mayo de 2003.

»Recuerdo que, hace poco, durante el Congreso de Familias de Extremadura, la madre de un chico autista decía que su hijo había venido al mundo sin manual de instrucciones. En realidad, ningún hijo —con o sin problemas— viene con él, pero una de las primeras lecciones que aprendimos en estos sábados no fue sobre nuestros hijos, sino sobre nosotros mismos: teníamos que "desaprender" todo lo que, hasta ahora, nos había funcionado con nuestros otros hijos, valiéndonos de un sentido que creíamos común o, simplemente, porque así lo habíamos visto en nuestros mayores. Nuestro amor hacia ellos no era suficiente. Y teníamos que empezar desde cero.

»Al principio salíamos del aula casi como habíamos llegado: sin resuello en el ánimo y con el corazón disparado. Y descendíamos los dichosos sesenta escalones en compañía de un pensamiento que —estoy segura— os suena muy familiar: "Lo estoy haciendo fatal".

»Sin embargo, a medida que pasaban los sábados, nos descubríamos con ganas de que llegase el siguiente. Y eso que Laura se empeñaba en explicarnos unos palabros rarísimos que —según nos contaba— tenían mucho que ver con nuestros hijos. Así han entrado en nuestro vocabulario términos como "habilidades adaptativas generales", "fase desencadenante" —según el modelo de unos tales Whitaker y Cols— o "conducta obsesivo-compulsiva". Poco a poco, casi sin que nos diéramos cuenta, estas palabras extrañas comenzaron a tener sentido y a encajar como un guante en la descripción de nuestros niños. Y, lo que es más importante, podíamos actuar de una manera determinada que... ¡funcionaba!

»Reconozco que no siempre hemos hecho los deberes y eso nos ha remordido la conciencia, pero estoy orgullosa de lo que hemos conseguido. ¿Quién nos iba a decir, a principio de curso, que seríamos capaces de analizar la topografía, latencia y consecuentes de una conducta? Por ejemplo, cuando M. no quiere comerse el pescado; o cuando A. se niega a entrar en casa para volver al ascensor;

cuando A. insiste cien veces en poner *Ave María*, de Bisbal; cuando A. le cierra la puerta a su madre cada vez que llega a casa; cuando J. se enfada por cambiar la rutina de su tarea; o cuando Javier se dedica a jugar al fútbol con las naranjas del *híper*.

»Todos sabemos que es imposible emular a los profesionales las veinticuatro horas del día, que —de vez en cuando— se nos seguirá escapando un cachete en el culo o una palabra más alta que otra, pero también sabemos ahora que hay un camino del que no hemos más que empezado a comprender sus posibilidades.

»Desde aquí quiero pedir a ALANDA que nos ayude a mantener abierta la cancela de ese camino. Estamos dispuestos a repetir curso y a aprender más cosas. Si hace falta, vamos todos a manifestarnos frente a la Obra Social de la Caja de Madrid, o a donde haga falta, para conseguir la subvención y reunirnos otra vez el próximo otoño.

»Gracias a ALANDA y a su Programa de Familias, sabemos que podemos ser mejores padres, y que eso es lo que, al fin y al cabo, contribuirá a nuestro mayor deseo: la felicidad de nuestros hijos.

»Hoy quiero agradecer también a Laura y a las profesionales su ilusión en este proyecto y, sobre todo, la oportunidad que nos han brindado. Y no sólo por compartir con todos nosotros sus conocimientos, sino porque nos hemos conocido. Estoy segura de que, como yo, os habéis sentido identificados con la angustia de los otros, reflejados en las miradas de cansancio infinito, solidarios con ese desánimo que a veces nos embarga.

»Gracias por dejarnos compartir nuestras experiencias, nuestras tristezas y alegrías. Porque, al compartirlas, sabemos que no estamos solos, que hay otros niños como nuestros hijos, otros padres como nosotros y dificultades idénticas a las nuestras.

»Gracias también a ti, Laura, y a tu equipo en nombre de M., A., A., A., J. y Javier. Estoy deseando conocerles y achucharles a todos. Y a vosotros, sus padres, espero veros —junto a ellos y sus hermanos— mucho antes de que comience el II Programa de Familias el curso que viene».

Fue un fin de curso realmente emotivo. Al concluir las lecturas, la mayoría teníamos lágrimas en los ojos. Los *kleenex* corrían de mano en mano y de nariz en nariz. En aquel momento decidí que no quería perder de vista a aquellos padres, a los que ya llevaba en el corazón, y que lucharía —en la medida de mis posibilidades— para que la escuela tuviese continuidad. Más aún cuando me enteré de que la Obra Social de la Caja de Madrid no financiaba un mismo proyecto durante dos años consecutivos.

Segundo curso

Por mi trabajo como jefa de Prensa en la productora de televisión Zeppelin TV, tenía relación con la Fundación Inocente, Inocente.[15] No resulta fácil explicar a las entidades (fundaciones, empresas privadas o instituciones públicas) los objetivos de este proyecto. A algunas personas (con bastante miopía racional y emocional, todo hay que decirlo) les cuesta comprender que esta actividad redunda directamente —¡y de qué manera!— en beneficio de los niños. No siempre se trata de obtener bienes o servicios de los que disfruten en

15. La Fundación Inocente, Inocente nació en marzo de 1995 por iniciativa de Zeppelin TV. Promueve cada año una célebre gala televisiva cuyo fin es la recaudación de fondos para apoyar distintas causas, siempre centradas en el campo de la discapacidad o la enfermedad infantiles. Desde la primera gala, en 1995, y hasta la actualidad, se han recaudado más de 6.700.000 euros (sin incluir la Gala de 2004), dinero que se ha dedicado a la financiación de más de 25 proyectos.

Los fines de la Fundación Inocente, Inocente son:

1. Contribuir al sostenimiento de entidades que se dediquen al desarrollo e integración social y educación de menores con disfunción física o psíquica.

2. Dar a conocer a la sociedad los problemas que afectan a menores con disfunción física o psíquica, y concienciar sobre ellos.

3. Obtener recursos económicos para aplicarlos a paliar los problemas que origina el abandono de menores.

4. En general, fomentar toda actividad que redunde en beneficio de la infancia.

Más información en www.inocente.com o en el teléfono 902 30 30 52.

primera persona, como un campamento de verano o un ordenador, pero el hecho de que los padres aprendamos técnicas profesionales les afecta mucho y positivamente. Este aprendizaje crea, además, un efecto en cadena cuando los padres y amigos transmitimos estas enseñanzas al entorno de los niños: familiares, amigos, vecinos...

La Fundación Inocente, Inocente lo comprendió a la perfección porque encajaba directamente con la filosofía expresada en el punto cuatro: «Toda actividad que redunde en beneficio de la infancia». Así, gracias a Carmen, María, Cristina y José Velasco (fundador y, por entonces, presidente de la productora, que había puesto en marcha la fundación) conseguí ayuda financiera para el segundo curso de la escuela de padres.

Aquel segundo curso, en la temporada 2003-2004, fue tan fructífero y emocionante como el primero. Además, conocimos a nuevos compañeros, ya que a nuestro grupo inicial de Conducta se sumaron los padres de cinco niños más. Como no podía ser menos, me nombraron —sí o sí— miembro del comité para la clausura de fin de curso. Esta vez había aprendido la lección del año anterior: la risa era una terapia mucho más rentable que las lágrimas, aunque fueran de emoción.

Acudí a la primera reunión de aquel comité con una idea, aunque sin mucho convencimiento de que la fueran a aceptar: montar un «telediario» en el que los protagonistas fuéramos los padres y nuestros hijos. Ante mi sorpresa, la cosa coló y todo el mundo puso su granito de arena. Uno de los padres, diseñador gráfico de profesión, montó un escenario que reproducía una pantalla de televisión. Otros se ocuparon de grabar las sintonías de los informativos para la presentación, la pausa de «publicidad» —que requería de otros dos voluntarios para interpretarla— y la despedida. Los profesionales de ALANDA me proporcionaron anécdotas de todos los niños (yo sólo conocía las de nuestro grupo de Conducta) para que pudiese redactar el guión, que interpreté como locutora junto a otro padre.

Éste es el resultado de aquel «informativo», que bautizamos como «TeleAlanda» y que está escrito como si de un guión televisivo se tratase (los nombres han sido reducidos a iniciales, para preservar la intimidad):

TeleAlanda

(Aparecen locutor y locutora con las caretas de Alfredo Urdaci y Leticia Ortiz durante unos momentos. Luego se las quitan para hablar.)

LOCUTOR: Bienvenidos a Telealanda, el informativo que os ofrece un resumen sobre lo más importante de este curso. Tened las orejas bien abiertas, porque escucharéis nombres muy, muy familiares. Os pedimos disculpas de antemano porque puede que fallen los medios técnicos. Son las cosas del directo.

(Sintonía del telediario. Cuando un locutor comienza a hablar, el otro muestra la foto del niño en cuestión.)

LOCUTORA: Buenos días. Comenzamos este informativo con una noticia de última hora: por fin ha sido detenida la banda de trileros que actuaba en algunos barrios de la capital. La policía ha facilitado los nombres de J. M. R., el virtuoso manipulador de botes, y de su hijo M., el gancho que siempre adivinaba dónde estaba el pan. Su madre, A., se encuentra en estos momentos en comisaría tratando de explicar el asunto.

LOCUTOR: Y vamos ahora con la actualidad política. M. B. ha firmado sin pestañear un contrato de doscientas páginas a propuesta de su madre, T., con su padre, J., como testigo. Ante el asombro de propios y extraños, M. se ha permitido el lujo de añadir al documento otras doscientas cláusulas adicionales.

LOCUTORA: Como todos sabéis, los medios de comunicación han estado especulando con la llegada de los ejecutivos de Disney a nuestro país. Ayer se develó el misterio: A. C. y E. L. han sido premiados con el galardón internacional a la mejor bailarina y cantante de las pelis de Disney. Los padres de ambos —A., D., M. A. y J. L.— aún no se han repuesto de la sorpresa.

LOCUTOR: Os contamos ahora una curiosa encuesta del Instituto de Profesiones con Futuro. Al parecer, y después de una investigación exhaustiva con los padres de ALANDA, este instituto ha decidido apostar por los oficios de «abridor y cerrador de puertas» y de «enciende-apaga interruptores». Después de leer el informe, los padres de A., Y., F. y M. han declarado: «Estamos mucho más relajados».

LOCUTORA: Abrimos el capítulo de las noticias alimenticias con un suceso que ha tenido en jaque a los ciudadanos de ALANDA: los almacenes de yogures y galletas de la ciudad han sido sistemáticamente saqueados desde hace meses para desconcierto del CSI. El inspector Grissom y su equipo sólo son capaces de hallar las huellas de dos niños en el lugar de los hechos. Fuentes cercanas a la investigación han confirmado a este informativo que, en el caso de los yogures, podría tratarse de M. B. Las sospechas del atracón de galletas recaen sobre F. M., por supuesto. Los progenitores de ambos están aún retenidos en las dependencias del CSI.

LOCUTOR: Y no abandonamos aún a la famosa policía criminalística, porque también investigan un extraño suceso que algunos se han atrevido a calificar como magia: E. S. es capaz de desaparecer en el popular juego del corro de la patata y hacer que aparezca su padre, J., en su lugar. C., su esposa, ha confirmado que el único material disponible para aclarar los hechos es un vídeo casero, bastante desgastadito ya de tanto darle al *replay*.

LOCUTORA: Magias aparte, el título honorífico de «jugador *number one*» del corro de la patata se lo lleva este año M. A. Se lo ha ganado a pulso por su ilusión en el juego, la atención que presta... a los pies de los jugadores, y su empeño en ver a I., su madre, por los suelos. «Toda ella es un puro cardenal, pero estamos muy contentos», ha declarado orgulloso A., su padre.

LOCUTOR: Estamos de nuevo en la sección de alimentos para

contaros que se ha batido un nuevo récord Guinnes: F. y M. consiguen guardar en el congelador de su nevera trescientas bolsas de sanjacobos en apenas diez segundos. Los responsables del famoso libro están dudando si validar la hazaña porque M., su hijo, ha comentado atónito: «¡Pero si yo sólo quería uno para cenar!».

LOCUTORA: Abordamos ahora nuestra sección de Sanidad, Seguridad e Higiene en el Trabajo. No perdáis ripio porque viene cargadita y calentita.

LOCUTOR: Las autoridades sanitarias han decidido otorgar la Gran Cruz del Mérito al Mejor Nieto a F. B. Entre todos los aspirantes, F. destacó por haberse presentado con la abuela más en forma. El jurado valoró su original manera de hacerlo: subirse a las estanterías, meterse debajo de la mesa o esconderse en sitios imposibles. T. y F., padres de la criatura, estuvieron en representación de la abuela, que aprovechó la ocasión para un merecido descanso.

LOCUTORA: No se habla de otra cosa en el barrio donde vive L. L. Los vecinos han declarado a las cámaras de TeleAlanda que la hora de la ducha ya no es lo mismo: L. ríe, canta y le dedica piropos a su madre, M. «El primer día que sucedió, A., el padre de L., salió a la calle en pijama y se dedicó a abrazarnos a todos para manifestar su alegría», ha manifestado una fuente cercana a la pareja.

LOCUTOR: Y no menos curiosa es la noticia sanitaria relacionada con C. C. Los médicos investigan por qué cada vez que conocidos y familiares preguntan por él, J. y T., sus padres, muestran fotos de C. lavándose los dientes. Las tienen de después del desayuno, de la comida, de la merienda y de la cena. Desde aquí prometemos guardar el secreto y les damos la enhorabuena.

LOCUTORA: Cerramos Sanidad con la detención de Amparo, madre de Javier, por maltrato a la hora del baño. «No se puede apagar la luz para que salga de la bañera», ha declarado el fiscal. La madre jura y perjura que Javier sólo hace caso cuando están grabando en vídeo. Del padre, José Luis, sólo se sabe que está en un hipermercado desde el año pasado... recogiendo naranjas del suelo.

Locutor: Hacemos una pequeña pausa para la publicidad y volvemos en seguida.

(Sintonía publicitaria.)

Publicidad. (Dos actores, padre y madre, escenifican la publi.)

(Él no habla, sólo pone cara a los sentimientos que ella va enumerando, para acabar con una enorme sonrisa. Ella le señala con las manos, indicando cada uno de sus gestos.)

Ella: ¿Tristeza? (Él llora desconsolado.) ¿Ansiedad? (Se muerde las uñas.) ¿Soledad? (Otea el horizonte como buscando algo.) ¿Cabreo contra el mundo? (Puño en alto y cara iracunda.) ¿Sentimiento de culpabilidad por no hacer los pictogramas? (Lápiz y cartulina en la mano.) Olvídate del Prozac, del Lexatin y del Orfidal: con ALANDA tienes un servicio de asistencia veinticuatro horas. Y recuerda:

Él y ella al mismo tiempo: ¡ALANDA! Un sábado al mes, estupendo para tu coco es.

(Sintonía del telediario.)

Locutora: Hola de nuevo. Seguimos en este telediario con una sección que inauguramos hoy con el nombre de «Expedientes X».

Locutor: La boda del príncipe Felipe y Leticia sigue dando de qué hablar. Se acaba de desvelar un hecho insólito para los españoles: las bandejas de langostinos desaparecieron en un plis plas del Palacio Real. Casualmente, se encontraba de paseo por allí A. M., si bien M. y A. —padres de la criatura— alegan que todo ha sido pura coincidencia.

Locutora: Los agentes Mudler y Scully se encuentran en estos momentos en el domicilio de los V., M. y J. J. Por más que compren calendarios nuevos y aparentemente normales, cada día de la semana aparece poco después marcado como «domingo». Interrogado sobre este extraño suceso, F., su hijo, ha dicho: «Pues si hoy es domingo, no hay *coooooooole*».

Locutor: El equipo de Expediente X está investigando también por qué a A. L. le falta cada día un mechón de pelo. M. y A. aseguran haber visto luces extrañas en la habitación de su hijo por la noche y afirman con rotundidad: «No tiene nada que ver con que odie cortarse el pelo». ¿Será A. abducido cada noche por los extraterrestres?

Locutora: Atención, noticia de última hora. Nos llega por el teletipo la siguiente información: varios de los hospitales más prestigiosos del mundo mundial han fracasado en el intento de despegar a J. G. del pictograma de la televisión. Su madre, A., jura y perjura que ella ha trabajado durante horas para hacer un millón de *pictos*, además del de la tele.

Locutor: Iniciamos en este momento las noticias culturales. R. N. ha ganado el concurso de baile de la Escola de Samba do Brasil en la modalidad infantil. Todo comenzó hace unos años, cuando ante la negativa de R. a cantar y bailar, T. y P., sus padres, decidieron llevarle a los Carnavales de Río. «Nos ha salido un pelín caro, pero ha valido la pena», comentaron ilusionados.

Locutora: Tenemos más premios culturales porque A. A. ha sido el ganador del concurso a la mejor lectura del *Quijote*. Lo hizo sin pestañear durante dos días seguidos. Desde aquí, nuestra más cordial enhorabuena y nuestro ánimo a T. y D.

Locutor: Cerramos el capítulo cultural con un concurso muy curioso organizado por una conocida cadena de hipermercados. Se trataba de leer el mayor número de etiquetas en el menor tiempo posible. Por supuesto, el ganador fue J. B., auténtico experto en la materia. Es más, C. y J., sus padres, han recibido una oferta suculenta de Danone por patentar su frase favorita: «El yogur es para comerlo y para leerlo».

Locutora: Acabamos ya, pero un informativo no estaría completo sin la información del tiempo.

(Sintonía del tiempo y mapa del ídem, con fotomontaje de Laura Escribano señalando anticiclones y borrascas.)

Durante el último año, el planeta ALANDA ha disfrutado de un tiempo variable. Al principio hubo chubascos tormentosos que amenazaban con descargar tristeza, preocupación, soledad y otras inclemencias emocionales, pero a medida que el año avanzaba, el cielo se ha ido despejando para dar paso al sol de la alegría por lo conseguido, de la esperanza y de la ilusión compartida entre todos.

LOCUTOR: Gracias a todos vosotros, los padres, y esperamos que nadie se haya sentido molesto u ofendido por esta parodia. Creemos que la risa es la mejor de las terapias para quitarle hierro al asunto. Y gracias especialmente a Laura y los profesionales de ALANDA por su duro trabajo, que queremos reconocer desde aquí.

LOCUTOR Y LOCUTORA: ¡Buenos días y hasta el próximo curso!

(Sintonía cierre del telediario.)

Supongo que el lector que no conozca casos de chicos con problemas de conducta, discapacidad, autismo o hiperactividad no comprenderá demasiado bien esos chistes privados. Sin embargo, estoy convencida de que aquellas personas que los hayan vivido alguna vez reconocerán muchos de los comportamientos descritos en nuestro particular telediario. Eso sí, aquí sucede como con las madres: de ellas sólo nos podemos reír los hijos. ¡Los demás, ni mentarlas!

Creo que todos disfrutamos aquel día como niños. A pesar de mis nervios iniciales, sobre todo porque temía que algún padre o madre se sintiese herido o molesto, fue un éxito de crítica y público. Y una vez más, sentí que la risa puede contribuir mucho más a relajar las preocupaciones.

Cuando este libro se publique, habremos recorrido parte del tercer curso de la escuela, tan especial y tan importante para nosotros. De momento los contenidos prometen: dos cursos de conducta y dos de comunicación basados en la metodología Hanen.[16]

16. Parte de la metodología que se imparte en el Programa de Familias de ALANDA, especialmente en el grupo de comunicación, proviene del Centro Hanen. Se trata de una organización canadiense sin ánimo de lucro creada por Ayala Hanen a principios de los ochenta, que ayuda a que los niños con problemas de retraso en el lenguaje, o con riesgo de padecerlos, desarrollen sus capacidades comunicativas. Sus programas y recursos, de fácil manejo para padres, educadores «y otras personas importantes en la vida de los niños», están extendidos por cuarenta y cuatro países y se han traducido a más de una docena de idiomas. Más información en www.hanen.org.

Javier Tamarit habrá pronunciado ya una primera conferencia, común a todas las familias que asistimos, sobre «Conducta y calidad de vida». También sabremos algo más acerca del «Estrés familiar» gracias a un monográfico de dos días a cargo de Emilio Cidad, del Grupo Luria. Desde aquí animo a todos los padres, madres y familiares a que soliciten la puesta en marcha de estos cursos, bien a través de sus asociaciones o colegios, bien pidiéndolo a las administraciones públicas. Por el bien de nuestros hijos, por el nuestro, merece la pena.

Capítulo 8

Los otros

Nuestra vida familiar en general, y la de Javier en particular, no ha transcurrido en una burbuja, aislada del resto del mundo, aunque en algunos momentos la soledad nos ha hecho sentir así. Somos gente corriente y no tiene nada de extraordinario que, durante estos diez años, muchas personas hayan formado parte de nuestra experiencia vital y de la de Javier. Algunas pertenecen a ella por derecho; otras llegaron y se quedaron (esperamos que para siempre); y unas cuantas se marcharon porque las circunstancias así lo impusieron. Todas han configurado lo que somos y lo que no; lo que anhelamos y lo que no queremos para Javier; nuestra opinión con respecto a la discapacidad; nuestra visión sobre cómo deberían ser las cosas y lo mucho que queda aún por hacer. Todas esas personas han aportado, para bien o para mal, su granito de arena en esta historia. Intentaré describir esas relaciones según su grado de afectividad hacia nosotros.

La familia

No es fácil hablar sobre la propia familia con honestidad. De hecho, escribí este capítulo casi al finalizar el libro, como rehuyendo el tema.

Tenía la sensación de tener sobre la cabeza una espada de Damocles: ¿se sentirían dolidos al leerlo? ¿Interpretarían algunas de mis frases como un reproche? Soy consciente de que mis palabras no constituyen una verdad absoluta, sino la forma en la que yo he percibido sus reacciones. Y como percepción personal, es puramente subjetiva.

Por parte de las dos familias, tanto Daniel como Javier son los únicos nietos. Como para todos los abuelos del mundo, los nacimientos de mis dos hijos supusieron, para mis padres y los de José Luis, momentos de felicidad absoluta. Quizá la llegada de Javier estuvo precedida de cierta preocupación por los veinte días de contracciones previos al parto. Recuerdo especialmente esa preocupación por parte de mi madre.

Como en el caso de mi hijo mayor, no permití que ninguno de los cuatro estuviera en el hospital antes del nacimiento. Siempre me ha parecido una especie de circo esa escena de la parturienta rodeada de familiares ofreciendo consejos para superar la fase de contracciones. Bastante fastidiada se encuentra ya una solita (o con marido, como era mi caso) como para tener que estar atendiendo al resto de la familia y su natural preocupación.

Durante los años de búsqueda de explicaciones a lo que le sucedía a Javier, las reacciones de los cuatro abuelos no han sido demasiado dispares. Por supuesto, todos estaban al tanto de exploraciones médicas, terapias y consultas con especialistas. Quizá, de lo que no estaban tan al tanto era de nuestra preocupación, nuestra ansiedad y nuestro sentimiento de soledad. No es una acusación. Como todos los hijos sensatos, José y yo procurábamos suavizar ante ellos esa angustia que nos invadió durante años. Al fin y al cabo, ellos tenían derecho a disfrutar como abuelos porque ya habían vivido sus vidas como padres. Y los míos, especialmente, habían padecido lo indecible con la pérdida de mis dos hermanos. Puede que ellos también hayan sufrido en silencio, para no preocuparnos más a nosotros. No lo sé. ¿Por qué las familias no hablamos de sentimientos más a menudo?

Los padres de José han tenido y tienen una relación intensa con mis dos hijos. Primero con Daniel, porque mi suegro se jubiló para poder ejercer de abuelo a tiempo completo. Luego, lo mismo con Javier. Siempre nos han ayudado con los niños, recogiéndoles a la salida del colegio cuando nosotros no podíamos, quedándose con ellos para que pudiéramos salir alguna noche o fin de semana, o cuidando de Daniel mientras llevábamos a Javier a una de sus muchas consultas.

Les quiero muchísimo, entre otras cosas porque son los abuelos casi perfectos. Jamás hemos tenido discusiones serias, salvo una —cuando Daniel era muy pequeño— derivada del modelo de educación que yo quería para mis hijos y que, como es lógico, en ocasiones chocaba frontalmente con sus derechos porque, en esa época, le veían casi a diario. Todos los padres sabrán a lo que me refiero: ese límite entre consentir a los nietos y maleducarles, que varía según el punto de vista de padres y abuelos.

Con Javier las cosas han sido algo diferentes, ya que las circunstancias también han obligado a que lo fueran. A medida que explicábamos a mis suegros los pasos que íbamos dando, ellos se mostraban comprensivos y cariñosos con nuestro hijo pequeño, aceptando cada decisión que tomábamos. Muchos años después he pensado que esa actitud podía deberse a su experiencia previa con Quique —hijo de una sobrina de mi suegra—, un niño con síndrome de Down con el que habían compartido muchos momentos.

La actitud de mis padres ha sido básicamente la misma. Quizá no han compartido tanto tiempo con Javier porque, cuando nació, mi padre aún no se había jubilado (ahora dice que sí pero, en realidad, lo único que ha dejado es la obligación diaria de acudir a su despacho).

No hace mucho mi madre reconoció que le había costado aceptar la discapacidad de nuestro hijo pequeño. Recuerdo que, tanto ella como mi padre, solían comentarnos que nuestra preocupación les parecía «algo exagerada», porque le veían progresar poco a poco. Con el tiempo he llegado a la conclusión de que si a los padres nos cuesta afrontar y asumir algo así, ¿cómo pretender que resulte fácil para los abuelos?

No soy capaz de acordarme con exactitud de sus reacciones al decirles que Javier tenía una discapacidad intelectual, aunque sí recuerdo el momento: cuando recibimos el diagnóstico de Iridia y se lo ofrecimos para que lo leyeran.

Desde entonces hemos intentado mantenerles al tanto de todo lo que José y yo vamos aprendiendo: exiliar el «no» y los comentarios negativos del vocabulario, hacer caso omiso de las conductas inapropiadas, aplaudir las cosas que hace bien, por nimias que puedan parecer... Y, sobre todo, ayudarle a ser autosuficiente.

Es en este último punto donde encontramos más resistencia. Como es lógico, las abuelas tienen una tendencia natural a echar una mano al niño en todo lo que consideran necesario, en las cosas que a él le cuestan más: anticiparse a lo que va a decir terminando las frases por él, vestirle, abrocharle los botones, lavarle los dientes, utilizar el cuchillo, untar mantequilla en el pan... También es cierto que somos nosotros, sus padres, los primeros en tener que recordarnos esto constantemente. No es fácil mantener ese equilibrio, pero ¿en qué familia lo es?

Javier tiene la suerte inmensa de contar con una «tercera abuela». En realidad, se trata de su tía abuela, la tía Marga, hermana de mi suegro. Ella reacciona con nuestro hijo del mismo modo que nuestros padres. Sólo que Javier parece saber que, con ella, puede tirar un poquito más de la cuerda. Por lo general, les dejamos tranquilos. Al fin y al cabo, no se ven con tanta frecuencia como para que esta actitud perjudique seriamente a Javier, y sólo intervenimos cuando la vemos realmente en apuros o está muy cansada (durante una boda, Javier se empeñó en bailar con ella durante ¡cuatro horas!). Es una mujer mayor y para cualquier persona resulta difícil aguantar el ritmo físico que impone nuestro hijo pequeño.

Con mi cuñada Carmen tampoco ha habido ningún problema. Ella es una de esas personas que se entiende a la perfección con Javier y sabe ponerle límites.

Javier les adora a todos. Y ellos, claro, le corresponden. Es fácil querer a un niño que, aunque tenga conductas extrañas, abraza y besa constantemente a la gente que tiene alrededor.

Propongo al lector un ejercicio. Imagínese que desconoce la discapacidad intelectual de Javier y lee, por primera vez, los párrafos anteriores. ¿Sería una descripción muy distinta si se tratara de cualquier otro niño y su entorno familiar? No lo creo. Con el tiempo he llegado al convencimiento de que Javier tiene las mismas necesidades (afectivas o materiales) que cualquier otro niño. Somos los demás los que tenemos que aprender a ofrecérselas de una forma algo distinta.

En las relaciones familiares falta algo: todos (y me incluyo) nos escabullimos de la palabra «discapacidad», que apenas se menciona en nuestras conversaciones sobre Javier. Puede que no sea necesario mencionarla porque esté en la mente de todos, o puede que sea aún un vocablo tabú al que seguimos temiendo de algún modo. En todo caso, y como ya he comentado en capítulos anteriores, solemos estar en total desacuerdo con los términos que se emplean para designar a las personas diferentes.

Los amigos

Al igual que la familia, nuestros amigos han estado al tanto de esa travesía del desierto en busca de explicaciones sobre Javier. Como sucede con nuestros familiares, siempre hemos procurado no trasladarles nuestra angustia de una forma desmedida.

Me consta que José y yo ofrecemos una imagen de fortaleza inexpugnable como pareja. Sé que a veces parece (sólo parece) que no necesitamos ayuda de nadie para sobrellevar los problemas, pero eso no es del todo cierto. Todos buscamos un hombro sobre el que apoyarnos y llorar, ya que en ocasiones los dos miembros de la pareja coincidimos en un momento de bajón y no podemos consolarnos el uno al otro. Creo que precisamente para esos momentos están los amigos.

No es distinto cuando se trata de la angustia por no saber qué le pasa a un hijo que cuando descubres que lo que le sucede es a causa de su discapacidad intelectual.

Recuerdo que, cuando nuestro hijo pequeño tenía unos tres años, mi grupo de amigas me envió a Teresa en representación de todas ellas. Teresa es la madrina de Javier, está casada con un primo hermano de José Luis y ha sido, para mí, uno de esos pares de hombros sobre los que lo he llorado casi todo. Venía como embajadora de una misión difícil: no sabían cómo decirme que observaban «algo extraño» en el niño y que debería tomar medidas. No sé qué me dolió más: si la falta de confianza para comentármelo cara a cara, o el hecho de que pensaran que no nos habíamos dado cuenta de la situación. En aquel momento, ya habíamos comenzado la peregrinación por las consultas.

Por entonces estaba segura de que había compartido con ellas mi preocupación por Javier, pero tiempo después me he preguntado si realmente fue así. Puede que el exceso de celo por no trasladar a los demás preocupaciones que consideraba exclusivamente nuestras impidiera que ellas estuvieran tan al tanto como yo pensaba. Imagino que en algunos casos fue así y en otros no.

Cuando obtuvimos el diagnóstico de discapacidad intelectual, las cosas fueron menos complicadas. Durante el proceso de «digestión», tuvimos que dilucidar quién se quedaba en la categoría de amigo —porque nos prestaron sus hombros muchas veces— y quién pasaba a la de mero «conocido» —porque no le interesaban lo más mínimo nuestros problemas—. Pienso que en muchos casos hay gente que tiene miedo —por desconocimiento— y huye despavorida ante la mención de la palabra «discapacidad». Sin embargo, la mayoría de los amigos estuvieron ahí en los muchos momentos difíciles por los que atravesamos cada día. Lo que sigue es un ejemplo de esos instantes.

Como cada año, al final del verano de 2004 se celebraron las fiestas de nuestra urbanización. Una noche estaba prevista una sesión de karaoke tras la tarde de coreografías y *playbacks* musicales para los más jóvenes. José y yo debatimos la conveniencia de llevar o no a Javier a casa de los abuelos paternos para que tanto nosotros como Daniel pudiéramos disfrutar del karaoke. Me opuse. Pensaba que sería privar a nuestro hijo pequeño de una tarde en sociedad y, además, con música y bailes, que constituyen algunas de sus actividades favoritas.

Por supuesto, aquella decisión exigía un acuerdo por mi parte y la de Daniel (José era el responsable de las fiestas y no podía faltar). El trato fue el siguiente: tras pasar la tarde con Javier para ver los bailes, después de la cena en casa yo me marcharía un rato a la zona social. Mi hijo mayor, que se quedaba en casa con su hermano durante ese rato, podría ir cuando yo regresara. No había transcurrido ni una hora de mi marcha cuando Daniel me llamó por teléfono para preguntarme si me iba a retrasar mucho más. Lógicamente, todos sus amigos se encontraban ya en la fiesta y tenía ganas de estar allí. Volví a casa en seguida. Al día siguiente no tuve ni fuerzas para acudir a la comida vecinal. Caí en un estado de tristeza absoluta porque pensaba que, con Javier, siempre había alguien que tenía que renunciar: bien él (que se hubiera perdido la tarde en caso de haberle llevado a casa de los abuelos), bien su hermano (que no estuvo al principio del *karaoke*), mi marido (no era el caso en esta ocasión) o yo (que volví rápidamente para que mi hijo mayor pudiera disfrutar de la fiesta nocturna).

Mientras tanto, mi amiga Antoinette se percató de mi ausencia y acudió a buscarme. Le bastaron tres palabras —«¿qué te pasa?»— para que me deshiciera en un mar de lágrimas. Soportó mi llanto durante una hora, me acarició, me consoló e intentó restarle importancia a aquello de lo que yo había hecho una tragedia. En definitiva, fue una buena amiga.

Claro que, en ocasiones, resulta complicado compartir vivencias que el otro desconoce. Cuando uno charla con amigos sobre —pongamos por caso— las primeras palabras de un bebé o la adolescencia de los hijos, todos estamos en un lugar común. No obstante, ¿qué sucede cuando explicas que tu hijo utiliza la inversión pronominal para hablar, que uno de sus medios de comunicación es la agresión física o que no puede controlar el hecho de poner el pie sobre una pared recién pintada?

Me consta que es un sentimiento común a los padres de niños como Javier el encontrarse más o menos cómodos en según qué casas de amigos. Normalmente, las nuestras están preparadas para padecer los típicos percances de sus conductas. En nuestro caso, por ejemplo, todo aquello susceptible de romperse va «escalando» alturas a medida que Javier crece: de la mesa a la primera balda de la estantería, luego a la segunda... También es una cuestión de mentalidad. Aprendemos que no merece la pena un sofocón por una mancha de rotulador en la tapicería del sofá (sobre todo si es desenfundable) o que un vaso roto puede sustituirse por otro.

Sin embargo, no podemos obligar a los demás a que sean así. Por eso procuramos concentrar las reuniones en nuestra casa: nos sentimos mucho más tranquilos respecto a Javier.

Por todas estas razones encontramos nuevos amigos en el grupo de Conducta de la escuela de padres: todos hablamos el mismo lenguaje cuando se trata de nuestros hijos. Y esperamos que se queden para siempre en esa hermosa categoría de amistades.

En cuanto a los viejos amigos, y al igual que sucede con la familia, también tratamos de trasladarles todo lo que aprendemos y el modo en el que pueden acercarse más a Javier.

No hace mucho tiempo, Carlos (mi ginecólogo y amigo) y José Luis (a quien chiflan estos berenjenales) organizaron una excursión de varios días para todo el grupo de amigos: seis matrimonios y trece niños de edades comprendidas entre los ocho y los diecisiete años. De manera muy profesional, ambos elaboraron la documentación del viaje con el horario previsto, las visitas, las actividades... Tanto a José como a mí nos pareció una buena idea añadir en cada carpeta un «Manual de instrucciones» sobre Javier.

Hasta entonces habíamos comentado detalles con unos y otros, pero teníamos la oportunidad de reunirles a todos para que pudieran consultar con nosotros sus dudas y poner en práctica las sugerencias del manual. Durante aquel viaje todos leyeron atentamente estas líneas.

Javier: Manual de Instrucciones

«Como todos sabéis, Javier es un niño con discapacidad intelectual y tendencia a la hiperactividad. Como padres hemos tenido que aprender nuevas estrategias para obtener lo mejor de él. No siempre lo conseguimos, pero os damos algunas pistas sobre lo que se puede y lo que no se debe hacer para que todos actuemos en la misma dirección y él no se "despiste". Tampoco pretendemos cargaros con la responsabilidad de educarle: sólo queremos lo mejor para él y vosotros podéis hacer mucho por ayudarle (también a nosotros).

»LO QUE SÍ PODEMOS HACER

»REFORZAR con grandes fiestas lo que hace bien. A veces son pequeñas cosas que suelen pasar desapercibidas porque son normales en niños de su edad. Por ejemplo, pedir las cosas por favor, usar correctamente las expresiones verbales, recoger y utilizar bien los cubiertos, esperar su turno en un juego o acto social... Es lo que los expertos llaman "refuerzo positivo". Hay que exagerar las expresiones verbales y gestuales.

»JUGAR CON ÉL. Sabemos que no es fácil, sobre todo porque Javi tiene mucha dificultad para expresar cosas como «¿quieres jugar conmigo?». La mayoría de las veces utiliza fórmulas como tirar del pelo, dar lametazos, pegar. Conviene hacerle esta pregunta «¿quieres jugar conmigo a...?». Le gusta cantar, jugar a su bingo de animales, pintar, bailar, adivinar palabras que empiezan por una sílaba (no una letra). Y, por supuesto, jugar a la pelota.

»Desviar su atención hacia una actividad distinta cuando se obsesiona con algo (tirar del pelo, abrir y cerrar puertas, pegar a los perros, dar patadas...).

»Anticipar lo que va a suceder: Javier no comprende conceptos como "luego", "dentro de un rato", "esta noche" o "mañana". Es mucho más fácil que acepte y entienda cosas como "jugamos cuando te acabes las galletas" o "primero lávate las manos y después cantamos la canción". Le ayuda muchísimo saber qué es lo que va a suceder a continuación. Por ejemplo: "Vamos a cenar".

»Hablar con sencillez, sin muchas oraciones subordinadas y tiempos verbales complicados. El tiempo es un concepto muy difícil de comprender para él. Y si la frase es muy complicada, se perderá. Las preguntas deben ser muy directas. Hay que evitar la posibilidad de respuestas abiertas (¿Qué te apetece hacer? ¿Qué has hecho en el cole? ¿Qué quieres merendar?). Es mejor cerrar las opciones al máximo (¿Quieres jugar con la pelota? ¿Has estado con Jesús? (su profe). ¿Quieres queso o galletas?).

»LO QUE NO DEBEMOS HACER

»Decirle constantemente la palabra "NO". Sabemos que es lo más difícil, porque cuesta mucho evitar regañarle cuando puede hacerse daño o hacérselo a alguien. Los noes y las expresiones que los acompañan suelen ser más atrayentes para él porque provocan en el otro una reacción, normalmente mucho más exagerada que la que acompaña a los síes. Es precisamente lo que busca: el interés del otro. Pero el "no" constante arruina su autoestima y le refuerza en la creencia de que sólo va a conseguir la atención de los demás cuando se porta "mal".

»No conviene tampoco hacer caso alguno de palabrotas y gestos feos: como el que oye llover. Cuando el acto es físico, recordad: hay que desviar su atención hacia otra actividad. Si, por ejemplo, estampa un vaso contra el suelo, la reacción correcta debería ser: "Vaya, hombre, se ha caído el vaso. Vamos a recogerlo" (él puede ayudar con la escoba).

»HACER POR ÉL COSAS QUE PUEDE HACER SOLO. Javi sabe hacer solo muchas cosas: vestirse y desvestirse, comer, untar mantequilla en el pan... La mayoría tenemos cierta tendencia a facilitarle estas tareas y él ha aprendido el recurso de «mejor que me lo hagan; al fin y al cabo es un ratito más de atención que me dedican». Si le cuesta, se le puede ayudar cogiéndole la mano para dirigirla hacia donde sea, pero sin hacerlo por él. Es el camino hacia la autosuficiencia. También podemos preguntarle: "¿Te ayudo?".

»NO PEDIR AYUDA. Por experiencia sabemos que la hiperactividad de Javier y su falta de atención y de concentración en una actividad (aunque en esto ha mejorado mucho) pueden acabar con la paciencia del santo Job y la de toda su familia. Y sacaros de vuestras casillas (a nosotros nos pasa con bastante frecuencia). En ese momento, lo mejor es pedir ayuda y que el niño "cambie de manos" (a sus padres, a otro amigo o a algún niño).

»Muchas gracias por vuestra ayuda y colaboración.

»José Luis, Amparo y Daniel.

»P. D.: Adjuntamos una copia del texto "Imagina", escrito sobre los niños con problemas de conducta como Javier.»[17]

Fue una delicia observar sus reacciones. Durante los escasos tiempos muertos (Carlos y José habían preparado un horario agotador) algunos se llevaban a Javier durante un rato y volvían con una sonrisa de oreja a oreja mientras exclamaban: «*¡Funciona!*». Mi amiga Teresa, por ejemplo, se pasó todo el viaje con los folios en el bolsi-

---

17. Este texto aparece en el capítulo 6, «Escuela de padres».

llo. Cada dos por tres los sacaba, repasaba los apuntes y me preguntaba si lo estaba haciendo bien.

No soy capaz de expresar con palabras la satisfacción, el orgullo, el agradecimiento y el cariño hacia nuestros amigos por llevar a la práctica aquel manual de instrucciones. Nos sentimos muy acompañados en la tarea de hacer del entorno un lugar mucho más fácil para nuestro hijo.

Así lo demostró una anécdota de aquel viaje. Uno de esos días estaba previsto escuchar una misa gregoriana. Nada más comenzar el acto, cuando en el templo hicieron su aparición los monjes que iban a oficiarla, Javier señaló con el dedo y gritó a pleno pulmón: «¡Mira, ahí va la bruja!». Se refería al obispo, tocado con la mitra y vestido de púrpura. Para Javier debía de ser la reencarnación, viva y coleando, de la madrastra de Blancanieves. Tras los correspondientes ataques de risa contenida de nuestro grupo y las miraditas reprobatorias de algunos extraños, José Luis decidió salir del templo con Javier y esperarnos en el parque cercano.

Pero no lo hizo solo: consciente de la situación, una de nuestras amigas casi se le adelantó para salir mientras tomaba a nuestro hijo de la mano.

Son estos detalles —pequeños, pero muy importantes para nosotros— los que nos hacen valorar la amistad de la gente que nos rodea de una forma muy especial.

Los profesionales

A medida que Javier cumple años, sus reacciones en consultas médicas y servicios de urgencias se hacen cada vez más adversas. Aún sigue teniendo el síndrome de la bata blanca. Ha pasado tantas veces por esa experiencia que la abomina con todas sus fuerzas y le crea un estado de ansiedad incontrolable. Incluso hoy, al entrar en una farmacia, dice «no pasa nada», que es su forma de expresar que está asustadísimo. Ahora mismo nos encontramos en mitad de un proceso de desensibilización para que supere esos miedos. Poco a poco lo vamos consiguiendo.

Él no era el único que actuaba de forma extraña en las consultas. Sus reacciones estaban y están de sobra justificadas, aunque sea por el mero hecho de ser un niño. Las de algunos médicos, en cambio, son ya harina de otro costal,

A estas alturas aún no soy capaz de decidir si hemos tenido mala suerte con los médicos o si, simplemente, son ellos los que necesitan más formación. Por ejemplo, para tratar con niños que tienen problemas de conducta en una sala de urgencias. O para reconocer ante unos padres angustiados que, como especialistas, no tienen la más mínima idea de lo que le pasa a tu hijo. O, sencillamente, para ofrecer apoyo a las familias que reciben un diagnóstico de discapacidad intelectual.

Años después he comentado con algunos profesionales y amigos aquella travesía de consulta en consulta. Por aquel entonces, nadie nos puso sobre aviso de que podía tratarse de una discapacidad. Me indigno lo indecible cuando, a toro pasado, alguien comenta: «Era evidente».

Muchos de los especialistas a los que consultamos nos dijeron que Javier era demasiado pequeño para algunas evaluaciones (especialmente las del coeficiente intelectual), pero que su evolución, aunque lenta, progresaba. Al no haber involución, nos decían, no había motivos «serios» por los que preocuparse.

Me parece increíble que para casos como el nuestro no existan equipos multidisciplinares que aborden la situación desde todos los puntos de vista posibles: neurológico, psicológico, genético, terapéutico, de apoyo a los demás miembros de la familia... Se nos ahorraría así un coste enorme, tanto económico como emocional.

He relatado en capítulos anteriores algunos de esos episodios: el del especialista que nos espetó que «había que descartar un tumor cerebral»; el del neurólogo que dijo que «a este niño sólo le falta un hervor»; aquel que, a bocajarro, nos hundió con un «olvídense: su hijo tendrá que depender de una institución el resto de su vida»; o el que nos pedía regular nosotros mismos la dosis de un medicamento que no se dispensa sin receta.

No siempre han sido experiencias negativas, por supuesto. Hace un par de veranos, Javier consiguió introducir la mano entre la cancela de hierro del jardín y el marco que la sujetaba. Escuchamos gritos. Salimos corriendo para ver qué pasaba. Los nudillos le impedían sacar la mano, al tiempo que la inflamación crecía y crecía, dificultando aún más la tarea. Aceite de oliva, jabón líquido... nada. Por fin, rompiendo la puerta con una palanca, José logró sacar su manita, ya hinchada como una morcilla. En seguida, y una vez más, nos vimos de camino a urgencias.

Tenían que hacerle una radiografía de la mano. En una situación así, rodeado de médicos y aparatos raros, es casi imposible hacerle entender que los rayos X no duelen. No obstante, tuvimos la suerte de toparnos con una enfermera imaginativa y cariñosa que distrajo su atención de una forma bien sencilla: un globo «parlante» —hecho con un guante de látex— al que había pintado ojos, nariz y boca. Mientras aquel muñeco improvisado «hablaba», ella sentó a Javier sobre la mesa de rayos y apoyó su mano sobre la placa sin que apenas se diera cuenta. ¡Ojalá hubiera más personal sanitario con tantos recursos!

Somos conscientes de que las batas blancas no han acabado todavía. Es probable que, en el futuro, la ciencia avance lo suficiente como para que Javier necesite alguna prueba más pero, como muchos padres, hemos aprendido también que la medicina no siempre ofrece soluciones, sino que a veces sólo busca confirmar lo que ya sabe. La discapacidad no es una enfermedad y, por tanto, valoraremos la conveniencia de someter a nuestro hijo a pruebas adicionales que nos aporten algo.

El problema, ahora mismo, es bien distinto. Seguimos necesitando ayuda médica en muchas ocasiones. Como cualquier niño, Javier tiene gripe, anginas u otitis. En nuestras circunstancias, acudir al pediatra se convierte en toda una odisea. Podría tener un ataque de apendicitis, y no queremos ni pensar en lo que sería su despertar de una anestesia y el verse con puntos. También, y como miles de niños, necesita una ortodoncia, pero no encontramos un odontólogo que pueda tratarle.

Como miles de padres con niños de discapacidad intelectual, tenemos que estar preguntando aquí y allá. Sólo el boca-oreja funciona para estos casos: que si me he enterado de que hay una unidad de ortodoncia especializada en tal o cual clínica; que si este pediatra me va de maravilla... No me parece justo. Cualquier ciudadano que paga sus impuestos tiene derecho a la asistencia sanitaria. A las personas con discapacidad intelectual este derecho se les complica lo indecible porque no hay apenas profesionales con la formación adecuada para tratarles.

Como en el caso del ocio, la salud de nuestro hijo se convierte, muchas veces, en una cuestión económica. Resulta que muchos de esos profesionales especializados no están en el sistema público, sino que son «de pago». Entonces, ¿qué sucede con aquellos niños cuyos padres no pueden permitirse el lujo de pagar?

Por supuesto, hay otra clase de profesionales. Para nosotros tienen nombre y apellidos: Javier Tamarit, de FEAPS; Laura Escribano y Laura Velayos, de ALANDA; Matilde Muñoz de Leyva (la directora de Estudio 3-AFANIAS)); y Tino, Yolanda, Jesús, Irene y todo el personal del cole.

Son todas esas personas las que nos han introducido, con cariño y honestidad, en el complejo mundo de las personas con discapacidad intelectual, las que nos han mostrado una profesionalidad y una vocación sin límites, y que están dispuestas a compartir con nosotros sus conocimientos. Son personas que *escuchan con atención* y *tienen en cuenta la opinión de los padres* porque saben que somos los que mejor conocemos a nuestros hijos.

En cada consulta o evaluación por la que Javier pasaba, había una escena que se repetía sistemáticamente: si nos dejaban estar presentes, observábamos como nuestro hijo no daba ni el cincuenta por ciento de sus capacidades. Se bloqueaba por la angustia que le producía la situación. Nos han hecho sentir muy culpables al expresar el convencimiento de que Javier no estaba al máximo de sus posibilidades. ¿Qué padre o madre como nosotros no conoce esa mirada lastimera o esa expresión compasiva, acompañada de un «ya, ya»? Y eso que comenzábamos la frase con un educado «mire usted, no es pasión de padres, pero...».

También agradecemos de corazón el trabajo de los voluntarios. Sin ellos probablemente nuestros hijos no tendrían apenas posibilidades de ocio. Me refiero a iniciativas como el club EDAMA, donde Javier está aprendiendo a montar a caballo; o el proyecto «Yo también nado», de los jóvenes del SEK, entre otros.

Sin embargo, todas estas actividades deberían ser dirigidas por profesionales y no siempre es así. Es cierto que gracias al voluntariado las personas con discapacidad disfrutan de esas opciones, pero no lo es menos que, desde las asociaciones, los padres deberíamos luchar por que estuvieran profesionalizadas.

Quiero que mi hijo se encuentre siempre en las mejores manos posibles, y esas manos requieren formación y experiencia. Por supuesto que los voluntarios son necesarios (hoy por hoy, imprescindibles), pero como personal de apoyo.

Lo que nos lleva otra vez al tema económico. Nuestros hijos tienen el mismo derecho que los demás a disfrutar de todo lo que la sociedad ofrece. Y ese disfrute no debería tener un coste superior al del resto de los ciudadanos de pleno derecho, porque ellos también lo son.

Otras personas en casa

Como en muchos hogares donde tanto el padre como la madre trabajan, José y yo hemos tenido que recurrir a ayuda externa que nos facilitase el día a día. Creo que hemos tratado a todas esas personas con el respeto que se merece cualquier trabajador por el mero hecho de serlo, sea cual sea su origen o su nacionalidad. Y siempre hemos antepuesto el bienestar de los niños a que la casa estuviese más o menos reluciente.

Guardamos un especial recuerdo de Ysabel (nombre ficticio), una mujer que, como muchas dominicanas, llegó a España con la ilusión de una vida mejor para sus hijas. Como es lógico, se encariñó rápidamente con «el pequeñín». Fueron tres años de confianza plena en que nuestros hijos estaban bien atendidos cuando no podíamos estar en casa. Si acaso, surgió el mismo inconveniente que con algunos miembros de la familia: Javier sabía perfectamente que era de una de esas personas de las que podía «abusar», porque su paciencia no tenía límites. Al tratarse de una convivencia diaria, el problema era un poco más peliagudo. Javier observaba conductas distintas, mucho más permisivas con él por parte de Ysabel. Eso también nos hacía sentirnos un poco como los «malos» de la película.

Por este motivo decidimos rebajar sus tiempos con ella, sobre todo en los momentos más problemáticos. Por ejemplo, la hora del baño antes de cenar. Por muy cansados que llegáramos de trabajar, hacíamos un esfuerzo por estar presentes en ese momento. Con Ysabel, el cuarto de baño se convertía, por arte de magia, en un parque acuático.

Fue una persona muy importante en nuestro hogar. El día que se marchó, porque su vida familiar se había complicado, todos lloramos de tristeza... excepto Javier. Era como si supiera que no volvería a verla. De hecho, se negó a despedirse. Por más que insistíamos en que le diera un abrazo y un beso, se alejaba de ella y decía muy enfadado: «No, no quiero». Creo que lo que quería expresar era «no quiero que te vayas».

Tras su marcha decidimos no volver a tener una persona interna en casa: es demasiado duro para todos, pero especialmente para

Javier, encariñarse con una persona que, algún día, deberá seguir un camino distinto al nuestro.

Los desconocidos

Además de hiperactivo, Javier es un niño hipersociable, cariñoso, que intenta comunicarse a su manera con todos los que le rodean. Para entrar o salir del restaurante al que solemos ir con él los fines de semana, por ejemplo, podemos emplear casi un cuarto de hora: se dedica a dar besos a todos los comensales (les conozca o no), y saluda a todas las mesas una por una.

Esta anécdota, que solía enternecer a propios y extraños cuando era más pequeño, se va convirtiendo en un problema a medida que crece. Aquellas miradas de cariño se van tornando, a veces, en incomprensión y miedo por parte de los demás ante las conductas de Javier.

Para algunos, ya no resulta tan «simpático» ver como Javier se dedica a besar en la boca al primer bebé que se cruza en su camino; o a preguntar a un desconocido cuántos años tiene. Sé que muchos padres han experimentado, como nosotros, esas expresiones reprobatorias tipo «a ver si educa usted mejor a su hijo».

Es otra de las encrucijadas a las que nos enfrentamos los padres de estos niños. Sólo puedo relatar dos actitudes. Por una parte, la mía: suelo reaccionar con ira y devuelvo la mirada más asesina que puedo; o bien hago un comentario irónico tipo «cariño, vámonos, que estás molestando a este/a señor/a tan amable». En ocasiones, cuando interpreto que la otra persona se siente extrañada, pero me mira con respeto y a Javier con cariño, intento explicarlo de la forma más sencilla que puedo: «Es que vamos más despacito que otros niños» (acompañada la frase de un guiño).

Muy diferente es la actitud de José Luis, que considera que allá cada uno con sus dudas y pasa olímpicamente de los desprecios de los demás. Quizá sea ésta la actitud más sana.

Lo que sí tenemos ambos muy claro es que jamás hemos privado a nuestro hijo de experiencias por el miedo al qué dirán los demás o por mucho que nos encontremos en situaciones incómodas.

A lo largo de estos años, he conocido a padres que retrasan todo lo posible el primer viaje en avión, la entrada en un cine o en un parque de atracciones, o la visita a un museo. Les comprendo mejor que nadie: sólo el hecho de pensar en una pataleta con público (en pleno vuelo, por ejemplo) pone los pelos de punta a cualquiera.

Sin embargo, retrasar estas situaciones sólo empeora el problema cuando se presenta por primera vez. José Luis y yo solemos preguntarnos: «¿Qué es lo peor que puede pasar?». Generalmente, que tengas que salir fuera (a no ser que estés en un avión o en un tren) o esperar a que pase el chaparrón si no se ha podido prever la conducta (con la ayuda de las técnicas de la escuela de padres).

Nuestra experiencia nos dice que, en esas situaciones críticas, la mayoría de la gente tiene paciencia y buen corazón. En caso contrario, no debemos avergonzarnos por nuestros hijos: el problema lo tienen esos desconocidos, carentes de una mente abierta capaz de reconocer a un niño diferente. Y, sobre todo, de la mínima humanidad para ponerse en el lugar del otro.

Hay corazones de cartón piedra y la vergüenza deberían sentirla ellos.

Capítulo 9

Retrato de Javier

Durante el segundo curso de la escuela de padres, entre noviembre de 2003 y junio de 2004, nuestro grupo de conducta tuvo que realizar un ejercicio. A priori se trataba de algo bien sencillo: había que escribir una lista de las cualidades positivas que veíamos en los niños.

Nos pusimos a hacerlo. Con la mirada perdida en un punto lejano, mordisqueando el extremo del bolígrafo, un murmullo recorrió en seguida la clase. Levantamos la vista del papel y observamos expresiones de sorpresa e incertidumbre en nuestros rostros. ¿Cómo era posible que nos costara tanto describir los rasgos más positivos de nuestros hijos? La respuesta a esta pregunta, y el objetivo del ejercicio, quedaron claros: estábamos tan preocupados por las conductas inadecuadas que lo mejor de su personalidad pasaba casi desapercibido a nuestros ojos.

Una vez más comprendimos la importancia de valorar las cosas en su justa medida; de apreciar, con el mismo o mayor ímpetu, sus conductas positivas. Debíamos aprender a reforzar lo mejor de su carácter porque, a pesar de los problemas, nuestros hijos tenían una personalidad específica que, como en todas las personas, presentaba sus aspectos más o menos sobresalientes.

Este análisis nos condujo también a la deducción de que, en muchos de los casos, los niños tenían su autoestima por los suelos.

Esto no era algo que pudiera achacarse ni a las conductas inapropiadas ni a la hiperactividad ni a la discapacidad: sólo los padres y el entorno éramos responsables de que se valoraran tan poco a sí mismos. De nuevo surgía el sentimiento de culpa.

Cuando me planteé este capítulo para describir a Javier, pensé hacerlo únicamente desde la perspectiva de los que convivimos con él. Sin embargo, creo que la mejor forma de conocerle y de saber lo que piensa y hace a lo largo de un día pasa por escuchar su propia voz y contraponerla a la mía.

Éste es el diario de un sábado cualquiera, desde ambos puntos de vista.

Diario de un sábado

7:30

Javier: Entra la luz en mi cuarto y puedo ver el cuadro de la pared. ¡Hola, siete enanitos! ¡Hola, *John*! Ya te oigo en la entrada, dando con la pata en el picaporte para que te abramos. *John* es mi perro nuevo y me gusta mucho. Es más pequeño que *Mastín* y no me deja subirme encima, aunque me lo paso bomba dándole la chaqueta y el pantalón para que los muerda. Papá y mamá se enfadan mucho y nos gritan porque se rompe la ropa, pero ¡me entra una risa cuando tira de mí y me arrastra por todo el jardín! La verdad, es guay, aunque a veces echo de menos a *Mastín*. Estuvo malito con pupa en las patas sin poder moverse y, un día, papá y mamá me dijeron que se había ido a un sitio que se llamaba «el cielo». No sé dónde está, pero no me gusta porque no ha vuelto de allí. Así que mejor no pregunto.

¡Vaya! Creo que me he hecho pis porque estoy empapado. Esto de estar en la cama es un rollo, así que voy a darme una vuelta por la casa a ver qué encuentro. A lo mejor consigo que Daniel se despierte, me haga el desayuno, me ayude a vestirme y, después, salgo a la calle en seguida para jugar con *John*.

Me he ido hasta su cama y le he dicho bajito: «Daniel, Daniel, vamos a desayunar», pero me ha soltado un gruñido y se ha dado la vuelta. Bueno, vamos a probar en el salón. Ahora que paso por la entrada voy a mirar en el cajón de las llaves, a ver si consigo abrir a *John* para jugar con él un rato. ¡Uf! Esto está durísimo. A ver qué más hay por aquí... Gafas, más llaves... ¡Andá! El monedero de mamá. Si encontrara esa cartulina que tiene una foto chiquitita de ella... Ésta no es, ésta tampoco... Bueno, voy a seguir hasta el salón, que me aburro.

¡Ah! Aquí están las revistas de mamá. Son muy chulas y tienen un montón de fotos que me encantan y que entiendo: sillas, mesas, relojes, sillones, camas, neveras, cocinas... A veces hay alguna foto de *John* en un jardín que no es el nuestro. ¿Cómo habrá llegado hasta allí? Papá siempre le dice que está toda la casa llena de revistas, pero a mí me encantan. Sobre todo me gusta pasar las páginas muy deprisa por ese ruidito que hacen, como «fis, fis». También mola el «plof» al caer contra el suelo si las tiro desde muy alto: ¡Allá van! Una, dos, tres, cuatro, cinco...

¡Huy, un *rotu* rojo! No tengo papel, pero aquí hay un *pediórico*. Voy a pintarlo un ratito. ¡Mecachis! —no entiendo esta palabra, pero me gusta como suena—, me he pasado y he pintado el sillón. Creo que papá y mamá se van a enfadar un poco conmigo.

Me aburro yo solo. Voy a subir por las escaleras hasta su cuarto, a ver si les saco de la cama y esto se pone un poco más divertido.

«¡Papá, mamá, a desayunar!» Nada, que no hay manera. Ahora me meten en la cama entre los dos y ponen dibujos en la tele para que me esté un rato quietecito. ¡Pero si lo que yo quiero es irme a la calle yaaaaa!

Mamá: ¡Me caigo de sueño! Anoche tuvimos una cena y nos acostamos a las tres. No soy persona si no duermo, al menos, ocho horas. Me admira la capacidad de José para estar como una rosa con cinco o seis horillas de nada. Por cierto, ¿qué hora será y por qué me he despertado? ¡Las siete y media! No puede ser...

Oigo ruidos por abajo. ¿Será *John*, aporreando el picaporte con la pata para que le abramos? Puede ser. Pero también suena el cajón del mueble de la entrada, donde están las llaves. Menos mal que Javier no ha aprendido aún a abrir. Claro que también pensamos eso cuando era más pequeño y acabó abriendo el pestillo de la puerta de la cocina. Consiguió abrir un bote de detergente líquido, vaciarlo y restregarlo sobre el perro, que estaba durmiendo allí, y propinarle un lavado en seco que le dejó como un *alien* canino..

¡Horror! Anoche me dejé el monedero en el cajón, en vez de en la estantería más alta del salón. Supongo que cuando baje me encontraré el contenido desperdigado por el suelo: tarjetas de crédito, DNI, papeles, cartillas sanitarias... Si es que tengo un monedero que parece un bolso.

Juro que soy incapaz de levantarme de la cama ahora mismo. No, si ya lo dice mi médico: «Hija mía, si a las siete de la tarde tienes 9-4 de tensión, ¿cómo estás por la mañana, cuando te despiertas?». «Pues con encefalograma plano», contesto siempre.

Ya le escucho en el salón, jugando con las revistas. De repente, unos instantes de silencio. ¡No caerá la breva de que se haya dormido en el sofá! Lo dudo.

Sube por las escaleras al grito de «¡papá, mamá, a desayunar!». Por favor, por favor, sólo un poquito más de sueño. Voy a hacerme la dormida a ver si José se apiada. José, que está tan fundido como yo, le dice a Javi que se vaya al baño a quitarse el pañal. Cuando sale se mete en la cama con nosotros. José busca en la tele un canal de dibujos animados, a ver si se entretiene un rato y podemos cerrar los ojos media horita más.

Tras un par de minutos mirando la pantalla y comentando las secuencias, Javi me abraza, me besa, me espachurra, me peina. A pesar de alguna que otra patada involuntaria (a veces parece que tiene el síndrome de las piernas inquietas), sigo pretendiendo que estoy dormida.

Ante mi pasividad, Javi opta por «atacar» a José y repite con él su repertorio de abrazos, besos, achuchones y patadas. Insiste varias veces en que es la hora de desayunar.

De 8:30 a 10:00 horas

Javier: ¡Menos mal que está aquí Daniel! Porque estos dos son un rollo patatero y no hay forma de sacarles de la cama. Me voy con él a desayunar, a ver si puedo salir de una vez a la calle.

«¡Buenos días, Daniel!» Me tiro a su cuello loco de contento. Me gusta mi hermano porque juega conmigo, me lleva en su moto y nos reímos mucho juntos. Ahora, por ejemplo, me sube a caballito en su espalda y bajamos la escalera así. Yo choco los pies contra la pared y él se balancea como si nos fuéramos a caer. ¡Me parto!

Ya estamos en la cocina. Daniel me calienta la leche en el microondas. Luego me echo yo solito el Nesquick en la taza. A veces se me cae un poco en el mantel, pero no importa. ¡Me encanta *rodearlo* con la cuchara! Papá y mamá dicen siempre «remover», pero no tienen ni idea: está claro que el Nesquick se *rodea*, como en las fichas del cole.

Me encanta ir a este cole. Allí está Jesús, mi profe, que es guay. También tengo amigos. Mi mejor amiga se llama Marta, que no habla, pero nos entendemos fenomenal y nos reímos mucho juntos. En nuestra clase hay un hamster que se llama *Pepe*, y todo está lleno de dibujos. ¡Si hasta pasamos lista por las mañanas con nuestras fotos! Así es mucho más fácil enterarse de todo porque, la verdad, a veces los mayores me dicen cosas que no entiendo muy bien. Pero con las fotos y los dibujos (Laura los llama de una manera muy rara, «pictos») ¡está *chupao*!

Daniel me ha tostado el pan de leche, le ha puesto la mantequilla y la mermelada y ha escondido dentro la pastilla. ¡Ja! Se cree que no le he visto y que no me voy a enterar cuando me la trague. ¡Pero si es enorme! Bueno, es que un día decidí tomármela después de que entre papá y mamá me sujetaran las manos, los pies y me taparan la nariz mientras lloraban los dos a moco tendido y yo sudaba como un pollo.

Me la escondía debajo de la lengua, o al lado de los dientes y, cuando pensaba que no me veían, ¡puaf!, la escupía al suelo. No tengo ni idea de por qué quieren que me tome la dichosa pastilla, porque yo no estoy malito ni tengo pupa ni nada. A no ser que eso que llaman «hipernosecuántos» sea una enfermedad. Pero a mí no me duele en ningún sitio.

¡Ah! Aquí llegan papá y mamá para desayunar con nosotros. Menos mal, porque así hay más manos para ayudarme. Me lo sé de memoria: después del desayuno hay que ir al baño, hacer caca, lavarse los dientes, la cara y las manos y, después, vestirse. ¡Pero es que es mucho más *díver* y rápido que me ayuden en todo!

La verdad, sé hacerlo yo solito, pero juego a distraerme con cualquier cosa: los *jubetes,* los cuentos, una revista. Bueno, sí que me despisto un poco, pero ¡es tan divertido jugar! A veces voy por el pasillo desde el baño hasta la habitación y se me olvida que iba a vestirme.

Cuando me aclaro los dientes, por ejemplo, me encanta espurrear todo el agua por el espejo. Es que se queda muy chulo con todas esas gotitas de pasta blanca brillando y corriendo hacia abajo. Mamá me dice que soy un poco guarrete, pero no puedo evitarlo.

Daniel me ayuda a lavarme los dientes y después me peina con una cosa que se llama gomina para ponerme todos los pelos de punta, como él. A mí me gusta mucho cómo me queda, pero lo que más mola es llevar el pelo como mi hermano.

¡Ya llega mamá para ayudarme! Saca mi ropa del armario y me dice: «¡Venga, Javi, a vestirte tu solito!». No hay quien la entienda, porque ya me está metiendo la camiseta por la cabeza. ¿Pero no tenía que hacerlo yo solito? Pues ya que estamos, sólo tengo que levantar los brazos. Cuando acabo de vestirme veo que saca la bolsa de la piscina. Eso quiere decir que es sábado y que me voy a nadar con ella. No me importa porque me gusta mucho estar en el agua pero, ¡mecachis, podía haberme avisado, porque yo quería jugar con *John*!

Mientras papá y Daniel se van al fútbol, mamá se queda recogiendo la casa y salgo al jardín para coger mi bicicleta con ruedines. No sé cómo hacer que ande, porque yo muevo las piernas para atrás y nada. Mamá y papá siempre me dicen que empuje hacia delante, pero es que está durísimo. Además es mucho más divertido empujar el manillar para perseguir a *John* por todo el jardín. ¡Cómo corre y salta! ¡Huy!, creo que la rueda le ha pisado una pata, porque ese ladrido suena un poco distinto.

Aquí está mamá. ¿Cómo, que me tengo que subir al coche ahora que me lo estaba pasando tan bien? De eso nada. Voy a mirar a mamá fijamente y me tiro al suelo. ¡Hay que ver la cara tan rara que pone cuando se enfada! Ahora dirá eso de «Javier, no me hagas esto». ¿Y qué pasa si me quedo un rato más en el suelo? Me lo temía: *tras-tras* en el culete. Vale, ya voy. Sí, sí quiero ir a la piscina.

Mamá: Menos mal que Daniel ha subido a por su hermano. Como todos los sábados, tiene partido de fútbol y se ha debido de poner el despertador. Es un santo. La verdad es que muchas veces me pregunto si no le estaremos haciendo crecer demasiado rápido. Y si no me lo pregunto yo, el interrogante viene de algún amigo o amiga. Pero ¡qué le vamos a hacer!

«Daniel, no te olvides de darle la pastilla a Javi», grito mientras les oigo bajar a trompicones por la escalera. Un día de estos se van a partir la crisma. La verdad es que la nueva medicación, Concerta, le sienta mucho mejor que el Rubifen que tomaba hace dos años. No tiene ese efecto rebote que le ponía como una moto a las cinco horas de tomarlo. Parece que se concentra más y está más tranquilo. Al menos eso es lo que nos dicen en el colegio.

Hemos cambiado de neurólogo hace muy poco tiempo. Nos gustó el doctor Díez-Cuervo. A pesar de las toneladas de informes que llevábamos, le bastó un rato para hacernos una radiografía perfecta de cómo es nuestro hijo. Al parecer, la nueva medicación tiene los mismos efectos, pero en el plazo de doce horas. Y la verdad es que cuando llega la hora de acostarse está revolucionado. Aunque eso también le sucede cuando se encuentra muy cansado. Habrá que seguir probando.

Mientras desayunan aprovechamos para ducharnos y vestirnos. ¡Qué cansancio! Con lo que me gustan esos desayunos interminables de risas, periódico y música con baile para terminar. Me temo que eso ha quedado relegado exclusivamente a las mañanas de domingo. Los sábados hay que correr, como cualquier otro día de la semana. Me llaman los niños. «¡Ya bajo!» Están terminando de desayunar en la cocina. El sitio de Javi, tanto en el mantel como en el suelo, es de un color indescriptible, mezcla de mermelada, Nesquick (en polvo y con leche) y miguitas de pan. Voy a recogerlo mientras se van al baño.

Ya veo a Javi por el pasillo, en pijama y con los pelos de punta. La verdad es que su hermano le peina muy bien. «Mami, ¿a que estoy guapo?», me dice. «Estás guapísimo, pero date prisa. Te tienes que vestir tú solito», le digo mientras le meto la camiseta por la cabeza. Él levanta los brazos para facilitarme la tarea. Se nos está haciendo tarde.

Le dejo salir al jardín mientras termino de recoger y preparo la bolsa de la piscina. Sé que así estará distraído un rato y podré apresurarme. Ese gemido debe de ser de *John*. Las carcajadas, de Javier. Ya voy, ya voy. Salgo y le digo que se suba al coche. Me mira fijamente a los ojos con esa sonrisa retadora que conozco tan bien. Cuando intento cogerle del brazo, se tira al suelo. Sé que debo ignorar esta conducta y poner cara de póquer, pero estamos ya fuera de tiempo y me desespero. «Javier, no me hagas esto», le digo. Sigue en el suelo. Por fin recurro al típico «pues nada, si no quieres, no vamos a la piscina». Se levanta, se mete en el coche y, por fin, podemos salir de casa.

De 10:00 a 13:30

Javier: ¡Qué bien, vamos a nadar! Pero, alto, un momento: éste no es el camino de la piscina. Por aquí se va a dos sitios: si tardamos un rato largo, es que comemos con los abuelos. ¡Qué raro! Porque eso es siempre a la hora de comer y acabamos de desayunar. También se va a un lugar que papá y mamá llaman «el pueblo», donde viven mi *marrina* [madrina] Teresa, Antonio y mis primos, Marcos y Vicky. Pues tampoco, porque pasamos por la puerta de su casa y no paramos.

Mamá aparca el coche y nos bajamos. Creo que vamos a entrar en una tienda donde hay muchas gafas. O sea, que debe de ser una «gafería». Mamá me dice no sé qué, pero ya no puedo entenderla. ¡Socorro! Dentro hay dos señoras con batas blancas. ¡Esto es una traición! Mamá no me ha dicho que veníamos a ver a una doctora.

Me pongo a llorar y no paro de gritarle a mamá «no pasa nada, no pasa nada». Cuando lo dicen los mayores suena distinto: algo así como «estoymuyasustado», pero yo sólo sé decirlo de esa manera. ¿Por qué no me habrá avisado? Me quedo un poco más tranquilo cuando veo que una de las batas blancas le da a mamá unas gafas. ¿Serán para mí? Eso ya suena más divertido. Intento cogerlas por la patilla, mientras mamá me sonríe, pero veo que la doctora me mira muy seria y me dice un poco enfadada: «¡Cuidado, bonito, a ver si las vas a romper!».

Mamá no le dice nada, pero le mira con esa cara tan rara que pone cuando se enfada conmigo. ¡Hala, chincha, que ahora te van a dar a ti un *tras-tras* en el culete! Pero no. Mamá saca muy deprisa dos cartulinas, una de ellas con su foto chiquitita, y después hace un dibujo con un boli en un papel. Lo hace en algunas tiendas. Debe de ser que en ésas no quieren los euros.

Otra vez al coche. Ahora sí que es el camino de la piscina. La chica de la entrada, que es muy simpática, me dice: «¡Hola, Javi!», y yo le saludo con un «¡buenos días!».

Entramos en un cuarto de baño enorme que se llama «el vestuario». Menos mal que es pronto y no hay nadie todavía, porque si no mamá se pone muy nerviosa. Sobre todo cuando intento jugar con otras mamás a tocarles las tetas. La verdad, no entiendo por qué se pone así. Si puedo darles besos, *rodearles* el pelo y cogerles la mano, ¿por qué no puedo hacer lo mismo con esa cosa redonda, grande y calentita que tienen las mamás?

Me quito la ropa deprisa. Es mucho más fácil que ponérsela. ¡Ya vamos al agua! Intento hacer caso a mamá: nado detrás de ella sin salirme de la raya de bolas que flotan. Ahora para un lado, ahora para el otro, otra vez... La verdad es que esto es un rollo. Pero ¡qué veo! Fuera del agua hay un montón de pelotas, colchonetas y manguitos dentro de una jaula. Voy a aprovechar, ahora que mamá está nadando y sólo me mira cuando llega al bordillo. ¡Aúpa! Doy un salto y estoy fuera. Llego a la jaula y veo una puerta. ¡Yupi, está abierta! ¡Qué chulo! A ver, una bola roja, otra verde, otra amarilla... ¿O mejor una colchoneta azul para tirarme con ella al agua? Los manguitos tampoco están mal, pero sé nadar hace mucho tiempo. Eso sí, son de esos de corcho que, si los muerdes, se deshacen en trocitos. A ver...

¡Huy! Veo un chico que se acerca en bañador con cara rara. Mamá está al otro extremo de la pisci, gritándome algo que no entiendo y moviendo los brazos como una loca. ¿Estará bailando? Como le gusta tanto, igual le ha dado por hacerlo dentro del agua. Pues mira, no es mala idea. Ahora nada a toda velocidad hacia mí. Sale del agua corriendo (luego dice que está vieja y que le duele todo) y se va a hablar con el chico del bañador. Mejor me tiro otra vez al agua porque esto no me huele nada bien.

Por fin mamá está otra vez en el agua. Ahora ha decidido que vamos a jugar a que yo me subo encima de ella, a caballito, y trotamos por la pisci. Después, al corro de la patata. Me gusta cuando decimos «¡achupé, achupé, sentadito me quedé!» y nos metemos los dos debajo del agua. ¡Hay que ver qué caras tan raras ponemos, con los mofletes hinchados como globos! Esto sí que me gusta, y no el rollo de nadar de un lado a otro.

¡Vaya, hombre! Ahora que me lo estaba pasando tan bien, tenemos que salirnos. Mamá me pide que le ayude a recoger todos los *jubetes* que he tirado antes para meterlos otra vez en su jaula.

Nos vamos al vestuario. Me gusta el agua calentita de la ducha, pero no sé por qué mamá no me deja quitarme el bañador, ni se lo quita ella. ¿Esto no es un cuarto de baño grande? No hay quien entienda a los mayores.

Cuando hemos salido del agua, ya había más gente en la pisci, pero el vestuario sigue vacío. Esas bolsas deben de ser de los que han entrado. Voy a investigar un poco. A ver: una camiseta, una cosa que mamá llama «sujetador», unos *calzoncillos* de señora. En fin, nada interesante.

¡Qué veo! Uno de esos aparatos que aprietas un botón y sale aire caliente, como el secador de casa. Me encanta. Voy a ver si consigo encenderlo. Voy saltando con los pies juntos, porque el suelo está lleno de agua y suena «¡chof, chof!». Mamá viene corriendo otra vez. Todavía no se ha puesto los pantalones y me dice que, antes de secarnos el pelo los dos, tenemos que terminar de vestirnos y ponernos las zapatillas. Tiene la cara un poco blanca, como si estuviera malita.

Cuando terminamos de vestirnos, le pregunto a mamá si vamos a comer a Fass, que es ese restaurante donde solemos ir con todos los abuelos y la tía Carmen. Ya tengo un poco de hambre. Mamá saca el pictograma del «restaurante» y luego el de «la siesta». Menos mal. Ya era hora de que me fuera enterando de lo que va a pasar hoy, y no como esta mañana de locos que hemos tenido.

Mamá: ¡Qué barbaridad! Ya son las diez de la mañana y estoy agotada. Siempre hay que ir corriendo a todas partes. Bueno, a ver si me relajo un poco en la piscina. Y Javi conmigo, porque la verdad es que el agua le deja como una seda.

¿Hoy es sábado? Pues qué bien: se me había olvidado por completo que tenía que recoger las gafas en la óptica. Creo que me da tiempo antes de ir al polideportivo. Cuando pasamos por delante de la casa de Teresa y Antonio, Javi la señala con el dedo y me mira. ¡Claro que la reconoce! Está harto de venir a verles.

¡Qué suerte! Hay un sitio para aparcar justo delante de la óptica. «Venga, Javi, que voy a recoger una cosa y en seguida nos vamos». Le noto cierta resistencia a entrar cuando le cojo de la mano. Nada más traspasar el umbral caigo en la cuenta de que las dos mujeres que están atendiendo llevan puestas sendas batas blancas. Ya la hemos liado. Javi está llorando, asustadísimo, y no para de decir: «No pasa nada, no pasa nada». Soy un desastre. Tenía que haberle dibujado una señora dándome unas gafas, porque no recuerdo que tengamos un pictograma específico para «ir a la óptica». Sé que anticiparle las situaciones visualmente con esos dibujos esquemáticos habría calmado bastante su angustia, pero es que siempre vamos con el tiempo justo y ¿quién es el guapo que tiene pictogramas para los cientos de situaciones imprevistas que se presentan cada día, eh?

Sí, ya sé que, como siempre, me estoy poniendo excusas. A veces es mejor perder un poco de tiempo en estas cosas porque la comunicación mejora nuestra relación y nuestra calidad de vida. Vamos que, si no hay conflictos, vivimos todos más tranquilos, pero es que es casi imposible ser terapeutas durante veinticuatro horas al día. Ya estoy otra vez.

Javi parece menos asustado y mira las gafas con curiosidad. Se las arrebato a la señora de las manos y se las doy a Javi, que las coge entusiasmado. Vale, me arriesgo a perder ahora mismo los ciento veinte euros que me han costado, pero ¿qué más da, si a él se le he pasado la angustia? Vamos, señora, que es para hoy. No se me ponga ahora a limpiar las gafas y a contarme las excelencias de los cristales antirrefractarios, mineralizados y no sé qué más. Con ese tono de reprobación que odio, la dependienta le espeta a Javier una advertencia para que no rompa las gafas. Si las miradas matasen, habría caído fulminada por la mía. ¿Es que no se da cuenta de que es un niño con problemas, que su comportamiento corresponde a una edad inferior? Realmente hay gente muy torpe por el mundo. Vale, me he pasado siete pueblos y estoy siendo injusta: ella no tiene por qué adivinar los problemas de Javi al primer golpe de vista. Pero el tiempo apremia y se me está haciendo tardísimo.

Las cosas no resultaban tan complicadas cuando era más pequeñito. Entonces su comportamiento no llamaba tanto la atención. Como mucho, pasaba por ser un niño malcriado. ¡La cantidad de miraditas que hemos aguantado en ese sentido! En ocasiones estoy de mejor humor y trato de explicar, con mi sonrisa más encantadora, que Javi va un poco más despacito que los demás niños. Sin embargo, hoy no es uno de esos días. No tengo tiempo. Si llegamos tarde a la piscina, nos retrasaremos para la hora de comer y hemos quedado con toda la familia: los cuatro abuelos, la tía Carmen y su novio, Ignacio, la tía Marga (una hermana de mi suegro). Saco rápidamente del bolso el resguardo de las gafas, la tarjeta de crédito y el DNI. Siempre a la carrera.

Por fin llegamos a la piscina. ¡Menos mal que el vestuario está vacío! Si llama la atención el hecho de que un niño de nueve años entre por el lado de las chicas, ni te cuento cómo se ponen cuando empieza a jugar e intenta tocarles los pechos. Nos preocupa muchísimo cómo vamos a pasar la adolescencia. La de Daniel, por ejemplo, está siendo de libro y uno intuye (más o menos) cómo afrontar los problemas: la sexualidad, los cambios de humor y hormonales, la transición a la madurez, la rebeldía... Sin embargo, ¿qué pasará con Javier? Estoy segura de que nuestras Lauras y Javier Tamarit nos ayudarán en el proceso, pero de momento es uno de esos temas que me ponen los pelos de punta.

José no se cansa de repetirme que no merece la pena agobiarse por las cosas que aún no han sucedido. Ya diseñaremos una estrategia para prevenir el problema cuando llegue la ocasión. ¡Hay que ver cómo ha cambiado nuestro vocabulario! A veces parecemos el

Consejo de Administración de una multinacional: diseñar estrategias...

Ya estamos los dos en bañador. Afortunadamente, Javi tarda poco en desvestirse y ponerse el bañador, esta vez sin mi ayuda. Cuando la actividad le apetece, da gusto cómo se apresura.

¡Al agua, patos! A ver si estiro mi cuerpo maltrecho con unos largos. Empiezo a nadar. Javi me sigue. Vamos bien. Uno, dos, tres, cuatro... ¡Alto, un momento! ¿Dónde se habrá metido? Ya no le veo detrás de mí. ¡Vaya por Dios! Me he debido de despistar. Ahí está, fuera de la piscina. Ha abierto la jaula de los cachivaches, que están todos desparramados por el bordillo. Por el otro extremo se acerca el socorrista. Es un chico nuevo al que no conozco. Grito y agito los brazos para llamar la atención de Javier. Bato el récord mundial de los 25 metros estilo libre y me planto en medio de los dos de un brinco. Le explico al socorrista la situación y le prometo que, cuando nos marchemos, lo dejaremos todo perfectamente recogido. El chico me devuelve la sonrisa y acepta el trato.

Se acabaron los largos. Vuelvo al agua con Javi pero, esta vez, jugamos al caballito y al corro de la patata. Bueno, es otra manera de hacer ejercicio. A él le encanta, sobre todo cuando nos hundimos. Siempre me ha llamado la atención cómo es capaz de sonreír bajo el agua, con los ojos abiertos de par en par. A mí también me entra la risa y estallamos los dos en una carcajada de burbujas.

Creo que es hora de marcharnos. Nos duchamos los dos juntos, con el bañador puesto, no vaya a ser que entre alguien justo cuando me está cogiendo los pelitos de «esa parte» o tocándose las suyas: las duchas no tienen puertas. Hay algunas bolsas más que cuando entramos. Le quito el bañador y le dejo con la toalla puesta mientras yo me seco. Cuando termino, levanto la vista. ¡Vaya!, ha sacado la ropa de algunas bolsas. ¿Dónde se ha metido ahora?

Se me acelera el corazón cuando le veo desnudo, con el pelo mojado y chapoteando descalzo por el suelo, que está lleno de agua. Va directo hacia uno de esos aparatos de aire caliente para secarse el pelo. Está conectado a la red eléctrica mediante un cable peligrosamente situado a la altura de los ojos de Javi. En bragas y sujetador, bato de nuevo mi marca personal: siete metros obstáculos sobre suelo resbaladizo. ¿No querías ejercicio, Amparo? Pues toma dos tazas. Analizo la situación y saco mis mejores recursos obtenidos en la escuela de padres. Respiro hondo, no muestro enfado ni nerviosismo, sonrío y le digo a Javi que podrá secarme el pelo (una de sus actividades favoritas) en cuanto nos vistamos. ¡Funciona! Terminamos de arreglarnos y cumplo mi promesa: con la cabeza hacia abajo, Javi me hace uno de sus «estilismos». Me miro al espejo y parece que se me ha caído encima un gato erizado. Da igual.

Antes de marcharnos tengo que hacer las cosas como Dios manda. Javi debe de tener hambre y me ha preguntado si vamos a comer a Fass, el restaurante donde solemos ir los fines de semana (en realidad cambió de nombre hace mucho tiempo, pero seguimos llamándolo así). Saco del bolso los pictogramas de «restaurante» y de «la siesta» y le explico a Javi que eso, y por ese orden, es lo que vamos a hacer a continuación. Me sonríe con agradecimiento.

De 14:30 a 17:00 horas

Javier: ¡Me encanta venir a Fass a comer! Conozco a Pedro, Martín y José, que son los que nos ponen la comida desde siempre. Me quieren mucho, así que les doy un *achuchi* y un beso cuando llego. ¡Mira, ahí está José! Voy a jugar con él a que le llamo Pedro; así él me llama Daniel y nos pasamos un ratito guay.

¡Qué bien! Esto está lleno de gente. A ver, un señor con barba, una señora con el pelo rubio muy, muy largo... Luego voy a peinárselo, pero ahora es que tengo mucha hambre.

¡Ahí están los abuelos y la tía Carmen, Ignacio (aunque a él no le llamo «tío Ignacio»), la tía Marga! Quiero sentarme a su lado, pero papá no me deja porque tiene pupa en un brazo y le han puesto una cosa blanca. ¡Me ha dicho que, después de comer, puedo pintar en ella!

La verdad es que mola la tía Marga. Nunca me regaña ni se enfada conmigo ni nada, aunque a veces me pongo muy pesado con ella: que si vamos al parque, que si cógeme en brazos, que si cantamos una canción, que si me llevas al baño... Me gusta jugar con ella cuando voy a hacer pis, porque hago como que no me quiero subir los pantalones y ella intenta convencerme mucho rato hasta que tiene que llamar a papá o a Daniel. Y ahí se acabó la juerga, claro.

Me sientan entre *lala* Isabel y *lala* Amparo. ¿Por qué nunca me dejan sentarme donde yo quiero o, por lo menos, me lo preguntan? Bueno, aquí no estoy mal, porque las dos *lalas* han empezado una carrera para ver quién me pone más trocitos de pan con mantequilla en el plato. ¡Bien, así puedo comer ya y no tengo que hacer eso tan difícil de meter el cuchillo en la mantequilla, que a veces está como una piedra!

Ya está papá diciéndoles que paren, que así no voy a aprender nunca a hacerlo solo. ¡Pero si ya sé hacerlo! ¿Qué más le dará a él que me ayuden un poquito de vez en cuando? Mientras le escuchan, las dos *lalas* ponen la misma cara que yo cuando, por ejemplo, se me cae un plato o se me escapa una patada.

Tampoco me preguntan qué quiero comer, aunque oigo que me piden «emperador». Mamá dice que es un pescado, pero yo creo que se confunde porque no tiene forma de pez, como los boquerones fritos. Está claro que es una carne, pero da igual porque me gusta mucho. Martín sí que me pregunta qué quiero de beber y le pido una Fanta de naranja.

¡Bien, ya llega la comida! Empiezan por una cosa que se llama «los aperitivos», pero creo que los mayores también se equivocan en este caso. No hay más que ver que traen patatas con chorizo, boquerones y ensaladilla rusa, que a Daniel le encanta, aunque a mí me da asco.

Mientras como, miro a las otras personas que hay en el restaurante. ¡Qué veo! Un bebé en una sillita. Pobre, está llorando. Me da mucha pena, así que le pregunto a mamá por qué llora. Ella me dice que no pasa nada, que como no sabe hablar todavía es su forma de decir que tiene hambre. Yo creo que me engaña, porque nadie llora cuando tiene hambre. Se dice «quiero comer» y ya está. O se pregunta si puedes. Y si no hay ningún mayor cerca, pues te vas al armario de las galletas y coges unas cuantas. ¡No soporto ver llorar a los bebés! Se me escapan unos lagrimones enormes de pena. Pero en ese momento miro a la tía Carmen, que le ha dado un ataque de risa, y ya no estoy triste. ¡Es imposible no reírse cuando alguien enfrente de ti lo está haciendo!

A veces, cuando quiero algo, le echo un poco de cuento y lloro para conseguirlo. A Daniel, a mamá y a papá es difícil engañarles. Hacen como la tía Carmen: se ríen a carcajadas y, entonces, tengo que reírme yo también. A veces cuela con los abuelos. ¡Jo, es que a veces no me salen las palabras que necesito!

Al lado del bebé hay una niña más mayor. ¡Y tiene una pelota! Qué suerte. Voy a ver si me la da. Me meto por debajo de la mesa e intento llegar hasta ella, pero papá me ha visto. Se agacha, me mira y me explica que la pelota es de la niña y no podemos quitársela. ¡Es que yo quiero esa pelota! Sí, papá, ya sé que tengo muchas en casa, pero no hay ninguna de color rosa brillante, como ésa.

Vale. Esto es un rollo. Le pido a *lala* Amparo que me haga una pelota con miga de pan para jugar al fútbol con los dedos. ¡Huy, le he dado al señor de la barba! Papá le pide perdón y me dice que tire más flojo. *Lala* Amparo y la tía Carmen me hacen más pelotas. Entonces papá se olvida de lo que me ha dicho y le tira una a Daniel. ¡Yupi, guerra de migas! ¡Esto se pone divertido!

Le digo a la tía Marga que me lleve a hacer pis. Papá me explica que no puede ayudarme porque tiene pupa en el brazo, así que sube él conmigo. Cuando termino, le pido que me *abrochone* el pantalón. Entonces le da un ataque de risa y bajamos los dos la escalera a carcajada limpia, aunque no sé muy bien por qué.

Daniel ha terminado ya de comer y me voy con él a comprar *chuches* y al parque un ratito, mientras los mayores se toman unos vasos de algo que yo nunca puedo probar. Tampoco me explican el porqué, pero si hace daño, ¿por qué lo beben ellos? En fin, es una de esas cosas que no consigo entender.

Creo que me está entrando sueño. No sé cómo decir que estoy un poco cansado, pero sí sé lo que me pasa. Además, seguro que, si aprendo, me meten en la cama cada dos por tres, así que mejor me callo.

Vuelvo con Daniel al restaurante. Él también se quiere ir con una amiga suya que se llama «Minovia» (hay que ver qué nombres más raros se pone la gente). Ahora que me acuerdo, mamá me ha enseñado en la piscina el dibujo de la siesta. ¡Ahhhhh! No creo que llegue a casa despierto. Se está tan calentito aquí... El coche se ha parado. No puedo abrir los ojos porque estoy que me caigo, pero noto que papá me coge en brazos y dice: «¡Uf, cómo pesa este niño!».

Mamá: Menos mal que no llegamos demasiado tarde, aunque ya estarán todos sentados, esperándonos para comer. Javi entra como una bala mientras saluda y besa a todo el que se pone por delante. Especialmente a Pedro, Martín y José. Hace mucho tiempo se quedaron con el restaurante, que queda muy cerquita de donde vivimos.

Para nosotros es algo más: es como nuestra segunda casa. Venimos aquí desde que nació Daniel, que dormía primero en su cochecito y, a medida que crecía, sobre dos sillas juntas. No sólo eso: siempre se han volcado con nosotros para cocinar la comida especial sin gluten de Daniel. Él se paseaba por aquí a sus anchas; incluso se metía en la cocina a charlar con Pedro, el cocinero.

El mismo cariño y la misma comprensión han mostrado siempre hacia Javier. No creo que haya muchos más sitios públicos en los que podamos estar tan relajados como aquí. Es curioso: nunca hemos hablado con ellos claramente de su problema, pero no ha hecho falta. Parecen comprenderlo a la perfección.

Javi se ha detenido peligrosamente frente a un señor con barba y una señora rubia de pelo largo, a los que mira con curiosidad. Afortunadamente, pasa de largo corriendo porque ha visto al resto de la familia en la mesa grande del fondo. Es una delicia cómo grita de júbilo, abraza y besa a todos los presentes. Si hay una palabra para describirle, ésa es «hipercariñoso». Se ha quedado literalmente enganchado al cuello de la tía Marga, la hermana de mi suegro. Otra santa que le consiente todo y tiene con él más paciencia que Job. Tiene un brazo escayolado, así que José le indica a Javi que se siente entre las dos abuelas.

Me lo veo venir. Ahora empieza la carrera para ver cuál de las dos pone más pan con mantequilla en el plato de Javier. Miro a José y le indico con la mirada la situación (hemos desarrollado un código sin palabras para estas situaciones). José las reprende y les dice que así nunca vamos a conseguir que Javi sea autosuficiente. Las abuelas le miran con cara de no haber roto un plato en su vida. Yo comprendo que es muy difícil. A nosotros mismos nos cuesta no sobreprotegerle. Y también es un derecho (y casi un deber) de los abuelos malcriar a los nietos. Sin embargo, en el caso de niños como Javier la cosa se complica. Se trata de trabajar todos en la misma dirección, sin deshacer durante el fin de semana todo lo que construimos de lunes a viernes y sin que Javier reciba mensajes contradictorios. Un niño sin problemas es capaz de discriminar mensajes distintos dependiendo de quién vengan, pero Javier no puede. Para él es un lío que nosotros le digamos que tiene que untarse la mantequilla sin ayuda, y luego venga alguien a ponérsela. A pesar de todo, tratamos de mantener un equilibrio entre la «abuelitud» y la educación de Javier. No creo que ellos deban tener tanta responsabilidad como nosotros, aunque sí nos pueden ayudar. Ya me estoy liando otra vez.

Tras el ejercicio mañanero, Javi está comiendo como una lima. Afortunadamente, nunca hemos tenido problemas con él en este aspecto. Me desentiendo un poco y charlo con mi madre. José y yo tenemos un acuerdo tácito: si yo he pasado la mañana con Javi, él recoge el testigo para estar pendiente durante la comida.

De pronto escucho dos llantos a la vez: un bebé llora en otra mesa y Javi hace lo mismo en la nuestra. Le explico que el bebé tiene hambre y es su forma de decirlo, pero no parece muy convencido. La verdad es que no sé por qué se le contagian las emociones con tanta facilidad. Lo mismo da un llanto que una risa. Como ahora mismo. Mi cuñada Carmen, que se percata rápidamente de la situación, mira a Javi fijamente y hace como que le entra un ataque de risa. La tristeza de Javier se torna alegría en segundos, lo mismo que tarda en fijar su atención sobre la pelota rosa que tiene la niña sentada al lado del bebé. Tampoco tarda en pedirla. Se pone un poco pesado con el tema, pero ya está José al quite.

Ahora llega el turno de las pelotitas hechas con migas de pan. Javi dispara un proyectil contra el señor de la barba... y el señor sonríe. Menos mal. José Luis contraataca y tira a Javi, al que defiende su hermano Daniel con la misma artillería. Acabamos todos en una guerra de migas, muertos de la risa y con la complicidad de dueños y camareros del local. ¡Es tan divertido sentirse niño otra vez! Creo que Javier también nos contagia a nosotros su alegría.

Luego insiste en ir al baño con la tía Marga, pero José se levanta y le acompaña. Un día de éstos deberíamos intentar que fuera solo, porque los servicios no están tan lejos. Incluso si tenemos que cerrar los ojos, momentáneamente, respecto al tema de la higiene. Al cabo de un rato bajan los dos a carcajada limpia por la escalera. José nos explica que Javi acaba de acuñar un nuevo palabro: le ha pedido que le *abrochone* el pantalón, una preciosa mezcla entre «abrochar» y «abotonar».

Mientras nos tomamos una copa, le pedimos a Daniel que vaya con su hermano a comprar *chuches* y a darse una vuelta por el parque. Es el momento que los abuelos aprovechan para dar, a escondidas, dinero a nuestro hijo mayor. José y yo hacemos como que no lo vemos para compensar ese difícil equilibrio entre sus derechos y la educación de nuestros hijos.

No ha pasado ni media hora cuando vuelven. Daniel quiere marcharse ya, porque ha quedado con su novia. Javi bosteza de sueño. No llega a casa despierto. José se inclina sobre la silla del coche, le coge en brazos y gruñe algo que intuyo. «Unos treinta y seis kilos», le respondo.

Creo que yo también voy a echarme la siesta.

La tarde

Javier: ¡Ah, qué gustito! Ya no estoy cansado. Creo que no toca desayunar, porque no tengo el pañal puesto, así que debe de ser después de la siesta. Tengo que ir corriendo a hacer pis antes de que se me escape.

¿Dónde está todo el mundo? ¡Hay que ver lo que duerme la gente en esta casa! Voy a ver en el salón. Sí, aquí están mamá y papá, roncando cada uno en un sillón. Me subo encima de papá y le digo bajito al oído: «Papá, vamos a merendar». Papá abre los ojos despacito y me dice: «Ahora mismo. ¿Has ido al baño?». Pues claro, tonto. Ya sé que tengo que ir cuando me levanto de la siesta porque no tengo puesto el pañal de por la noche. Mientras vamos a la cocina, mamá hace unos ruidos muy raros. ¡Es que se pone de un mal humor cuando se despierta de la siesta!

¡Galletas y zumo de naranja! Voy a ver si *John* quiere un poquito de mi merienda. Pero papá me dice que no puedo. Vale, no hay quien le entienda. Si todo el rato estáis diciendo que hay que compartir, ¿por qué no puedo darle mis galletas a mi perro? Papá me propone un trato: si termino la merienda en la cocina, nos vamos a dar un paseo con *John*. ¡Bien! Vale, sí quiero.

Antes de salir, mamá me pone un montón de ropa para el frío: abrigo, guantes, gorro... Claro, como ella siempre dice que está congelada y se disfraza de oso polar, que sólo se le ven los ojos, a mí me pone igual. ¿Es que no se da cuenta de que vamos de paseo con *John*? O sea, que corremos, saltamos y sudamos. Y yo con todo esto encima. Papá le llama una cosa que no entiendo, «exagerada», pero creo que tiene que ver con esto de la ropa y el frío.

¡Hala, ya nos vamos! Me dejan llevar a *John* por la correa. Antes tiraba y tiraba muy deprisa de mí, pero ahora le han comprado una nueva que, si tiro un poquito, se para de repente. Mola.

Papá y mamá me regañan cuando me paro en las puertas de otras casas donde también hay perros y meto las manos entre los barrotes para acariciarles. ¡Qué pesados con que me van a morder! Es que no se enteran de que los perros no muerden a los niños. A mí nunca me han mordido. No sé cómo decirles que yo entiendo a los perros y que ellos me entienden a mí.

Cuando llegamos al campo, ese sitio donde ya no hay casas pero sí muchos árboles, soltamos a *John*. Yo corro detrás de él y a veces me caigo. ¡Es que no puedo correr mirándome los pies y a *John* al mismo tiempo!

Damos la vuelta para volver a casa. Cuando pasamos por los columpios, les digo a papá y a mamá que quiero subirme al tobogán. ¡Hay tantos niños! Pero nunca quieren jugar conmigo. Bueno, sólo los que son igual de altos que yo. Tampoco sé muy bien a qué jugar. Por ejemplo, a mí me encanta dar patadas en la arena porque se levanta una nube de polvo, pero ellos parece que se aburren. Con los más chiquititos sí que me dejan jugar, sobre todo si no les empujo por el tobogán. Mamá dice que si lo hago se pueden hacer daño. ¡Como si se fueran a romper!

El problema es que *John* no puede pasar donde están los columpios. Así que mamá entra conmigo y papá se queda fuera con el perro, mirándonos desde la valla. Me pongo de pie arriba del todo del tobogán, para decirles «hola» con las manos. Ya está mamá gritando que me siente ahora mismo. ¡Si es que no se puede hacer nada!

Nos vamos para casa. Por el camino me explican que esta noche van a venir muchos amigos a casa para ver el fútbol en la tele. ¡Bien, un montón de gente para jugar!

Mamá: ¿Sólo una hora de siesta? Habría dormido hasta el lunes. Abro un ojo y veo a Javi encima de José, pidiéndole la merienda. La verdad, no sé dónde mete todo lo que come, porque el tío es pura fibra. Claro que tampoco para de moverse en todo el día.

Creo que vamos a dar un paseo con *John*. ¡Pero si hace un frío que pela! Y lo bien que está una tirada en el sillón con la manta por encima. Abrigo a Javier. Correrá detrás del perro y, si no le pongo como una cebolla, se le quedará el sudor frío.

Está muy bien la correa nueva. Es una correa para educarles. Tiene una especie de bozal (aunque puede abrir la boca) y, si tira, se le gira la cabeza. Frena en seguida, por lo que Javi puede llevarle sin problemas.

Ya estamos con la manía de meter la mano por las cancelas para tocar a todos los perros del vecindario. Un día de éstos se va a llevar un buen bocado. ¿Y si se llevara uno, pero pequeñito, sin sangre ni nada, sólo para que se asustara y no lo volviera a hacer? La verdad es que los perros parecen tener un increíble sexto sentido con Javier. Nos ha pasado en más de una ocasión, en esas excursiones de turismo rural que hacemos con Carlos, Carmela y los niños: cuando algún chucho callejero o abandonado se acerca al grupo, se va directo hacia él moviendo la cola en claro gesto de alegría.

Traspasamos la valla que rodea la urbanización y salimos a campo abierto. Liberamos a *John* de la correa. Perro y niño corren y saltan por todas partes. «¡Cuidado con esas piedras! Javi, tienes que mirar dónde pones los pies.» José y yo no paramos de advertirle hasta que, como de costumbre, se cae.

No pasa nada. Si existen los ángeles de la guarda, Javier debe de tener un batallón pendiente de él. A pesar de las veces que hemos estado en urgencias, jamás se ha roto nada. Lo más grave fueron los tres puntos del verano pasado, cuando se abrió la barbilla saltando desde el bordillo de la piscina.

Mientras José conducía, me senté con él para sujetarle con unas gasas la herida, que se iba abriendo cada más, como un ojal. Con la calma de la veteranía, le explicamos a la doctora de guardia su discapacidad, el problema con las batas blancas y la imposibilidad de darle puntos en vivo y en directo. No nos hizo ni caso, claro. A pesar de nuestra sugerencia de darle un calmante o un antihistamínico (que tiene el mismo efecto) y esperar un poco, nos miró con esa cara de «ya tenemos aquí a unos padres histéricos». Tú misma, pensé yo. Fue ponerle sobre la camilla y empezar a chillar y a revolverse como un gato salvaje. Salí de la sala de curas porque sabía que mi presencia le ponía aún más nervioso. No resisto esa mirada de «mamá, sácame de aquí, por favor». Además, José tiene más fuerza que yo para sujetarle. Al cabo de dos minutos, la doctora salió al pasillo de Urgencias al grito de «¡todo el personal disponible, aquí dentro ahora mismo!». Consiguieron inmovilizarle entre José Luis, una enfermera y dos auxiliares. Uno de ellos, un señor robusto y bajito, salió el primero: tenía la bata verde empapada en sudor. Aunque necesitaba cuatro puntos, sólo le dieron tres. Tal vez, algún día, los médicos tengan más en cuenta la opinión de padres como nosotros. En todo caso, su formación debería incluir cómo tratar a niños con discapacidad.

Ya estamos en los columpios. Mientras José se queda fuera con el perro, sigo a Javier, que corre como una exhalación hacia el tobogán. El parque está lleno de niños. Me entristece que no tenga amiguitos con quienes jugar durante el fin de semana. Sí, están los del cole, ¡pero viven tan lejos de aquí! Y tampoco podemos obligar a Daniel a que esté con él todo el santo día. Él también tiene derecho a su propia vida, cada vez más independiente.

¡Ya está de pie en lo alto del tobogán agitando los brazos para saludar a *John* y a su padre! Mejor nos vamos. Esta noche tenemos un montón de gente en casa para ver el Barça-Real Madrid, todo un acontecimiento.

La noche

Javier: ¡Qué bien! Ya está la casa llena de gente. Han venido todos: *marrina* Teresa y Antonio con mi prima Vicky, Carlos y Carmela con Carmen y Carlos (que se va a aburrir un poco porque Daniel está todavía con su amiga y no ha llegado aún), Martin y Antoinette (sus tres hijos, Douglas, Suzanne y Claire, no vienen, porque son mayores como Daniel y más), José Luis y Elena (Rocío y Sofía tampoco están).

Hay un partido de fútbol muy gordo, porque todos los chicos miran la tele muy serios. Yo sólo conozco a uno que se llama Ronaldo y a otro que se llama Raúl. ¡Ah! Y sé cantar «¡hala Madrid, hala Madrid, oe, oe, oa!».

De vez en cuando dicen «¡huyyyyy!» y «¡ayyyyy!» y muchas palabrotas, que son esas palabras feas que no sé qué significan pero que, por lo visto, no se pueden decir. Hasta a papá, que siempre me regaña cuando yo las digo, se le escapa una de vez en cuando.

Mamá ha puesto toda la mesa llena de cosas: hay aceitunas, palomitas, cortezas, pizzas, *sangüich*, coca-colas, fantas... ¡Me encanta, porque cuando vienen todos no hay que comer sentado en la mesa! Así que puedo correr de un lado a otro con un trozo de pizza en la mano y la boca llena de palomitas, que cuando hablo salen todas disparadas. ¡Es guay!

Algunos chicos me regañan un poco cuando me pongo delante de la tele y me dicen: «Javi, que no veo». Son un poco rollo. Los otros niños se han ido al cuarto de juegos. Yo prefiero quedarme aquí, sobre todo con las mamás, que ahora mismo son mucho más divertidas que los papás. Ellas hablan y hablan todo el rato sin mirar la tele (bueno, menos la tía Carmen, que también le gusta mucho el fútbol) y me hacen caso.

Ahora mismo, por ejemplo, se me acaba de ocurrir un juego. Cojo el pañuelo de *marrina*, lo levanto y pregunto: «¿Ha venido mamá?», como cuando pasamos lista en el cole por la mañana. Cuando digo el nombre, se tiene que levantar, ponerse el pañuelo en un sitio del cuerpo y dar un paseo. Luego aplaudimos todos.

Los papás no me hacen ni caso. Y algunas mamás no han entendido el juego, pero la mía sí. Cuando la llamo, se levanta, se pone el pañuelo atado a la cintura y se da un paseo moviéndose un poco rara (ella dice que es una «modelo»). Les toca a Teresa y a la tía Carmen. Luego, a Carmela y a Antoinette, pero mamá me dice que no pueden porque una está cansada y la otra malita. Yo creo que les da un poco de vergüenza, aunque las dos han jugado mucho conmigo otras veces.

Parece que se ha acabado el fútbol. Ya ha llegado Daniel y mamá le dice que me acueste. ¡Ahora, con lo bien que me lo estoy pasando! Pues no quiero. Mamá me dice que puedo irme al sillón o a la cama, mientras los mayores se sientan a hablar. ¡Pues al sillón, claro! Desde allí puedo mirarles y reírme cuando ellos se ríen.

¡Uf, se me cierran los ojos otra vez! Seguro que, si me duermo, Daniel me coge en brazos y me lleva a la cama. Es lo chulo del fin de semana: no tengo que irme a la cama después de cenar y puedo quedarme dormido en el sillón.

¿Qué haremos mañana? Espero que papá y mamá me lo cuenten en el desayuno con unos dibujitos.

Mamá: ¡Me metería en la cama ahora mismo, sin cenar ni nada! Pero, en fin, esta casa parece la fonda de la tía Amparo durante los fines de semana.

Ya empiezan a llegar nuestros amigos, algunos con sus hijos. Afortunadamente, son todos gente muy civilizada y cada uno aporta su granito de arena a la cena de picoteo: pizzas, aperitivos, quesos, bebidas... Y todos ayudan en la cocina para llevarlo a la mesa. Menos mal, porque si me tengo que poner yo a prepararlo todo, cenamos mañana al mediodía.

Javi corretea de un lado a otro sin parar, saludando, besando e intentando convencer a quien pilla por banda para poner música, ver mis revistas de decoración o cantar canciones. Todos conocen su problema y tienen muchísima paciencia con él. Sí, algunos más que otros, especialmente si hay un Barça-Real Madrid en la tele. Siempre hemos intentado explicarles cómo «funciona» Javi, cuáles son sus peculiaridades. Lo hemos hecho incluso por escrito, como con aquel «Manual de instrucciones» que les entregamos durante un viaje.

Javi corre de un lado para otro con la comida en la mano. Hace ya tiempo que dejó de importarnos si manchaba un sillón, llenaba el suelo de palomitas y otras tonterías por el estilo. Se gana en tranquilidad cuando esas preocupaciones desaparecen del horizonte.

Ahora quiere jugar a «¿ha venido...?», como en el cole. Introduce una nueva modalidad: hay que coger el pañuelo de Teresa, ponérselo en alguna parte del cuerpo, efectuar un pase de modelos hasta el centro del salón y volver a la silla a esperar al próximo nombre. Me encanta que «invente» juegos. Siempre nos dicen que tiene dificultades de abstracción, pero estas muestras de imaginación indican bastante progreso en ese sentido.

Cuando vuelve de ponerse el pijama, le doy a elegir entre irse a la cama o quedarse en el sillón con su hermano, que está viendo una peli. Escoge lo segundo, claro. Mientras charlamos con nuestros amigos sobre cómo arreglar el mundo, le observo. Sí, está tumbado junto a su hermano, pero no mira la tele, sino a nosotros. Boca abajo, con la barbilla apoyada en sus manitas cruzadas, abre mucho los ojos cuando las voces suenan un poco más fuertes y sonríe cuando nos escucha reír.

Poco a poco se va quedando dormido. Y a pesar de la conversación, a mí me sucede lo mismo.

Definitivamente, creo que no hay nadie tan feliz.

Capítulo 10

Algunas reflexiones

1. Asuntos privados

Nadie tiene la receta perfecta sobre cómo asumir, aceptar y organizar la vida familiar en torno a un niño con discapacidad. Ni siquiera cuando el objetivo está meridianamente claro: procurar su felicidad y la de todos los que le rodeamos. En nuestro caso surgen cada día dudas, incógnitas y momentos de tristeza o de indignación que nos hacen vacilar en el empeño. Somos unos recién llegados al mundo de la discapacidad y nos queda aún mucho camino por recorrer. A lo largo de estas páginas he procurado describir cómo ha sido hasta ahora esa iniciación. Fruto de ella nacen algunas reflexiones, muchas de ellas esbozadas ya en capítulos anteriores.

El proceso de búsqueda

Es imposible describir la angustia y la soledad que se sienten cuando aún no se sabe cuál es el problema que afecta a un hijo. Este lugar no es exclusivo de la discapacidad: muchos padres, inmersos en una búsqueda de respuestas a problemas médicos, por ejemplo, se sienten de igual forma.

No afirmo que sea posible evitar esos sentimientos, más bien todo lo contrario. Sin embargo, la situación podría paliarse, en alguna medida, con ayuda psicológica profesional destinada a la familia, y no sólo por el bien de los padres: como consecuencia de un mejor estado de ánimo, nuestra actitud hacia los niños —y por tanto ellos mismos— se vería beneficiada por esa asistencia.

En muchas ocasiones la respuesta médica no llega nunca o lo hace al mismo tiempo que el diagnóstico de discapacidad intelectual. Justo en esos momentos, las familias necesitamos —quizá más que en ninguna otra ocasión— ayuda para asumir los hechos.

No es un proceso sencillo. Como comentaba en el capítulo titulado «Los otros», en los equipos multidisciplinares deberían figurar los profesionales que nos ayudaran en ese sentido, pero también los que nos orientaran sobre todas las dudas que se nos plantean a partir del diagnóstico, así como sobre las pautas y posibilidades de acción en cuanto a la educación, la sanidad, el ocio, el futuro... Esos apoyos deberían ser constantes y continuados en el tiempo, para resolver las necesidades de los niños (y las del entorno familiar) a medida que crecen y cambian.

Por nuestra parte, los padres deberíamos buscar la asociación que más se ajuste a esas necesidades.[18] Podemos resolver dudas o buscar ayuda profesional en esas asociaciones pero, sobre todo, encontraremos a otros padres que están pasando o han pasado ya por nuestras mismas circunstancias. Nosotros no hemos hallado mejor consuelo que compartir con los demás todo aquello que nos preocupaba. En estas asociaciones siempre se encuentra a alguien en una situación infinitamente peor que la propia, y es cuando se valoran en su justa medida los problemas a los que uno mismo debe enfrentarse.

---

18. Véase el anexo 1, «Guía de recursos», en la que se encuentran algunas de las entidades más relevantes de nuestro país a este respecto.

Recuerdo que, por motivos profesionales, tuve que visitar el Centro de Educación Especial de San Rafael. Situado a espaldas del hospital madrileño del mismo nombre, la mayoría de los niños a los que allí atienden presentan discapacidades severas. Muchos necesitan una silla de ruedas para desplazarse. En el comedor, por ejemplo, la proporción es de 1/1, es decir, hay una persona por cada niño para ayudarles a comer.

Me emocionó observar a críos felices, a pesar de las circunstancias, y a profesionales volcados en lograr esa felicidad. Tras aquella visita me juré a mí misma que jamás volvería a quejarme de mi situación, porque siempre habría alguien con más derecho que yo a protestar (reconozco que a veces se me olvida ese juramento).

Relaciones de pareja

La experiencia también nos ha enseñado que, de vez en cuando, todos tenemos que descansar de Javier. A medida que pasaba el tiempo, y que sus problemas se iban haciendo más evidentes, me costaba más y más dejarlo al cuidado de otros, incluidos los abuelos.

Las escapadas de pareja, tan recomendables para todos los padres (de niños con o sin problemas), se espaciaban cada vez más por mi resistencia, no por la de José Luis. Él ya era consciente de que nuestra tensión y angustia acumuladas requerían un descanso cada cierto tiempo, pero a mí me costaba muchísimo, precisamente por el grado de alerta que se necesita con Javier. Yo consideraba que nosotros éramos los responsables exclusivos del problema, y también los únicos capaces de afrontarlo.

Poco a poco he ido aceptando esa medida higiénica para nuestra convivencia, y la recomiendo a todos los padres. Es inevitable sentir cierto grado de culpa (sobre todo cuando los abuelos se van haciendo mayores), pero también se va rebajando este sentimiento si uno no abandona en el empeño (solemos ser nosotras, las madres, las que oponemos más resistencia a marcharnos de vez en cuando).

También he llegado a la conclusión de que, en los temas esenciales, es absolutamente imprescindible y necesario un acuerdo entre los dos miembros de la pareja. Tanto José como yo hemos observado con cierta frecuencia que algunos padres (ellos) tienen cierta tendencia a la dureza; a acusar a las madres de blandura en cuanto a la educación de los niños; a empeñarse en algunas actividades (como leer y escribir) más que en otras que les pueden ser de mayor utilidad. En definitiva, quizá les cueste más asumir la discapacidad.

Es cierto que, en muchos de los casos que conocemos, las madres suelen llevar el 90 por ciento de la responsabilidad de los niños. No les culpo a ellos: nuestra sociedad está organizada de tal forma que suelen ser los padres los que aportan el mayor porcentaje económico de los ingresos familiares. Por ese motivo, con frecuencia es la madre la que suele renunciar no sólo a ascender profesionalmente, sino —en el caso de la discapacidad— incluso a cualquier actividad laboral.

Sin embargo, esos progenitores masculinos sí deberían ser conscientes del enorme coste físico y emocional que supone para sus parejas femeninas el dedicarse casi en exclusiva a sus hijos con discapacidad. Hemos visto parejas rotas por las razones expuestas en estas líneas.

El lenguaje

A lo largo de estas páginas, he insistido varias veces en lo poco que me gusta el lenguaje empleado para las «personas con discapacidad», el término formalmente aceptado para definirlas. Afortunadamente, atrás han quedado expresiones como «tarado» o «incapacitado». Aún perviven, sin embargo, muchas expresiones del lenguaje coloquial que me revientan oídos y neuronas cuando las escucho:

«ese retrasado mental», «más caro que un hijo tonto» y otras parecidas. De verdad, duelen.

He discutido con algunas personas la necesidad de aplicar un lenguaje políticamente correcto o, al menos, de aceptar las cosas sin sobredimensionar su importancia. Sin embargo, creo que el binomio lenguaje/sociedad se encuentra intrínsecamente unido: uno cambia a medida que avanza la otra, y viceversa.

También es cierto que los padres solemos ser los primeros en evitar incluso las definiciones más aceptadas, como «personas con discapacidad intelectual» o «discapacitado». Cuando hablamos sobre ellos todos utilizamos eufemismos como «el problema del niño», «lo que le pasa» o «las dificultades que tiene». Aún no he llegado a la conclusión de si lo hacemos porque pensamos que los demás no están preparados o si somos nosotros los que evitamos un lenguaje más directo porque no nos gusta. Quizá sea una mezcla de ambas cosas.

Vida familiar y laboral

De alguna manera, ya se ha tocado este espinoso punto en el apartado de las relaciones de pareja, unas líneas más arriba. La sociedad se acerca ahora al difícil tema de la conciliación de la vida familiar y laboral en sus líneas más generales: flexibilizar horarios, facilitar guarderías, compartir las bajas de maternidad, reducir la jornada... Todo para que la mujer pueda acceder al mundo del trabajo en igualdad de condiciones que el hombre.

Sin embargo, cuando hay un miembro de la familia que presenta una discapacidad —ya sea física, sensorial o intelectual— y depende de nosotros, estos asuntos deberían ser prioritarios. Sé que mi experiencia es atípica, pero quiero relatarla para que cunda el ejemplo en otras empresas. En mi caso, y a causa de mi estado de salud, propuse a mis jefes reducir mi jornada laboral con el compromiso de que, durante las horas en las que no estuviera físicamente en el despacho, atendería cualquier asunto a distancia. Medios como internet, el correo electrónico o los teléfonos móviles facilitan hoy en día las tareas. Además, tengo la inmensa suerte de contar con un trabajo que no requiere mi presencia física (salvo casos excepcionales) durante las ocho horas de la jornada. La empresa aceptó mi propuesta, algo que, posteriormente, ha sido de mucha ayuda en todos los temas relacionados con Javier.

Esa empresa es una productora de televisión, se llama Zeppelin TV y pertenece a la multinacional Endemol. Mi situación actual no habría sido posible sin la calidad humana de sus directivos, que comprenden mis circunstancias y valoran el aspecto más personal de sus trabajadores. Esa filosofía empresarial se transmite de forma vertical, desde los puestos más altos hacia abajo. También soy consciente de mi inmenso privilegio y de que, por desgracia, la mayoría de las profesionales no tienen la misma suerte que yo. Habría que procurar, incluso legalmente, que todas las empresas adoptaran este tipo de filosofía.

El futuro

Con el paso del tiempo, e incluso antes de leer en un papel que Javier tenía una discapacidad intelectual, José y yo aprendimos a no mirar hacia un futuro demasiado lejano. No sé si era un mecanismo de protección o una forma de afrontar las circunstancias. Preferíamos alegrarnos con cada pasito hacia adelante que Javier daba, desde aprender a comer con cubiertos hasta vestirse o desvestirse solo. Aún hoy, cuando las circunstancias nos obligan a abrir esa puerta inmensa, siento vértigo: el futuro es un señor bastante inoportuno que se presenta sin avisar.

No hace mucho hemos tenido que comenzar a estudiar opciones (mutualidades, planes de pensiones, seguros) para prever su futuro económico. Para nosotros es tan importante él como su hermano, cuyo porvenir financiero tampoco queremos hipotecar. Es uno de esos temas espinosos que nos hacen sacar a relucir lo mejor de nuestro humor más negro: «Pues tú no te puedes morir antes de tres años», le digo a José mientras estudiamos algunos papeles. «Vale, pero a ti ya no te cogen una póliza ni en Seguros Santa Rita, lo que se da no se quita», me contesta él. Al día siguiente de esta conversación, me dio una jaqueca que me tuvo tumbada dos días. ¿Adivina el lector por qué?

La sexualidad de Javier también es otro de esos asuntos que, antes o después, tendremos que abordar y al que tuve ocasión de enfrentarme en el Congreso de Familias de Mérida.[19] A medida que hago indagaciones en el tema, todo es peor de lo que imaginaba. Por ejemplo, nos tendremos que plantear si esterilizarle o no. Y en caso afirmativo será necesario solicitar antes, por vía judicial, su incapacitación. El asunto se complica cuando la persona con discapacidad intelectual es del sexo femenino. ¿Por qué es todo tan complicado siempre? Sólo espero que, cuando llegue el momento de abordar todas estas cuestiones, sigamos teniendo a nuestro lado el consejo de profesionales como los que ahora nos acompañan.

En cuanto al futuro de Javier, procuramos no darle demasiadas vueltas. Aún es pronto para saber si el día de mañana será capaz de ser un «autogestor» (insisto: es un palabro horrible), vivir en un piso tutelado o ejercer alguna actividad que le permita ganarse el pan. Ya veremos. Al fin y al cabo, mañana será otro día (en esto soy muy Escarlata O'Hara).

Sobre todas las personas que le rodean, ya he escrito largo y tendido en otros capítulos.[20] Sólo espero que Javier siga siempre rodeado, como hasta hoy, de gente que le quiera, le comprenda y se esfuerce por hacer del mundo un lugar más agradable y menos hostil para él.

19. Véase el capítulo 5, «El final del túnel».
20. Véanse los capítulos 7 y 8.

2. Cuestiones públicas

No resulta fácil sumergirse en la maraña de organismos públicos —estatales, autonómicos o europeos—, instituciones, fundaciones y asociaciones que conforman el complejo mundo de la discapacidad.

Existen toneladas de documentos, leyes, disposiciones, reglamentos, ayudas, subvenciones y estudios para tal o cual materia. Sin embargo, a los padres nada de eso nos resulta muy útil. Propongo desde aquí el establecimiento de una especie de ventanilla única (también en internet) para solucionar todas nuestras dudas: desde la educación a la sanidad, pasando por temas jurídicos, legales, fiscales y laborales, hasta programas de ocio y ayuda psicológica para las familias.

En un mundo ideal y perfecto, sería el Estado el que debería facilitar a las personas con discapacidad todas las herramientas necesarias para conseguir su plena realización como seres humanos y ciudadanos de pleno derecho. Merece la pena destacar al respecto estas líneas de la AAMR (Asociación Estadounidense de Retraso Mental). Pertenecen al capítulo XI, «Responsabilidad pública en la provisión de apoyos», de la obra *Retraso mental: definición, clasificación y sistemas de apoyo.*[21]

«La definición de 2002 [de retraso mental] y sus componentes de clasificación y planificación de apoyos proporcionan una estructura coherente para definir los propósitos y procesos de los sistemas públicos. Este enfoque proporciona también una estructura a través de la cual los sistemas públicos pueden conciliar la política pública

21. La primera edición se publicó en 1921. Siguieron otras, de las que la novena, en 1992, supuso una revisión revolucionaria. Publicado en España por Alianza Editorial, este texto está extraído de la décima edición.

difusa y a menudo conflictiva. La apuesta por un claro compromiso con un enfoque basado en los apoyos ofrece la posibilidad a los sistemas públicos de desarrollar una misión más clara y en mayor concordancia con las aspiraciones expresadas por las personas con retraso mental y sus familias así como con la emergente política pública.

»Un sistema de prestación de servicios públicos, en su transformación hacia un enfoque basado en los apoyos, cambia su enfoque y su compromiso de los programas a los individuos. Este cambio paradigmático define a los clientes del sistema de servicios como personas y familias con necesidades de apoyos específicas, en lugar de como grupos o cantidad de individuos que se encuentran dentro de unos servicios o programas concretos. El papel de los sistemas públicos se convierte en facilitador de las respuestas de la sociedad a las necesidades de apoyo individuales. Esto supone tanto un cambio conceptual como programático, que se aleja del mantenimiento de sistemas de atención o de servicios caracterizados por emplazar a individuos con la esperanza, a menudo incumplida, de que se responderá a sus necesidades.

»La perspectiva adoptada por el Sistema 2002 de la AAMR acentúa las actitudes y prácticas que reconocen la plena ciudadanía de las personas con retraso mental, al mismo tiempo que se reconoce que el retraso mental supone una limitación sustancial y una desventaja para el individuo. Los apoyos, que mejoran el funcionamiento, son un contrapeso para esta discapacidad.

»La meta de un enfoque basado en los apoyos es facilitar la inclusión de individuos en la vida plena de la comunidad. Los apoyos apropiados reducen las limitaciones funcionales y permiten a los individuos participar en la vida comunitaria y contribuir a ella al mismo tiempo que se da respuesta a sus necesidades en un contexto social más típico. [...]

»Un creciente consenso está emergiendo en el terreno sobre la naturaleza de este apoyo. Características distintivas de este consenso reflejan que los apoyos, cuando el término se emplea para representar este cambio de perspectiva:

»—se basan en la comunidad;
»—se centran en la persona y se planifican, desarrollan y personalizan para cada caso individual;
»—incrementan el funcionamiento y participación del individuo;
»—facilitan el ejercicio de la autodeterminación; y
»—se dirigen al consumidor.»

Aunque el texto se refiere a los sistemas de servicios públicos de Estados Unidos, creo que puede hacerse extensivo a cualquier país de nuestro entorno. Porque pese al lenguaje «experto», la teoría es de tal sentido común que parece increíble que date del año 2002.

Básicamente, se trata de que los sistemas públicos respondan a las necesidades individuales de cada persona con discapacidad intelectual, que son esencialmente distintas unas de otras. No se trata de ofrecer programas genéricos como si fuera un conjunto homogéneo de personas, sino adaptando los apoyos a sus necesidades específicas.

¿Qué tiene que ver un niño como Javier, con problemas de conducta, con otro con síndrome de Down o un niño autista? Incluso dentro del Down o el autismo existen casi tantos grados o niveles como individuos. Sus necesidades especiales de educación deberían obligar a los poderes públicos a un esfuerzo mucho mayor para cubrirlas. Está claro que no hay centros suficientes, que no todos tienen la misma calidad y que la oferta debe diversificarse muchísimo más de lo que está en función de esas necesidades.

El ocio para niños, jóvenes y adultos es otro de esos asuntos pendientes en materia de discapacidad. No es de recibo que todas las actividades se resuelvan a golpe de talonario.[22]

22. Véase el capítulo 7, «Charla de madres».

Afortunadamente para él, Javier vive en el seno de una familia que puede permitirse (a veces con mucho esfuerzo) resolver su tiempo de ocio —como montar a caballo— pagando. Sin embargo, ¿qué sucede con los niños de familias cuyos bajos ingresos imposibilitan este tipo de actividades? No se trata sólo de ocio puro y duro: esas actividades les permiten socializar y relacionarse con otras personas de su edad. Algunas incluso están consideradas como terapéuticas (hipoterapia, delfinoterapia...).

Los padres deberíamos reclamar profesionales preparados para atender el ocio de nuestros hijos. Es cierto que, hoy en día, muchas de esas actividades se las debemos al voluntariado. No tengo nada en contra de las personas que dedican su tiempo libre a los demás, todo lo contrario, pero me gustaría que mi hijo estuviese siempre bajo la responsabilidad de las manos más expertas (con la ayuda, por supuesto, de los voluntarios). Y no siempre es posible.

El movimiento asociativo

Es evidente que, hasta que llegue esa situación ideal de responsabilidad pública, somos las familias y las personas con discapacidad intelectual quienes debemos luchar por conseguir esos apoyos. Durante los últimos años el movimiento asociativo ha ido creciendo para ofrecer respuestas a esas necesidades y para servir, desde la fuerza que otorga la unión, de interlocutor con las administraciones públicas.

Asociarse no es importante sólo por la ayuda que podamos necesitar. Lo es también porque cuantas más familias unamos nuestros esfuerzos, mayor será la presión para exigir a los poderes públicos los medios para nuestros hijos: todo aquello que les corresponde como ciudadanos de pleno derecho y no como una limosna caritativa.

No vivimos ya en los tiempos en que se recluía a las personas con discapacidad, sobre todo intelectual, en instituciones mentales o en sus casas, pero aún queda mucho por hacer. Hemos pasado de la caridad a un camino en el que debemos exigir y no pedir; de la ocultación y el desprecio más absoluto a la compresión de sus necesidades; de hablar en su nombre porque pensábamos que no tenían voz a escuchar sus demandas.

En este camino, somos las familias —a través de las asociaciones— las que debemos tirar del carro. Y las asociaciones, por su parte, deben profesionalizar su trabajo, porque no podemos olvidar que vivimos en un mundo competitivo en el que no cabe quedarse esperando con los brazos cruzados a que llueva la subvención de turno. En este sentido, la responsabilidad social de la empresa privada, que está moralmente obligada a devolver a la sociedad una parte del beneficio que extrae de ella, es una baza a tener en cuenta.

Actividades como la mercadotecnia, la comunicación, la búsqueda de donaciones (muy habitual en Estados Unidos) y los procesos de calidad deberían ser ya una realidad en todas las asociaciones dedicadas a la discapacidad, pero no en todos los casos es así.

Las asociaciones desempeñan también una función importante como altavoz social de los problemas que afectan a las personas con discapacidad a través de los medios de comunicación. Sin embargo, no siempre sabemos cómo encontrar perchas atractivas para los periodistas. Por razones de trabajo, tuve la oportunidad de asistir al I Encuentro sobre Periodismo y Discapacidad celebrado en Salamanca el 30 de junio y el 1 de julio de 2004. Éste es el resultado final de aquellas jornadas:

La Declaración de Salamanca

«Nosotros, los más de setenta participantes en el I Encuentro sobre Periodismo y Discapacidad, reunidos los días 30 de junio y 1 de julio de 2004 en Salamanca, expresamos en esta Declaración nuestra visión de la discapacidad y la voluntad de contribuir desde nuestros respectivos medios de comunicación a luchar contra los estereotipos que impiden a las personas con discapacidad participar e integrarse en nuestra sociedad como ciudadanos en igualdad de condiciones.

»*Preámbulo*

»1. El artículo 1 de la Declaración Universal de los Derechos Humanos proclama que "todos los seres humanos nacen libres e iguales en dignidad y derechos". Para que este principio se haga realidad es necesario que los medios de comunicación, creadores de imágenes y conformadores de identidades colectivas, contribuyan a que las personas con discapacidad puedan disfrutar de los derechos reconocidos en la Constitución: civiles, políticos, sociales y culturales.

»2. Las personas con discapacidad han sido tradicionalmente ignoradas y apartadas de la sociedad. De hecho, la discapacidad se asocia a conceptos negativos, lo que es fruto, en gran medida, de la ignorancia, la superstición, los prejuicios y una serie de factores culturales que han ido levantando barreras invisibles difíciles de superar. Este rechazo ha generado síndromes de dependencia, complejos de inferioridad, sentimientos de resignación, aislamiento y exclusión dentro de este colectivo, agravando el problema y restando recursos para que las personas con discapacidad puedan reivindicar sus derechos consustanciales.

»3. Las personas con discapacidad constituyen aproximadamente el 10 por ciento de la población española, y conforman un grupo heterogéneo que se enfrenta a problemas muy diversos. No debemos, por lo tanto, caer en el error de unificar y generalizar conceptos a la hora de hablar sobre la discapacidad.

»4. Las estadísticas ponen de manifiesto las dificultades que encuentran las personas con discapacidad para poder acceder al empleo, a niveles educativos superiores, al ocio o la cultura, a pesar de las medidas de discriminación positiva aplicadas y de las campañas de sensibilización puestas en marcha durante los últimos años.

»5. Los medios de comunicación han potenciado la inclusión de informaciones relacionadas con la discapacidad, pero siguen ofreciendo enfoques equivocados o sesgados que en ninguna medida favorecen la eliminación de prejuicios arraigados ni contribuyen a la plena integración de las personas con discapacidad.

Nuestra visión

»Los periodistas reunidos en Salamanca asumimos este planteamiento y proponemos una serie de medidas que favorezcan la plena integración de las personas con discapacidad. Los medios de comunicación constituyen una herramienta clave a la hora de sensibilizar a la opinión pública y potenciar los efectos que las medidas legislativas deben tener en las diferentes esferas sociales. Por tanto, aspiramos a:

»1. Dejar a un lado el enfoque caritativo o victimista que tradicionalmente han ofrecido los medios de comunicación para centrarnos en la superación de los verdaderos problemas que afectan a las personas con discapacidad como ciudadanos de pleno derecho (barreras arquitectónicas, acceso al empleo y la vivienda, atención sanitaria, promoción de un entorno accesible, etc.).

»2. Dar voz a las personas con discapacidad como ciudadanos independientes y protagonistas de sus propias vidas. Acabar con su "invisibilidad" es el primer paso que debemos dar para que puedan conquistar el espacio que les corresponde. "Nada por nosotros sin contar con nosotros" es un lema que debemos tener presente antes de ofrecer cualquier información a la opinión pública.

»3. Evitar el lenguaje discriminatorio y estigmatizante que pone el énfasis sobre la discapacidad por delante de la condición de persona. Es necesario tener un cuidado especial a la hora de elegir las palabras con las que vamos a definir a las personas con discapacidad, ya que el lenguaje es la herramienta que condiciona la representación mental de cualquier realidad. Los adjetivos sustantivados como “minusválido”, “incapaz” o “discapacitado” deben evitarse para llegar a superar la concepción de “enfermo” o “paciente”.

»4. Ofrecer una imagen activa de las personas con discapacidad. La idea de la persona con discapacidad como mero receptor de ayudas no refleja la realidad de un mundo en el que la pasividad y el carácter asistencial no son la norma, y esta imagen contribuye a fomentar la marginalidad.

»5. Incluir a las personas con discapacidad como parte de la población general en todo tipo de informaciones y no sólo en aquellas en las que la discapacidad es el tema central.

»6. Mostrar a las personas con discapacidad en situaciones cotidianas diversas para subrayar sus capacidades y favorecer una visión normalizada.

»7. Abordar la información desde un enfoque contextualizado. Explicar las circunstancias contextuales ayuda al público a comprender y acercarse al mundo de la discapacidad con mayor conocimiento.

»8. Cubrir el tema de la discapacidad de forma proporcionada, sin caer en la conmiseración ni presentar a la persona con discapacidad como un héroe.»

En mi doble condición de periodista y madre de un niño con discapacidad intelectual extraje, además, otras conclusiones muy personales que confieso no pueden sustentarse sobre estudios de medios:

1. En la relación entre discapacidades y medios de comunicación, «venden» más y mejor las físicas que las intelectuales. Y, dentro de las primeras, los periodistas mostramos más interés por problemas como la accesibilidad arquitectónica de las personas en sillas de ruedas que, por ejemplo, los inconvenientes que sufren las personas sordomudas o ciegas (discapacidades sensoriales).
2. Si la discapacidad es intelectual, los medios de comunicación conocen mucho mejor los problemas de las personas con sín-

drome de Down que los de otros individuos afectados por otras causas, ya sea autismo, síndrome de X Frágil, Williams, Asperger u otros trastornos.

3. Estas diferencias pueden deberse a mecanismos de comunicación. Al periodista le resulta más sencillo relacionarse con el protagonista de la noticia porque es más fácil entenderse con una persona en silla de ruedas que no tenga afectados ni el lenguaje oral ni su intelecto, que con una persona sorda o, menos aún, con una que tenga discapacidad intelectual. También es fundamental la labor de difusión de los problemas de cada colectivo por parte de las asociaciones de afectados y sus familias (como es el caso de los síndromes de Down).
4. Esta situación de desventaja no implica, ni mucho menos, una situación idónea en el caso de las discapacidades físicas.
5. La solución podría pasar por :
   a) La especialización de los periodistas, para conocer mejor cada discapacidad y sus problemas.
   b) La profesionalización, en el sentido de las relaciones con los medios de comunicación, de las asociaciones, con el objetivo de que encontraran lenguajes e historias atractivos para los periodistas.

No he podido encontrar estudios, a nivel nacional, sobre la imagen que los medios de comunicación ofrecen de la discapacidad. Sí hay algunos de carácter autonómico, regional o local. Destaco, del elaborado por la agencia Comunica2[23] para la Consejería de Asuntos Sociales de la Junta de Castilla y León, las conclusiones dedicadas a los periodistas:

---

23. Asesoría Integral de Comunicación en temas de Discapacidad. El estudio puede solicitarse en: c/ Bordadores, 14, 1º, 37002-Salamanca. Tfno.: 923 28 11 48. Correo electrónico: comunica2@arrakis.es. Internet: www.comunica2.org.

«1. Ningún periodista informa exclusivamente sobre el tema de la discapacidad.

»2. El 71,4 por ciento considera que tratar estos temas tan específicos tiene un alto grado de complejidad.

»3. El 35,7 por ciento de los periodistas entrevistados reconoce que no siempre es fácil convencer a los jefes del interés de las noticias sobre discapacidad.

»4. El 75 por ciento de los profesionales no ha mantenido, ni en el trabajo ni el ámbito personal, relación alguna con personas que tengan algún tipo de discapacidad; situación que, en ocasiones, puede explicar la falta de sensibilización de los medios de comunicación hacia estos temas.

»5. La mayor parte de los comunicadores que informan [en la prensa de Castilla y León] sobre discapacidad son mujeres: un 71,4 por ciento. La edad de los entrevistadores está comprendida entre los 22 y los 42 años. La antigüedad en su puesto de trabajo va desde 1 a 17 años.

»6. El 78,6 por ciento considera que las informaciones sobre el ámbito de la discapacidad sí interesa a la opinión pública; y el 14 por ciento cree que son temas que principalmente siguen con interés las personas con algún tipo de discapacidad. El 7 por ciento cree que son temas que, por lo general, no interesan a la mayoría de los ciudadanos.

»7. Los que admiten ser especialistas en temas sociales dicen tener más dificultades (33,3 por ciento) que los no especialistas a la hora de convencer a sus superiores sobre el interés de esas noticias.

»8. Los periodistas que más dominan este ámbito informativo son los que observan un menor interés, por parte de los lectores del periódico, hacia el tema de la discapacidad.»

Es imposible tratar todos los temas que componen el complejo mundo de la discapacidad, pero creo que los aquí expuestos presentan una relevancia especial. Así es, al menos, en nuestro caso.

EPÍLOGO

Palabra de padre

Por José Luis, padre de Javier

Un libro que pretende relatar la experiencia vital de un niño con discapacidad y la de su familia no estaría completo sin la visión del padre. Éstas son mis palabras, escritas, como se verá, gracias a la perseverancia de mi esposa:

—¡¡Amparo!! ¿Quieres dejar ya de escribir y venir a cenar?

—¡¡Vaaa!!

(Media hora más tarde.)

—¡¡Amparo!! Esto se ha quedado helado y tus hijos ya han empezado, bueno casi han terminado.

—¡¡Voooy!!

(Diez minutos después.)

—Es que estaba inspirada y no podía parar. Por cierto, sólo me quedan ya dos capítulos, más el tuyo.

—¿El mío? Pero ¿lo decías en serio?

—A la editora le pareció muy buena idea —me dice Amparo, aunque pienso que la editora en cuestión no me conoce de nada— y yo quiero que escribas, que formes parte del libro.

—Pero si yo soy de ciencias. ¿De qué quieres que escriba? Además, ¿cuántas hojas tendría que llenar?

—Sólo cuatro.

—¡¡¿¿Qué??!! Tú estás loca. Además, ¿de qué tendría que escribir? Me encanta lo que llevas escrito y, en serio, no sabría qué poner y sólo lo fastidiaría.

—Sólo tienes que escribir acerca de tus sentimientos respecto a Javier.

Esta última frase fue la que me dejó mudo y, encima, Amparo tomó mi silencio como un «vale». No me estaba pidiendo que le hiciera una crónica del último partido del Madrid: me pedía que escribiera en su libro acerca de mis sentimientos. Efectivamente, había perdido la cabeza. Como a la mayoría de los hombres, me cuesta compartir mis sentimientos con la gente. Y encima ahora los tenía que reflejar en un libro, para que se enterase todo el mundo. ¡Demasiado! «Bueno, vamos a ver CSI», le dije. «Con suerte, mañana se le habrá olvidado», pensé para mis adentros.

A la mañana siguiente, sin duda debido a la conversación del día anterior, se me vino a la cabeza, como si lo hubiese tenido esa misma noche, un sueño que tuve hace no sé cuánto tiempo y que había olvidado por completo. De hecho, no creo habérselo contado a Amparo y pienso que puede ayudar a comprender cuáles son mis sentimientos acerca de Javier.

El sueño

Suena el despertador y, como todas las mañanas, intento escuchar algún ruido que me confirme si Javier está despierto y qué tipo de trastada estará haciendo. Sorprendentemente, no se oye nada, así que entro en el cuarto de baño esperando que aparezca de un momento a otro para empezar con el ritual mañanero de «venga, quítate el pañal y ponte las zapatillas que vamos a preparar el desayuno». Sin embargo, no se abre la puerta y, cuando salgo, la casa sigue en silencio.

¡Qué extraño! Estará cansado y aún seguirá dormido, aunque la última vez que esto pasó fue... No puedo recordarlo, así que me dirijo hacia su cuarto para comprobarlo. Efectivamente, allí está, dormido. Voy a la cocina y empiezo a preparar el desayuno. Seguro que no tarda ni veinte segundos en aparecer. Sin embargo, todo sigue igual: ni un solo ruido.

Cuando el desayuno está listo, me acerco para despertarle. «¡Javiii!», le llamo desde la puerta y me voy a despertar a Daniel (que es una tarea muy complicada). Después de despertar a su hermano, vuelvo a pasar por delante de la habitación de Javier y veo que sigue dormido, mirando hacia la pared. Me acerco y empiezo a acariciarle la espalda. «¡Javi, ya está el desayuno!»

Se empieza a estirar, dándose la vuelta muy lentamente, y es entonces cuando me llevo un susto terrible: la cara de Javier está como inflamada y también el resto del cuerpo. Le empiezo a tocar, buscando una picadura o algo parecido y, de repente, apartándome las manos, me dice con tranquilidad: «Papá, ¿qué haces, no ves que ya estoy despierto? No hace falta que sigas intentando levantarme, sólo quería estar tranquilamente en la cama hasta que Daniel estuviera también levantado». Sólo puedo contestar con un «¿qué?» y mirarle mientras se pone las zapatillas y se va él solo, muy despacio, al cuarto de baño y ¡sin llevar pañal!

Salgo corriendo detrás de él y al llegar al baño le pregunto:

—Javi, ¿qué te pasa?

—Nada, papá, ¿qué me va a pasar? ¿Me dejas ir a desayunar?

Y se va muy lentamente hacia la cocina. Yo sigo hablando:

—¡Daniel!, ¿has visto a tu hermano?

—Sí, ¿qué le pasa?

—¿Cómo que qué le pasa? ¿No le ves cómo está?

—Está como siempre, papá.

Y no puedo decir nada más. Después de pensar durante unos segundos, subo a mi habitación tratando de mantener la calma y le digo a Amparo:

—Necesito que bajes a ver a Javier y me digas si le encuentras algo raro.

Amparo me mira con cara de preocupación y baja a la cocina corriendo, a ver qué le pasa a Javi. Pienso que me he vuelto loco. El niño que se ha despertado hace un momento es mi hijo Javier, sin duda, pero no el Javier que yo conozco: estaba mucho más gordito, no se reía y hacía cosas que un día antes era incapaz de hacer. Y todo muy despacio, con calma. Espero intranquilo la reacción de Amparo, que me dice de repente:

—José, ¿qué quieres que le mire? Ha terminado de desayunar, se ha lavado los dientes y se está vistiendo, como hace siempre. ¡Qué susto me has dado! Venga, Javi, que está a punto de llegar la ruta —escucho que le dice.

¿La ruta? ¿Qué ruta? Si a Javier le llevo al colegio en coche porque su cole no tiene ruta por nuestra zona. Bajo corriendo para comprobar lo que está pasando y veo cómo Javier termina de ponerse su abrigo y coge su mochila, todo con mucha parsimonia. Parece moverse a cámara lenta.

—Adiós, papá —me dice con una cara muy triste mientras sale de casa muy, muy despacio para subirse al autobús que le viene a buscar.

—Amparo, ¿qué está pasando aquí?

—José, déjate de bromas y dime si vas tú o voy yo a llevar a Daniel.

Sólo puedo decir:

—Ve tú, por favor.

Cuando me quedo solo empiezo a buscar por toda la casa algo que me explique lo que está pasando. Todo sigue igual que el día anterior, excepto el dormitorio de Javi: todo está recogido, no hay ni calendario ni horario del colegio dibujado ni pictogramas, nada de lo que utilizamos diariamente con él. En su armario hay uniformes colgados, a pesar de que va siempre en chándal. No encuentro tampoco el cuaderno del colegio con las fotos de sus compañeros de clase. ¿Qué está pasando?

De pronto, caigo en la cuenta: todo ha sido un sueño, un mal sueño. Javier no tiene ningún tipo de discapacidad. Eso que tantas veces había deseado en mis sueños había sucedido de verdad. Empecé a gritar y llorar de alegría. Quería llamar a todo el mundo para contárselo pero, claro, ¿qué les iba a contar?

Al cabo de un rato, justo antes de volver Amparo de llevar a Daniel al colegio, empiezo a sentirme muy triste. ¿Dónde estaba mi Javi? ¿Significaba esto que ya no iba a escuchar nunca más sus risas ni sus gritos? ¿No iba a verle nunca más dando saltos, repartiendo besos a todo el mundo, cogiendo todo lo que pillaba en el supermercado, cantando todas sus canciones? Me doy cuenta de que el niño al que he despertado por la mañana es un total desconocido para mí. ¿Por qué hacía todo tan despacio? ¿Por qué hablaba de una manera tan cursi? Y, sobre todo, ¿por qué no se reía? Quiero que vuelva *mi* Javi. Estoy a punto de echarme a llorar cuando, a lo lejos, escucho una voz:

—Papi, papi, ¿vamos a desayunar?

Abrí lentamente los ojos y allí estaba Javier, el Javier real, con el culete al aire, su pañal lleno de pis en una mano y los pies helados por haber estado descalzo en el cuarto de baño. Suspiré abrazándole. ¡Qué pesadilla!

No recuerdo exactamente cuándo tuve este sueño, pero sin duda refleja uno de esos momentos especiales por los que pasa cualquier padre de un niño como Javier y que tiene que ir dejando atrás.

Los padres de niños así pasamos por muchos momentos de este tipo, y también nos hacemos muchas preguntas y atravesamos muchas etapas:

¿Qué le pasa a Javi? De repente, me di cuenta de que algo no iba bien. Luego, sólo pensaba en cómo no me había dado cuenta antes.

¿Por qué a nosotros? Estúpida y egoísta pregunta que siempre quedará sin respuesta. Es más, ya no la busco. Sólo sigo un poco cabreado con «el de arriba» por habernos hecho pasar por esto en un momento en el que Amparo estaba muy tocada.

Sólo es un mal sueño. Creo que esta idea ya ha quedado explicada en la narración de mi sueño.

¡Basta ya de médicos! Sin darnos cuenta, sometemos a nuestro hijo a una tortura cada vez que le llevamos a la consulta, todo por buscar una explicación médica que jamás encontraremos. ¿Y qué?

Negación de la realidad. Aunque sabía que algo fuera de lo normal estaba pasando en el desarrollo de Javier, era como si llevase una venda en los ojos, y me costaba admitirlo.

Dejaos ya de consejos. Pensaba que era una situación que podía solucionar sin ayuda. ¡Qué error!

Aceptación de ayuda. Cuando pasa la fase anterior, todo cambia. Doy gracias por haber encontrado a gente como las «Lauras», que nos ayudan y enseñan a relacionarnos mejor con nuestro hijo. También a mi hermana Carmen, por su apoyo para introducirnos en el mundo de la discapacidad.

Alejamiento de los amigos. Es difícil relacionarse con Javier, lo que produce cierto alejamiento por parte de los amigos. Sin embargo, ayudándoles a ellos, haciendo que entiendan las cosas, la relación se vuelve a retomar.

¿Qué esperas de tu hijo? Cuando Javier Tamarit me hizo esta pregunta, me quedé paralizado. Cuando profundizamos en la idea, me ayudó mucho saber que un profesional compartía la idea de que era mejor que Javier supiera atarse los zapatos, antes que colorear una ficha del cole. También comprendí que lo mejor para él era un colegio de educación especial.

Los maravillosos cursos para padres. Más que aprender, en estos cursos nos relacionamos con padres que tienen las mismas inquietudes que nosotros. Es increíble como, sin conocernos de nada, hablamos con ellos de cosas que no podemos compartir ni con nuestros mejores amigos.

Aparte de todos estos momentos (seguro que me dejo alguno en el tintero), sé que me esperan muchos otros, agradables o no, que seguirán siendo «especiales» y que sólo pueden darse cuando se tiene un hijo como el nuestro.

Además, hay otros dos aspectos muy especiales que, por la manera de ser de Javi, he aprendido a reconocer y apreciar mucho más:

¡Vaya otro hijo que tengo! Estoy orgulloso de mi hijo Daniel. Cuando era pequeño, no sabíamos cómo explicarle lo que le pasaba a su hermano. Luego temíamos por su relación con él según fuera creciendo. Sin embargo, él siempre ha tenido las cosas claras y es increíble e insuperable el comportamiento que muestra con respecto a su hermano. ¡Bravo, tío!

¡Cuánto admiro a mi mujer! Las situaciones por las que ha tenido que pasar Amparo durante todos estos años han sido más que suficientes para tirar la toalla y mandar todo a paseo. Sin embargo, a pesar de que sé que más de una vez ha pensado en ello, ha seguido adelante. Para mí es admirable la manera en que ha aceptado la discapacidad de Javier, sobre todo en un momento difícil como el que atravesaba.

He ido viendo con cuánta dedicación y cariño escribía este libro en el que ha querido que yo colaborase —espero no habérselo fastidiado— y me parece maravillosa la forma en que describe a Javier y todo lo que rodea a esta familia. Me he atrevido a escribir este capítulo sólo porque me lo ha pedido ella. Sabe que haré siempre cualquier cosa que me pida.

Te quiero.

Segunda parte

OTRAS VOCES

Capítulo I

Conocer a Javi.
Reflexiones de un especialista

Por Javier Tamarit*

Ha sido un placer y una satisfacción personal haber tenido la oportunidad de conocer profundamente a Javi a través de este maravilloso recorrido afectivo que ha trazado Amparo y con ella José Luis, Daniel y otras personas importantes en su vida.

Conocer a Javi es mucho más esencial e intensamente humano —como nos muestran las páginas anteriores— que conocer la discapacidad intelectual de Javi. Parece un mero juego de palabras, pero, en mi opinión, en este aparente galimatías reside gran parte del proceso de cambio que está ocurriendo en el ámbito de la discapacidad y que se teje también entre las líneas escritas en este libro.

* Javier Tamarit es responsable de Calidad FEAPS (Confederación Española de Organizaciones a favor de las Personas con Discapacidad Intelectual). Como miembro de diversas asociaciones científicas y profesionales, ha escrito numerosos artículos y dirigido investigaciones relacionadas con el tema de la discapacidad. También ha impartido formación a través de instituciones públicas y privadas, tanto en España como en otros países, sobre temas como Sistemas Alternativos de Comunicación, Autismo, Tratamiento de problemas graves de conducta, Discapacidad intelectual con necesidades de apoyo generalizado, Autodeterminación, Calidad de vida, Calidad en la gestión o Diagnóstico, entre otros.

Los profesionales, pienso que afortunadamente, hemos estado y estamos muy interesados en conocer a fondo la discapacidad intelectual para ayudar a niños como Javi o a otras personas ya adultas. Acudimos a cursos, a libros, a congresos; hemos investigado, reflexionado y discutido y debemos seguir haciéndolo. Hemos recorrido grandes distancias en la historia modificando sustancialmente nuestra mirada a la discapacidad intelectual. Debemos continuar.

Pero también, y bienvenido sea, hemos empezado a preguntarnos si nuestro conocimiento tan centrado en la discapacidad intelectual no eclipsa, al menos en parte, el conocimiento real de cada una de las personas con discapacidad intelectual a la que intentamos ofrecer nuestro apoyo. Porque conocer la discapacidad intelectual de Javi no es igual que conocer a Javi, quien, además de un encantador humor y una sonrisa que te moja el alma, tiene discapacidad intelectual.

Cuando un profesional se acerca sólo desde su conocimiento y olvida a la persona y a su familia, exhibe fácilmente comportamientos que pueden ser probablemente de excelencia científica, pero que también a veces son de indecencia humana, como queda de manifiesto en la historia personal de Javi.

¿Qué recursos nos pueden servir para sentirnos vitalmente junto a la persona, para que no se nos enturbie nuestra mirada ante su presencia por el foco cegador de lo que denominamos ciencia? ¿Cómo podemos hacer para no olvidar que cada ser humano es un ser desplegado a través de su interacción con sus semejantes, urdido de deseos, intereses, proyectos, expectativas, emoción, creencias, afectos, memorias... y no un ser incompleto por causa de la deficiencia que un gen, un virus, o un parto anómalo un día originaron?

Para lograrlo necesitamos otra mirada además de la científica, otras fuentes de indagación y conocimiento, otros escenarios para la reflexión. Pues bien, en mi opinión, éste es un libro que nos ofrece otra mirada y por eso es un libro importante para los profesionales en el ámbito de la discapacidad intelectual.

Los profesionales estamos generalmente acostumbrados a indagar en fuentes de investigación como camino para avanzar y mejorar nuestras prácticas y modelos. Pero el conocimiento tiene múltiples fuentes. El conocimiento científico es una de ellas y la investigación, una de las maneras de generarlo.

Otra fuente es la experiencia profesional. La práctica reflexionada y compartida que se ha construido en equipo (pero cuidado, existe una gran diferencia entre tener una experiencia de treinta años y tener un año de experiencia repetido treinta veces). Otra fuente de conocimiento es la propia vida, el conocimiento a través de la cotidianidad, surgido de la relación vital diaria, del interés real por el otro.

Hoy vamos entendiendo que el saber se suscita a través de la interacción compleja de múltiples fuentes de conocimiento y relación, como son la investigación —la ciencia—, la práctica —la experiencia— y la vida diaria teñida emocionalmente —la convivencia—. Por eso, para conocer a Javi es importante lo que nos dice la ciencia y la experiencia, pero también es esencial lo que se nos muestra desde la convivencia con quienes más le quieren.

Si los profesionales nos asomamos a la vida de Javi meramente a través del conocimiento de la ciencia y de la técnica, perdemos, y pierde Javi, oportunidades importantes de apoyo y comprensión para la planificación de una mejor calidad de vida. Por eso este libro es, además de un emotivo relato de experiencias vitales y descubrimientos, una fuente esencial de conocimiento profesional.

John Sumarah, profesor canadiense y doctor en psicología, planteaba hace ya quince años que el modo en que se establecen las relaciones entre las personas descansa en las concepciones y creencias que se tengan del otro. Utilizaba tres metáforas para analizar las relaciones que se establecen entre personas con discapacidad intelectual y los profesionales que les prestan apoyo. Y comentaba que según la concepción que éstos tengan de la persona con discapacidad intelectual así serán sus prácticas y modelos.

La metáfora orgánica, en cuyo origen Aristóteles —con su escala de valoración de los seres vivos— tiene mucho que ver, implica la concepción de que mientras un ser humano no adquiera el adecuado nivel de raciocinio permanece en un nivel inferior a lo humano —el nivel de animal no racional— y por tanto es minusvalorado por quienes sí alcanzan, aparentemente, ese nivel. Quien tiene anclada en su mente esta idea, algo muy comun en nuestra cultura (alimentada en gran medida por Aristóteles), emitirá comportamientos de permanente infantilización de las personas con discapacidad intelectual y utilizará expresiones de compasión mal entendida («pobrecitos», «qué lástima», «no puede»...).

La metáfora mecánica es la segunda. Es consecuencia del interés que desde los siglos XVI y XVII se desarrolló hacia los sistemas físicos y considera a la persona como una máquina (si está «estropeada» hay que arreglarla) y por consiguiente, la instrucción, los programas y las metodologías son más importantes que la relación, que incluso se considera perjudicial y «contaminante» para la tarea de «arreglar —curar— la máquina». La relación que se establece, por tanto, es más Yo-ello que Yo-Tú (en el sentido filosófico de Martin Buber). Desde este punto de vista, se ajustan a la «normalidad» comportamientos de las personas cuidadoras en los que se trata a las personas sin entrar en consideraciones con el contexto ni verse alterado ese comportamiento por la relación que se establece con ellas. Algún ejemplo de esta metáfora lo encontramos en tratar a la persona más como un número, un elemento del colectivo, en realizar prácticas sin ser considerada necesaria la validez social de las mismas. Se considera una práctica socialmente válida cuando afronta un problema socialmente significativo; cuando se lleva a cabo de un modo que es aceptable para los grupos principalmente implicados; y cuando produce resultados o efectos socialmente importantes (frente a resultados o efectos solamente importantes desde un plano científico). Esto supone en ocasiones que los resultados que padres como Amparo y José Luis valoran importantes y, por tanto, desean conseguir no son sentidos como tales por los profesionales (y al contrario); ajustar ambas expectativas sin perder la perspectiva del mejor interés en la vida de Javi y considerando por encima de todo su derecho como ser humano a una vida digna y valorada por el entorno, es algo clave.

Finalmente, la metáfora personal, coherente con corrientes filosóficas de nuestro tiempo, considera a toda persona, con independencia del grado de discapacidad intelectual que presente, como un ser humano en plenitud, no un ser inferior ni una máquina; por tanto, la importancia reside en percibir la capacidad de cada persona de actuar por sí misma y de establecer relaciones personales cercanas y cargadas de afecto y consideración, basadas en verdadera amistad y respeto mutuo. Dice así este autor al final de su estudio: «Mi experiencia personal en este campo en los últimos quince años me ha llevado a creer que las personas con retraso mental sufren, en mayor medida, no tanto a consecuencia de las deficiencias intelectuales, sino a consecuencia de las metáforas inapropiadas y dañinas que otros tienen sobre ellas. Las metáforas orgánica y mecánica han dominado el campo del retraso mental, determinando el tipo de relaciones impersonales que los profesionales generalmente tienen con los residentes. En los trabajos en servicios humanos en general, y en particular en el retraso mental, se requiere una nueva metáfora, una metáfora personal, que vea y comprenda a los residentes como personas con necesidades similares a las de todas las demás: necesidades de actuar por sí mismo y de establecer relaciones personales».

Hoy los profesionales vamos siendo conscientes de esto y no queremos despegarnos de lo que implica la metáfora personal. Desde este punto de vista, las cosas cambian sensiblemente. Cambian las preguntas que nos hacemos y cambia nuestro papel en la relación con las personas a las que ofrecemos apoyo.

En relación con el cambio de preguntas, desde la mirada personal la pregunta relevante para ayudar a Javi no es tanto ¿cuáles son los síntomas de Javi? O ¿cuáles son sus carencias en habilidades importantes para la vida?

Frente a estas preguntas deben emerger, para luego sí analizarlas, otras: ¿cuáles son los sueños de Javi?, ¿qué esperas, pensando en su mejor interés y poniéndote realmente en su piel y en su ser, para Javi en su vida?, ¿qué proyecto de vida personal nos dice día a día, de múltiples maneras, que desea?

Después sí, después analizaremos las preguntas primeras para indagar en los síntomas que deberíamos tratar, pues interfieren con ese proyecto perseguido en un sueño o qué habilidades deberíamos apoyar y enseñar, pues son fuerzas relevantes para acercarse a su logro.

Veamos todo esto con un ejemplo. La conversación entre las madres en las páginas posteriores señala la ausencia de amigos como una de las carencias más significativas y, por tanto viéndolo en positivo, como uno de sus deseos y necesidades más claros para una vida feliz. Es cierto, gran parte de las personas con discapacidad intelectual tienen a su alrededor familiares y tienen personas a las que pagan por estar con ellos, pero tienen en pocas ocasiones amistades, personas que sin ser familiares están con ellos por su propio deseo y voluntad. En este sentido, pensemos que un resultado personal valorado es lograr tener amigos. Un futuro deseado en que se visualiza a Javi con amigos.

Tras determinar el resultado que se quiere lograr, debemos determinar las estrategias a utilizar, los recursos necesarios, las habilidades que se requieren para conseguirlo y los problemas que se deben retirar. Por ejemplo, para alcanzarlo, Javi necesita mejorar sus habilidades de comunicación, comprender más las claves sutiles que regulan la interacción social, comprender y ajustarse a las claves culturales del contexto en el que vive, acomodar en lo posible su conducta a las exigencias del entorno. La escuela de Javi y los apoyos que recibe van en esta línea.

A su vez, el contexto cercano a Javi también necesita hacer algo para ayudarle en el logro deseado. Tienen que aprender a relacionarse con él (recordemos el cuaderno realizado para los amigos de la familia con ocasión de la excursión), tienen que aprender claves para comprender su comportamiento y expresarse de la mejor manera para lograr que entienda el nuestro (la escuela de familias de ALANDA es un excelente ejemplo) y tienen, ante todo y esencialmente, que considerarle persona en plenitud (y esto se plasma con una intensa emotividad y una profunda lucidez en la resolución del sincero sueño que, cargado de generosidad, nos regala José Luis).

En relación con nuestro papel también las cosas varían sustancialmente. Ya no vale un papel, meramente experto, conocedor de lo último en la investigación y la práctica. Claro que esto es esencial, pero no es suficiente. En una mera expresión de ideas, éstas son algunas de las características que en mi opinión debería tener un buen profesional:

- Flexible: cada persona con discapacidad intelectual, o sus familiares, requiere un acercamiento propio y, dentro de cada persona, cada momento de su vida y cada circunstancia en su contexto.
- Experto: debe estar al día en los descubrimientos que se hacen en el ámbito de la discapacidad intelectual y debe estar permanentemente abierto a la reflexión y al intercambio con sus colegas y con otras personas.
- Empático: debe impregnarse con los sentimientos de las personas a las que ofrece apoyo poniéndose en su lugar, escuchándoles de modo activo y abierto.
- Sincero: debe ofrecer su opinión y expresar sus dudas desde la incertidumbre lógica de un conocimiento que no se tiene en su totalidad.
- Humilde: el conocimiento científico y experto no tiene más valor que el generado por la convivencia; todos son necesarios.
- Creativo: faltan muchas cosas por hacer.
- Ético...

Y a buen seguro, otras muchas más. Pero quizá una especialmente importante: el reconocimiento permanente de que toda persona con discapacidad intelectual, con independencia de su nivel de necesidades de apoyo, es una persona en plenitud, con voz propia, hable o no hable, con derecho a la participación activa en la construcción de su propio futuro, con competencia para aportar riqueza humana a la sociedad a la que pertenece, con derecho a la plena ciudadanía, con derecho a una vida digna y feliz.

Javi necesita de estas miradas.

Él ya mira así.

Capítulo 2

Charla de madres

Muchos padres y madres han vivido situaciones similares a la nuestra. Aunque los sentimientos y experiencias tienen mucho en común, no sucede lo mismo con la forma de abordarlos. Este capítulo constituye un breve intento por reflejar testimonios diferentes al nuestro a través de las voces de Rita, Consuelo, Ángela y Esther, madres de Marta, David, Julio y Juanjo, respectivamente (los nombres no son los reales).

La charla se refleja tal y como sucedió durante el par largo de horas que nuestros hijos estaban montando a caballo. Es bastante frecuente que sus actividades de ocio se conviertan, para los padres, en una terapia de grupo. Durante los tiempos de espera compartimos experiencias, ponemos en común nuestras dudas, intercambiamos información y podemos solicitar u ofrecer consejo a los (normalmente, «las») demás.

Rita

Madre de Marta (15 años)

Diagnóstico médico: ninguno

Mi embarazo fue totalmente normal. Lo único a destacar fue que el parto sucedió pasado de fecha. Yo tenía que haber dado a luz un tiempo antes, pero el médico me dijo: «No te preocupes; ya lo iremos viendo». Hasta que un día llegué al hospital y me comentó: «Hasta aquí hemos llegado».

Así que fue un parto inducido, porque no tuve contracciones. Como no sabemos por qué la niña está así ni nada de nada, siempre decimos, y me comentan los demás, que es por culpa de haberla dejado tanto tiempo. Lo cierto es que la niña nació envejecida, con la piel llena de grietas, seca. Los médicos no me dijeron que eso pudiera suponer problema alguno. El ginecólogo que me atendió durante todo el embarazo y el parto no me dijo nada en este sentido. A mi marido no le dejaron entrar al parto. Cuando salí del quirófano, la niña fue directamente a la sala de recuperación y luego me la trajeron.

El tiempo de lactancia también fue normal. Cuando la llevaba a la pediatra y le decía: «Esta niña llora mucho» (era una cosa rarísima lo mucho que lloraba y lo poco que dormía, porque el tiempo que no estaba dormida, estaba llorando), me comentaba que todo era normal. En todos los informes de esos primeros meses aparece escrito: «Excelente evolución».

Me empecé a mosquear cuando vi que no hablaba absolutamente nada. Y yo ya conocía el tema porque había tenido otra hija nueve años antes [Rita aclara que su otra hija es totalmente «normal»). La primera palabra que dijo, a los dieciocho meses, fue «papá», y nos quedamos todos totalmente alucinados. En todos los demás aspectos, como el caminar, la evolución fue normal. Parecía, más bien, un tema de lenguaje.

Recuerdo que con mi hija mayor me regalaron uno de esos libros de Nestlé sobre el desarrollo, y apunté todos los datos correctamente. ¡En cambio, con Marta, que ha sido la que tiene problemas, no apunté nada!

Poco más tarde, me cambiaron de pediatra y le comenté lo mismo que a la anterior. Yo insistí: «Oye, mira, que mi hija no habla. ¿Tú crees que esto es normal?». Pareció tomárselo más en serio y nos enviaron al Clínico [en Madrid] para realizar a la niña un estudio neurológico completo.

¿El resultado? Nada. Después pasamos a un estudio de oído en el mismo hospital, porque cabía la posibilidad de que fuera un problema de audición. Nada tampoco: la niña tenía un oído finísimo, especialmente para la música. Luego fuimos al foniatra para ver si se trataba de un defecto en las cuerdas vocales. Resultado negativo. Por entonces Marta tenía ya alrededor de los dos años.

En un momento dado el neurólogo nos remitió al psiquiatra, que fue quien nos diagnosticó que Marta padece un retraso a nivel general porque no habla. Pasamos también por las típicas pruebas de emparejar figuras y similares, además de las genéticas. Fue un proceso muy lento, que no te permitía averiguar las cosas de la noche a la mañana.

Mientras tanto, Marta pasó primero por la guardería, por un colegio de integración después, por un centro privado de enseñanza individualizada más tarde [curiosamente, el mismo al que asistió Javier], para acabar en Estudio 3-AFANIAS a los trece años. En aquel centro privado nos dijeron que la niña «no terminaba de arrancar, de despegar». Nos explicaron que hay niños que tienen como un candado con cerradura que en un momento dado hace clac y los niños despiertan. Para Marta no acababa de llegar ese instante y el tiempo iba pasando.

En cuanto al proceso de asumir su discapacidad, he tenido tiempo más que suficiente para irlo asumiendo. Con el paso de los años te das cuenta de que la niña, efectivamente, no termina de despegar. Le hacen una prueba tras otra y te dicen que no saben. Siempre tienes la esperanza de que en algún momento los médicos descubrirán que tu hija tiene un mal específico que se puede curar. Sin embargo, terminas dándote cuenta de que no es así, de que los médicos están más perdidos que nosotros, que no tienen la más remota idea. Entonces terminas asumiendo que las cosas son así, que la niña tiene un retraso general debido a no se sabe qué. A esas alturas ya da igual que le pongan un nombre o que le pongan otro al problema.

A lo largo de estos años la mejor palabra para definir cómo me he sentido sería «impotente». No podía hacer nada para solucionar los problemas que se presentaban. He contado con el apoyo de la familia de mi marido, nada más. Porque, desde fuera, no he encontrado ninguno. Me habría gustado tener a alguien a quien contarle este tipo de cosas y que, de alguna forma, entendiera mi situación porque está pasando o ha pasado por lo mismo.

No he necesitado ayuda profesional porque me considero una persona bastante fuerte. Soy capaz de aceptar las cosas según me van viniendo. Quizá a mi marido le ha costado más, pero yo lo he llevado relativamente bien. ¿Quién lleva el peso de Marta? Pues su madre.

[En este punto Ángela interrumpe la conversación con una gran carcajada. Entre todas llegamos a la conclusión de que, en la mayoría de los casos —aunque no puedo decir que sea así en el mío—, el porcentaje de responsabilidad entre la madre y el padre se reparte en una proporción de 90/10, respectivamente.]

Es verdad —continúa Rita— que ahora mismo no estoy trabajando. Antes sí lo hacía, a jornada completa, y para mí resultaba mucho más conflictivo. Cuando Marta cumplió los siete años cogí un trabajo de fin de semana y, por ello, toda la responsabilidad ha recaído sobre mí.

Consuelo
Madre de David (17 años)
Diagnóstico médico: ninguno

Tengo que hacer un esfuerzo para rebobinar —se ríe—. Recuerdo un embarazo normal. Había cambiado de ginecólogo y creo que a mí también se me había pasado algo la fecha prevista del parto, pero no tengo muy grabado que eso fuera un hecho importante.

Di a luz en una clínica cuya maternidad estaba en obras, según me enteré más tarde. Me iban a poner la epidural, pero finalmente no lo hicieron. Como a Rita, también me indujeron el parto y el ginecólogo estuvo todo el tiempo conmigo, por lo que no tengo quejas de falta de asistencia, ni mucho menos. Me tuvo que romper la bolsa, porque recuerdo que estaba viendo una película a las once de la noche, como si tal cosa. Luego las contracciones fueron muy fuertes. El niño se presentó de cara y parece ser que ahí sí hubo un pequeño sufrimiento, una pequeña anoxia. No fue nada llamativo, pero le llevaron a una sala de reanimación. Mi pediatra fue a verle y opinó que aquello era un exceso de cuidado, porque el bebé se encontraba perfectamente.

Al día siguiente me lo trajeron y recuerdo que el niño vino muy, muy frío, congelado, a pesar de la ropa y la toquilla. Le empecé a dar el pecho, pero no había forma. La lactancia fue una lucha espantosa durante un tiempo: me cogía el pecho y se quedaba dormido en seguida. No sólo no cogía peso, sino que lo perdía. Recuerdo haberle llevado a un catedrático de pediatría —que me costó 25.000 pesetas de las de entonces— para que le hiciera unas pruebas. David reaccionó perfectamente. Lo único que me dijo el médico fue que tenía que darle el pecho sólo cuando lo pidiera. Le respondí que el niño no lo pedía nunca. «Pues entonces me llamas dentro de una semana para ver cuánto peso ha ganado.» Yo alquilaba la famosa báscula para pesarle y el niño no cogía ni un gramo. A la semana siguiente, cuando llamé al especialista, me dijo que «tenía que dejar el pecho inmediatamente y darle el biberón». Con ese cambio David pareció empezar a coger tono, pero mientras tanto observaba que el niño no fijaba nunca la mirada. Estaba como distante.

Después, con seis o siete meses, mi pediatra me dijo que el niño tenía un retraso madurativo. Un familiar le hizo entonces una ecografía y no encontraron nada de nada. Fuimos luego a un psicólogo para que valorara en qué escala de desarrollo se encontraba.

Estaba por debajo de los niveles considerados «normales» en algunas áreas.

Empezó a gatear casi al año y se sentaba solo. Alrededor de los doce meses comencé a llevarle a psicomotricidad, en un centro que tenía Iberia. Allí pasó una terapia de estimulación precoz hasta que la directora del centro me dijo que David presentaba rasgos autistas. La verdad es que yo le veía bastante «desenchufado».

Al mismo tiempo le estaba viendo un neurólogo, de cuya consulta salí bastante quemada por el protocolo del encefalograma, los tiempos de espera con padres desesperados y los otros niños llorando [era en la misma consulta que Javier]. En esos informes todo era normal. El niño no hacía más que gritar, porque ver una bata blanca era para él algo espantoso.

Estuvimos también en la consulta de otro neurólogo en Barcelona, haciéndole unas pruebas. Yo tenía que recoger la orina del niño durante veinticuatro horas, congelarla, llevarla a la Ciudad Condal, volver... Y todas esas cosas de las que ya he olvidado la mitad, incluida la resonancia magnética y otras pruebas. El tema del sufrimiento durante el parto y la falta de alimentación en los primeros días, que podrían ser la causa del problema, no se reflejaban en ninguna lesión.

Así que cambié de neurólogo. Él había descartado, mediante el cariotipo [que nosotros nos hicimos también, como ya indiqué], el síndrome de X Frágil. Estuvimos también en Estados Unidos. A raíz de aquel viaje comenzamos a medicarle —porque era un niño histérico— para relajarle un poco y lograr que fijara un poco más la atención. El diagnóstico que finalmente nos dieron en España fue de retraso mental.

Empezó a acudir a una guardería normal, con casi tres años, al tiempo que continuaba con la estimulación psicomotriz. Fue el neurólogo quien nos recomendó un colegio de educación especial. En ese momento recuerdo que me preocupó el tema de que lo fueran a encasillar con una etiqueta y también el hecho de que fuese a adquirir «obsesiones» de otros niños, porque él ya tenía algunas. Creo que acertamos plenamente con ese centro, porque siempre he visto a David evolucionando.

La primera vez que escuche la expresión «retraso madurativo» fue cuando tenía seis meses. Yo ya tenía un hijo mayor que levantó la cabeza en el hospital y era muy fuerte. David, sin embargo, era un fideo. Me llamaba la atención el hecho de que fuera un niño «demasiado fácil». Por ejemplo, le ponía en la cuna y no lloraba.

Había acudido a todos los sitios donde pensaba que tenía que ir, pero aquello no estaba claro. Sentía que había algo raro y por eso no dejábamos de visitar médicos. No sé si me conformaba, pero como las cosas iban mejorando poco a poco, me decía a mí misma: «Pues esto es lo que tengo y a ver cómo lo saco adelante». Recuerdo sentimientos de impotencia, pero no de frustración. Quizá los tuve en algún momento, pero ya lo he olvidado. No me he quedado en ningún momento con los brazos cruzados y lo he ido asimilando.

Me he manejado a mi manera en todo este asunto. Con los médicos me he peleado bastante y comprendo a la perfección las quejas sobre falta de información y de ayuda, porque he padecido lo mismo. Nunca me he quedado conforme con esta situación y he procurado buscar recursos.

He contado con el apoyo total de la familia, aunque en lo que se refiere a la responsabilidad sobre David, soy yo la que la he asumido completamente. Soy así: he tomado las riendas del tema. Recuerdo a algún familiar mirando a David como con pena, pero no yo. Para mí él es un niño más en mi casa. En ningún momento he querido sobreprotegerle.

En la relación con sus hermanos creo que el mayor es el que está más preocupado y mantiene con él una relación especial. Ha sido consciente todo el tiempo que hemos estado hablando del niño, en conversaciones que, a veces, no te das cuenta de que tus otros hijos están escuchando. Puede que incluso haya llegado a pensar que él mismo podía tener un problema como el de su hermano. En cambio, la pequeña, que también es consciente de lo que sucede, nació ya cuando David estaba ahí. Quizá por eso tiene con él una relación distinta.

Siempre he procurado que David no fuera un obstáculo para el movimiento de la casa.

ÁNGELA

Madre de Julio (15 años)

Diagnóstico médico 1: ninguno

Diagnóstico médico 2: autismo

Diagnóstico médico 3: no autismo

Diagnóstico médico 4: X Frágil

Mi caso es un poco distinto. Yo tengo un crío que nació tres semanas antes de lo previsto, con un desprendimiento parcial de placenta, pero el parto, con epidural, fue estupendo. El niño era un bendito. Yo ya tenía una hija dos años mayor que no había dejado de llorar porque no dormía. Simplemente, se aburría. Todo se le pasó a los cuatro años, cuando aprendió a leer casi sola. Así que tuve después a Julio, que, como digo, era un bendito. Sin embargo, antes de cumplir los tres meses tuvo una hernia de ombligo tan salvaje que le tuvimos que operar con anestesia general y toda la pesca. Además era zambo bilateral en las piernas, algo que por lo visto es corriente en el primogénito varón, lo que nos obligó a escayolarle desde los cuatro meses hasta que cumplió el año, más o menos. No se le podía bañar en la bañera, lo que impedía toda la estimulación del niño a la hora del baño (el contacto con el agua, secarle con la toalla...). Para secarle empleábamos un trapo porque no se le podían mojar los calcetines de escayola. Tenía también otro problema: lo vomitaba todo debido a lo que parecía ser una estenosis de píloro (que necesita operación), pero que al final se quedó en un reflujo gastroesofágico. Hasta los dos años le tuvimos que dar la comida cada dos horas, mañana, tarde y noche.

Y, cuando acababa de comer, vomitaba como un surtidor. ¡Vamos, una crianza agotadora!

Una de las primeras cosas que recuerdo era que yo le decía al pediatra: «Este niño es tonto; porque si comes y vomitas diez veces al día, lo normal es que no quisiera comer». Sin embargo, el médico me comentaba que era justamente lo contrario: su naturaleza le decía que, si iba a echar la mitad, tenía que comer el doble. No se le podía tener tumbado, ni siquiera para cambiarle los pañales. También le comentaba al pediatra que veía al niño muy torpe. Según él, era porque no tenía estímulos: le pasaban tantas cosas físicas que era imposible que los tuviera.

Tomó pecho porque, como había sido prematuro, me decían que así estaría protegido de infecciones. Sin embargo, fue llegar a casa y, a las tres semanas, tenía un catarro espantoso contagiado por su hermana en la guardería. Así que dejamos la lactancia muy poco tiempo después.

Todas las cosas raras que le veíamos las considerábamos fruto de sus problemas de salud. Era como un niño de propaganda de la Cruz Roja [Ángela tiene un sentido del humor envidiable]. Cuando le llevé a quitarle las escayolas, me llamó la atención que el niño no se diera la vuelta. Me fui a ver a una cuñada médica, la cual me comentó que lo mejor era esperar unos tres meses a ver si evolucionaba. Me decía: «Tú háblale mucho». ¡Fíjate a quién se lo iba a decir, como si yo no hablara nada!

En fin, creo que todas hemos pasado por eso de emparejar figuritas. ¡Es algo como para aburrir a un buey! Si nos hubiéramos conformado con el segundo diagnóstico de autismo, con lo que nos dijeron que iba a ser Julio, no sé qué habría pasado. Entre otras cosas, nos regañó una «eminencia» porque habíamos comenzado con unas clases de estimulación para que Julio hablara. Literalmente, nos dijo que íbamos «a machacar al niño: si va a hablar, hablará; y si no, no lo hará por mucha estimulación que tenga. Esperad a que tenga cinco años y así no le metéis presión». Tenía entonces alrededor de un año.

A partir de ese momento comenzamos a pelearnos con los profesionales, uno tras otro. Es cierto que Julio presentaba algunos rasgos autistas, pero con lo que no estábamos de acuerdo era con la idea de que, si realmente lo era, había que relajarse mucho y no hacer prácticamente nada. Nos decían que las cuatro horas semanales de estimulación podían reducirse a una. Ni mi marido ni yo opinábamos que aquello fuera una postura lógica. La última discusión seria la tuvimos cuando Julio iba a cumplir cinco años. Por aquel entonces vivíamos en el País Vasco y nos dijeron que debíamos escolarizar a nuestro hijo en un aula de integración con otros cuatro niños autistas. Yo pedí explicaciones, ya que Julio llevaba en ese momento tres cursos en otra aula de integración, con un auxiliar que se ocupaba de él. Estaba feliz y no entendía el motivo del cambio.

Llegaron a amenazarme: si yo quería meter al niño en el aula de integración de autismo que me proponían dos años después, «me iba a enterar». A nosotros nos parecía que estar en una clase con niños no verbales no iba a favorecer a nuestro hijo, ya que a los cinco años todavía experimentaba muchos problemas de expresión y lenguaje (los problemas de conducta se fueron atenuando a medida que adquiría habilidades expresivas). Decidimos no llevarle a esa aula, pero considero que las amenazas acerca de la imposibilidad de acceder a una plaza en un futuro resultan terribles para una madre.

Aquel año, en el aula de integración de la que nos negamos a marcharnos, fue magnífico: Julio se socializó y estableció relaciones. Todo muy dirigido, incluida la formación de la auxiliar que cuidaba de él, porque la mayoría tenía como titulación FP-I, rama Hogar [afirma con ironía], así que a ella la entrenábamos con nuestra propia psicóloga privada.

Entre nosotros y ella observábamos que Julio no seguía el camino de otros niños autistas, por lo que decidimos pedir al médico que revisara el diagnóstico. Aceptó y dijo: «Vale, pues no es autista». Yo me puse chula y le espeté: «Vale, pues como tengo en casa un informe que dice que es autista porque no se relaciona y no socializa, quiero que ahora me escriba en un papel por qué no lo es». Como el autismo no se cura, era evidente que el primer diagnóstico había sido un error. Conseguí que lo reconociera.

Claro que esto es sólo un resumen. He padecido la misma odisea que Rita y Consuelo. Nosotros atravesamos también una serie de circunstancias personales y familiares extrañas. Al igual que Consuelo llevó a su hijo a Estados Unidos porque tenía allí un contacto, nosotros también pensamos en hacerlo, ya que tenemos mucha familia en ese país. Nos lo pensamos mucho. Teníamos que trasladarnos a Filadelfia, separarnos de nuestra otra hija...Decidimos no ir, pero siempre se te queda la duda de si fue la decisión más correcta.

Parte de la familia, muchos de ellos médicos, nos convenció también de que aquel viaje no era necesario porque el País Vasco se encuentra, en materia de tratamiento de la discapacidad, a años luz de otros lugares. No sólo hablamos de otras comunidades autónomas, sino de Francia, por ejemplo, donde tener a uno de nuestros niños es para echarse a llorar, porque se encuentran mucho más atrasados que nosotros en temas como el autismo o los trastornos generalizados del desarrollo.

Finalmente, y tras varias pruebas negativas, nos enteramos de que Julio era «X Frágil» cuando ya había cumplido los diez años. La última prueba diagnóstica consistió en una técnica de biología molecular y resultó positiva. Este síndrome consiste en la falta de una proteína, lo cual produce el retraso mental.

Esther
Madre de Juanjo (15 años)
Diagnóstico médico: epilepsia

El problema de mi hijo empezó cuando tenía un año: de repente se quedó casi como si estuviera muerto. Le llevamos a Urgencias y allí mismo tuvo un ataque de epilepsia con convulsiones. Hasta entonces había sido un niño muy sano, sin problemas. Yo achaqué la causa a un golpe muy fuerte que se dio en la cabeza poco antes del ataque. A partir de ese momento empezamos a tratarle para la epilepsia. Cada vez que tenía fiebre, sufría convulsiones. Además, su forma de actuar era un poco especial, ya que presentaba hiperactividad.

Cuando le llevé a la guardería, a partir de los tres años, me dijeron que no se estaba adaptando, que tenía problemas de lenguaje... Yo se lo comenté al neurólogo, quien me decía que era debido a la medicación —le tenía sedado— y que se le iría pasando poco a poco. Por entonces empecé también a darme cuenta de que no hablaba, de que se comunicaba por signos y se comportaba de repente de una forma alterada, como intentándome explicar ciertas cosas de manera un poco histérica. No habló hasta los seis años.

Le he llevado a tres o cuatro colegios. Cuando empezaba a ver que los resultados no me gustaban, le cambiaba. También pasé por el mismo colegio que Javier y Marta. Estuvo allí cuatro cursos hasta que, en el último, me dijeron que ya no podían hacer nada. Me sentí engañada y creo que fue, con claridad, un tema de dinero. Me pareció una vergüenza. Tenía otro hijo allí, que es muy nervioso, pero éste, en cambio, me decían que sí se podía quedar. Me los llevé a los dos.

Por mi experiencia estoy muy quemada en el tema de los colegios. Hubo un momento en que no sabía qué hacer con mi hijo ni dónde escolarizarle. Juanjo pasó aún por otro centro más antes de acabar en el que está ahora, cuyo director me dijo: «Tenga lo que tenga, yo te lo acepto».

Mi hijo presenta un retraso, aunque no se sabe muy bien por qué. Algunos profesionales me han dicho que podría deberse al parto, pero éste fue maravilloso. Era mi tercer hijo (y tuve otro después de Juanjo) y estuve consciente en todo momento. Lo único destacable fue ese golpe tremendo que recibió en la cabeza antes de sufrir el primer ataque de epilepsia. Para mí fue un choque tremendo. Hasta los seis años tenía ataques siempre que estaba con fiebre. Desde entonces sólo ha padecido dos, siempre por medicación insuficiente. Hay que hacerle análisis cada tres meses para controlarle los niveles.

He asumido ya el hecho de que Juanjo tiene una discapacidad intelectual. Sé que es así y lo he aceptado. Del futuro me preocupa mucho que sea capaz de ser autónomo y que encuentre una actividad que pueda desarrollar. Con su hermano pequeño he tenido algunos problemas, porque le ha afectado el hecho de que Juanjo sea como es. En cambio, los mayores lo han asumido perfectamente.

Conversación entre madres

Al hablar de los hermanos la charla que mantenemos, mientras esperamos a que acabe la clase de equitación, se va animando:

—Consuelo: Yo recuerdo que el mayor, en algunos cumpleaños, me decía que tuviera cuidado con David porque iban a estar sus amigos. Procuraba explicarle que su hermano no podía controlar sus reacciones y que debía aceptarlo como era.

—Ángela: A mí no me ha sucedido eso porque su hermana mayor le lleva a Julio justo dos años. Todo lo contrario: ella tiende a responsabilizarse de él. Se ha pegado en el parque con todos los niños que, según ella, se reían de su hermano. Otra de las decisiones que tomé fue no llevarles al mismo colegio, porque quiero que la niña disfrute de su vida. Se llevan muy poco y, cuando nosotros no estemos, ya tendrá tiempo de ocuparse de su hermano.

—Rita: En cambio, mi hija mayor no ha salido nunca con Marta. Cuando nació tuve muy claro que no quería que la mayor se convirtiese en su cuidadora, pero no porque su hermana tuviese una deficiencia. Siempre he sabido discernir: una cosa son los padres y otra los hermanos, aunque no haya discapacidades de por medio. Probablemente sea porque yo tuve cinco padres, que eran mis cinco hermanos mayores [el padre de Rita falleció cuando ella tenía dos años]. Ahora, sin embargo, pienso que esta actitud puede haber sido un error en cierto modo. Tanto he luchado por que fuera así que jamás han salido a ningún sitio juntas. Podría llevarle al cine o a ver las luces de Navidad, pero no lo ha hecho, quizá porque yo insistí demasiado en mi postura de que no quería que sufriese lo que yo he sufrido con mis hermanos. También los problemas de lenguaje de Marta le han distanciado mucho de su hermana.

—ESTHER: Yo veo que a mi hijo pequeño, el que va después de Juanjo, a veces le «sobra» su hermano. En esos momentos yo le digo: «Lo siento, pero tu hermano es tu hermano y te tienes que acordar de él».

—RITA: En ocasiones nosotros tenemos problemas con el resto de la familia porque tienden a sobreproteger a Marta. Mientras te pasas toda la semana trabajando para que haga las cosas de forma autónoma, los demás llegan y te miran como diciéndote: «Mira, pobrecita, que le estás forzando a que hagas cosas que no te puede dar», cuando yo considero que puede dar más de lo que realmente da. Es un auténtico problema, una batalla, porque el resto de la familia no lo ve de esa manera.

—ÁNGELA: En nuestra familia son Julio y mi padre los que tienen una relación muy especial desde que nació. Mi marido y yo nos hemos marchado de viaje cuatro días, dejando a los niños en casa de mis padres con toda la tranquilidad del mundo. Ellos ejercen autoridad, no tienen ningún problema en hacerlo. Y cuando estábamos en la fase de las estimulaciones, sabían perfectamente cómo hacerlas. En ellos he tenido y tengo una ayuda tremenda. Por ejemplo, cuando se quedaban con mi hija y con otros sobrinos, podían salir contratando a una canguro. Pero si estaba Julio, no se movían de casa, aunque yo insistía en que no había ningún problema. Lo más difícil viene ahora, cuando se están haciendo mayores y nos estamos planteando el «recambio» en casa de mi hermana. Toca ahora el turno de «esos momentos difíciles».

—Esther: Hasta los seis años de Juanjo lo he llorado todo. A partir de entonces, tengo mis momentos, pero cada vez son menos frecuentes. Los he compartido siempre con mi marido.

—Ángela: Yo también he llorado mucho con mi marido. Buenos, los dos, cogidos del brazo y venga a mojarnos, porque en el País Vasco siempre que sales a la calle está lloviendo. También he servido de hombro para que otras madres lloraran sobre él. Por ejemplo, el otro día, para una madre que acababa de llegar a nuestra asociación. Tenía muy reciente el diagnóstico de su segundo hijo, que es apenas un bebé. ¡Qué menos que servir de pañuelo para otros que están viviendo lo que tú ya has pasado! He llorado con toda mi familia: mi hermana, mi padre, mi marido, mi madre... También con amigas y amigos, pero no lo entienden igual. No pueden compartir contigo esa experiencia que tú les estás contando.

—Rita: Pues yo no he llorado nunca por el tema de mi hija, de verdad. Lo que más rabia e impotencia me ha causado es el sufrimiento de no tener amigas con las que pueda relacionarse. Llegan las vacaciones o un fin de semana y, mientras mi hija mayor se va con sus amigas, la pequeña se queda siempre sola. Siempre está con la familia. Ella no tiene una relación de amistad con alguien a quien contarle su vida, sus problemas, sus inquietudes. Aunque ahora está en un programa de ocio, pero una vez a la semana no es suficiente.

—Esther: A lo mejor lo que tienes que tener en cuenta es que ellos no saben cómo mantener una relación de amistad.

—Rita: ¡Claro! Es precisamente eso lo que me da muchísima pena, lo que más me duele. Sin embargo, no he llegado a llorar nunca.

—Ángela: ¿Y por qué no lloras? Incluso ahora mismo, aquí, ya.

—Rita: Es duro, porque se queda descolgada durante el fin de semana. Y yo con ella. Porque tú ya no puedes ir ni siquiera con tus amigas y sus hijos al cine. Esta soledad es la que me genera más impotencia, no la lucha con los médicos.

—CONSUELO: Eso también lo he vivido. Porque el mayor, por ejemplo, está con sus amigos, la niña con sus amigas... y David también se queda descolgado. He peleado mucho con este tema. También está en un servicio de ocio y se sigue viendo con sus amigos del antiguo colegio. Tienes que hacer un esfuerzo tremendo, porque todo depende de ti. No es algo espontáneo, sino que hay que trabajarlo muchísimo.

—ÁNGELA: Para nosotros también se convirtió en obsesión buscar una pandilla a toda costa. Porque en un momento dado te das cuenta de que los otros niños con los que ha jugado de pequeño ahora tienen novia. Es un momento duro. De ahí actividades como esta de montar a caballo, o el servicio de ocio. Son sitios donde se pueden relacionar.

Inevitablemente, surge el tema de lo que cuestan, económicamente, todas estas actividades.

—ÁNGELA: Todo es a golpe de talonario. Por ejemplo, en el País Vasco, cuando Julio empezó a montar a caballo, no había monitores especializados, y tampoco podía seguir una clase con cinco niños más, así que tuvimos que contratar a un profesor particular exclusivamente para él. También creo que hay una serie de aprendizajes, como montar a caballo, que tienen que empezar de forma individual antes de convertirse en una actividad de grupo.

—RITA: Mi experiencia también coincide en el hecho de que no he encontrado actividades gratuitas. Donde yo vivo hay cinco polideportivos. Hace un par de años quise que la niña fuese a natación. Como todos los demás niños, entró en lista de espera. Ella no tiene ninguna deficiencia física y puede nadar perfectamente: lo único que sucede es que hay que estar un poco más pendiente de ella porque a lo mejor no comprende algo en un momento determinado. ¿Sabéis lo que me dijeron? Pues que si la niña no podía estar en un grupo normalizado, igual tampoco era capaz de nadar. Discutí con ellos para explicarles que se trataba de una actividad que podía practicar y que lo único que tenían que hacer era estar un poco más pendientes. Me dijeron que mi hija no podía tener un profesor exclusivo para ella.

—Consuelo: A mí me ocurrió algo parecido. Yo le metí en los *scouts* que pertenecían a la parroquia cercana de casa. Eso sí, no había que pagar prácticamente nada, pero me dijeron que no podían con el niño. La monitora llegó a preguntarme si era un síndrome de Down. ¡Fíjate tú lo bien informados que estaban! Ahora lleva ya muchos años en natación y practica también el kárate. He tenido la suerte de coincidir con gente que ha sido receptiva y que se ha atrevido a probar, a experimentar, a tener una mente abierta pese a no ser monitores especializados.

Sobre el futuro

—Ángela: La sociedad no está en absoluto adaptada a las personas con discapacidad intelectual. Para cuando lo esté, nuestros niños serán ya muy mayores. Esto no es una cuestión de cinco años ni de diez. Es cierto que se avanza mucho, pero en ese sentido nuestros hijos han nacido demasiado pronto. Queda mucho por hacer, por ejemplo en el tema de la inserción laboral. Sin embargo, lo que realmente importa es el plano personal. Me ha conmovido mucho lo que comentaba antes Rita sobre la tristeza que le produce que su hija no tenga una amiga, como la hemos tenido todas de pequeñas. Yo creo que son ese tipo de cosas las que realmente nos duelen.

—Consuelo: Pero ¿no creéis que vuestros hijos son felices? Yo considero que David es feliz. Quizá, en su mentalidad, su concepto de felicidad sea distinto al nuestro. Yo me conformo con eso, con que se sienta feliz.

Todas las madres reconocen que nadie les dijo que había un problema serio, salvo Ángela, a quien confirmaron que el retraso mental de Julio suponía la imposibilidad de llevar una vida adulta autónoma. Es algo que le habría gustado escuchar «de otra manera». Todas están de acuerdo en que si tuvieran una escuela de padres similar a esa a la que José y yo asistimos, no dudarían en apuntarse.

El tiempo ha volado. Podríamos seguir durante horas con la conversación, pero los niños han terminado ya y nos despedimos hasta la semana siguiente. Ha anochecido y aún hay que llegar a casa, preparar baños y cenas, acostar a los hijos y disfrutar de una buena película o un buen libro.

Mañana será otro día.

Capítulo 3

Otros testimonios de la escuela de padres

La escuela de padres marca un punto de inflexión en nuestro viaje con Javier. Hay un antes y un después en nuestras relaciones con él, a partir del momento en que comenzamos a aplicar las técnicas de comunicación que aprendíamos en este original cole. No es sólo nuestro punto de vista. Para confirmarlo, lo que sigue son los tesimonios que otros padres y madres leyeron durante la clausura del primer curso.

M., UNA MADRE

«Para empezar, recordar el diagnóstico del psiquiatra y aquel fatídico día. Quién me iba a decir a mí entonces que volvería a ver a mi hijo tan despierto y feliz como lo veo hoy. Sobre todo feliz, que para mí es lo más importante, ya que no hay trago peor para una madre que ver llorar a su hijo y no poder hacer nada para impedirlo, sin ni siquiera saber lo que le pasa. O al llegar la madrugada, buscarlo por cualquier rincón de la casa donde se hubiese podido dormir. Y también ese sentimiento de culpa que no se puede evitar. Aun sabiendo que no has hecho nada malo, siguen apareciendo pensamientos como: ¿le perjudicaría aquel medicamento que le di en aquellas ocasiones? ¿Por qué le tendría metido en el parque? Y, sobre todo, todas aquellas veces que le he regañado e incluso zarandeado por algo que para él podía ser un juego. O no pensar en lo que él podía sentir cuando, por más que quisiera entender, no lo consiguiera. Y lo solo que se ha tenido que sentir mientras yo pensaba únicamente en cómo conseguir que no hiciera esas cosas para mí tan raras y para él tan atractivas. O ese sin sentido ante el peligro que nos ha puesto el corazón en un puño en muchas ocasiones.

»En fin, un calvario que podréis entender todos muy bien y que, gracias a Dios y a personas que dedican su trabajo a ayudar a niños con verdaderos problemas y a padres que necesitan, en la mayoría de los casos, más ayuda que los propios niños, consiguen tener el pilar de la familia en pie y recuperar a esos pequeños genios que, de no ser así, no habrían llegado a donde están hoy.

»Y puestos a dar gracias, también me las doy a mí misma y a mi marido, y me siento orgullosa de haber luchado tanto contra algo tan aparentemente implacable y haber salido tan victoriosa. Ahora me doy cuenta de que no hay nada imposible o por lo menos tan difícil de bloquear.

»Tengo la conciencia muy tranquila y, ahora que ya ha pasado lo peor, me alegro muchísimo de haber tenido un hijo como A., ya que la riqueza como persona que me ha dado él y todas estas vivencias no las habría tenido nunca.

»En relación a todo esto, para mí ha sido una experiencia del todo positiva la del programa Hanen. Me ha ayudado a conocer a más gente en parecidas situaciones, aprender de un tema que para mí es prioritario y, sobre todo, poder hablar de mi hijo o de otros niños con problemas similares, y me gustaría que no acabasen estas reuniones tan amenas e importantes para mí.»

A., UN PADRE

«Estábamos deseando que alguien nos pudiera decir qué es lo que le pasaba a nuestro hijo. Cuando por fin alguien nos puso en el camino de lo que le sucedía a A. dimos gracias a Dios, pero el mundo se nos vino también encima: nos sentíamos perdidos. ¿Qué es eso que le pasa a A.? ¿Por qué nosotros? ¿Cómo podremos ayudarle? ¿Tiene cura?

¿Quién ha tenido la culpa? Infinitas preguntas sin respuesta. En seguida nos pusieron en manos de una asociación, ALANDA, con Laura y María José, y poco a poco nuestras preguntas obtenían respuestas y ahora nos damos cuenta desde la felicidad de nuestro hijo de que todo era muy parecido a un mal sueño viendo los progresos de A.

»Quisiera dar las gracias también al programa Hanen, que nos ayudó en un momento en el que ya parecía que no avanzábamos, y a descubrir que no sólo mi hijo tenía ese problema, sino que había más niños afectados, de los cuales el rasgo principal es que todos son guapísimos. Ése fue mi primer pensamiento. De todo esto saco las siguientes conclusiones:

»1. Cuanto antes te ayuden con el niño, antes podrás recuperarlo.

»2. Todo lo que no le puedas enseñar ahora ya nunca lo podrá aprender.

»3. Alguien nos ha puesto estos niños a nosotros por algo positivo, no es casualidad, estamos para sacarlos adelante.

»Mi agradecimiento de todo corazón a María José y a la asociación a la que representa, a la Obra Social de la Caja de Madrid, a vosotros por saber que estáis ahí con un problema, entre comillas, parecido al mío, y en especial a mi mujer, porque juntos hacemos un gran equipo.»

A. UN PADRE

He realizado un cuadro del antes y el después de este curso que me gustaría mostraros:

ANTES	DESPUÉS
Déjalo para más tarde...	Muéstrate cercano
Huye de los problemas...	Interésate por sus intereses
Espera un poco más...	Repite lo que hace
Reposa mientras puedas...	Atribuye intención
Miéntete a menudo...	
Elude tu responsabilidad...	

»La verdad es que nadie nace sabiendo educar. Por ello las escuelas de padres deberían ser recomendadas para todo aprendiz de padre que se precie. Si esto es así en general para la educación de cualquier niño/a, cuando llega a una familia un niño afectado por un trastorno del espectro autista o TGD, una escuela para que los padres puedan orientarse y orientar la educación de sus hijos se convierte en asignatura imprescindible.

»Es por ello que es tarea fácil sacar una primera conclusión sobre esta primera escuela de padres organizada por la asociación ALANDA: era necesaria. Una vez dicho esto, la segunda conclusión, tras haber asistido estos meses a las diversas sesiones celebradas, es que, como diría Neruda, "nosotros, los de antes, ya no somos los mismos". Algo ha cambiado radicalmente nuestra forma de enfocar y afrontar el reto que la educación de nuestros hijos nos plantea.

»De esta experiencia tan enriquecedora destacaría los siguientes puntos:

»1. Su enfoque eminentemente práctico.

»2. La gran calidad humana y profesional de los profesores de ALANDA.

»3. La exigencia de implicación personal de los padres.

»4. La ocasión que nos ha brindado para conocer a otros padres y compartir experiencias comunes.

»5. Conocer a otros niños y poder situar de forma más realista a nuestros propios hijos.

»6. Conocer y comprender mejor la labor de los profesionales de ALANDA, y poder aplicarlo y prolongarlo a la vida diaria de nuestros hijos.

»De lo anterior se deduce que sólo podemos aplaudir esta iniciativa y decirles a los profesionales de ALANDA: "Gracias".»

M. Á., UNA MADRE

«Lo primero que quiero decir es que ha sido muy positivo. Al principio, el darnos cuenta de que nuestro hijo no es el único con este problema. Y eso alivia. El hablar con otros padres, cambiar experiencias, que si esto con el mío funciona; que si ¡ah!, pues voy a ver si con el mío... Y después, con los días, las "técnicas mágicas". Al menos en mi caso, muchas de ellas lo eran. Ya sabía qué debía y qué no debía hacer. Y empecé a saber cómo podía ayudarle. Y funcionaba. Pero lo mejor era que empezaba a haber comunicación, que veíamos que le íbamos ayudando.

»Nos surgían preguntas, dudas, y en la siguiente reunión nos aclaraban la situación. Y con las dudas de los demás también hemos aprendido, porque antes o después nos veíamos en las mismas y oíamos lo que se debía hacer o lo que era mejor. En cuanto llegábamos a casa y le veíamos, nos mirábamos con complicidad, porque habíamos aprendido algo más para controlar un poco la situación. Nos ha dado tranquilidad y, por lo tanto, facilidad para hacer las cosas bien.

»Por lo tanto, sí siento que nos ha sido útil, y agradezco haber tenido la oportunidad; porque ha sido para descubrir cómo actuar con nuestro hijo, no sólo dejar que los profesionales de esta asociación trabajen con él, sino tener nosotros la capacidad, aunque sólo sea un poquito, de poder también ayudar y ver que se avanza. Esto es: saber cómo podemos avanzar con él.

»A grandes rasgos, esto ha sido lo que me ha aportado este curso. Y por las cosas que se comentaban en el grupo, creo que ha sido una sensación generalizada. Decía "técnicas mágicas" porque en nuestro desconocimiento del tema poco podemos hacer para ayudarles y verles tirar para adelante. Con los consejos, con las indicaciones, hemos aprendido y lo hemos puesto en práctica. Y se ha notado. En primera persona diré que lo hemos notado.»

C., UNA MADRE

«Ser padres es difícil. Nuestros hijos no traen un manual de instrucciones para que podamos hacerlo todo bien, pero lo que yo nunca me habría imaginado es lo realmente difícil que es ser padres de un niño con autismo.

»El que haya cursos de formación para padres, como éste que hemos compartido, creo que es importantísimo y muy necesario. A nivel personal ha sido muy positivo. Son tantas las dudas, las preguntas y los momentos en que necesitas que te digan o te orienten cómo tienes que hacerlo que todo lo que aprendes te parece poco. Cada día se crean situaciones diferentes y hay que estar muy preparados, pues ¿quién más que una madre necesita el poder comunicarse y compartir con un hijo?

»Cada avance, cada dificultad que vamos superando —y en muchas ocasiones nos parecen insuperables— nos ayudan y nos animan para seguir adelante, pues realmente hay muchas pequeñas cosas que ni siquiera se valoran hasta que tienes un hijo con una discapacidad.

»Por eso agradezco que haya personas con tanta entrega y dedicación como las que trabajan en ALANDA y les animo para que sigan compartiendo con nosotros (los padres) todo lo que saben y nos sigan enseñando y ayudando.»

J., UNA MADRE

«Quiero dar las gracias a las personas que han hecho posible que participemos en esta escuela de padres y dedicar los sábados a aprender, compartir y mejorar técnicas de comunicación que son imprescindibles para ayudar y comprender a nuestros hijos.

»Cuando me enteré de que mi hijo tenía un trastorno autista, lo primero que hice fue buscar ayuda, y lo segundo leer todo lo posible sobre terapias y técnicas de comunicación. Pero como la información es tan extensa y los métodos de trabajo son muchos, es difícil llevarlos a la práctica de un día para otro. Se necesita tiempo para aprenderlos e incorporarlos a nuestra rutina.

»Creo que el éxito de este programa consiste en presentar y enseñar unos métodos de comunicación de manera organizada y pausada, compartiendo experiencias con otros padres en la misma situación. Y al final se consigue que incorpores esas técnicas de una vez por todas.

»Cada sábado que he acudido a estas clases he vuelto a casa con nuevas ilusiones y deseando probar con mi hijo lo que me han enseñado.»

I., UNA MADRE

«Todos los aquí presentes tenemos al menos una cosa en común: un hijo con un trastorno madurativo, aunque esté etiquetado oficialmente de diferentes formas, lo que a todos en algún momento nos ha angustiado y por lo que todos estamos preocupados.

»Aunque ya hayamos aceptado tal realidad, de mejor o peor forma, y hayamos decidido actuar en la manera más conveniente en estos casos, creo que todos nos hemos preguntado alguna vez: "El trastorno de mi hijo, ¿puede desaparecer con la edad o curarse?", esperando y deseando que la respuesta fuera afirmativa. Sin embargo, la respuesta positiva que esperamos ansiosos a esta pregunta que nos hacemos todos, hoy por hoy nadie se atreve a dárnosla, por lo que tenemos que aceptar que nos queda un camino largo por delante y mentalizarnos para afrontarlo.

»Pero aunque ésta sea la realidad actual en relación a la curación de los trastornos que sufren nuestros niños, lo que sí se ha constatado es que —aunque las estadísticas actuales muestran que a la mayoría de las personas no se les va el trastorno con la edad— sí aprenden a adaptarse y a vivir vidas plenas; no por curarse, sino por desarrollar sus propias fortalezas y potencialidades.

»No olvidemos que todas las personas con trastornos madurativos tienen talentos y habilidades naturales con los que pueden contar para crear buenas vidas y carreras profesionales para sí mismos. Me viene a la memoria una frase muy bonita que leí en alguna parte y que me impactó mucho, en relación a niños como los nuestros: "Son las islas de excelencia en un mar de deficiencias". Yo he podido comprobarlo con J. y estoy segura de que muchos de vosotros también con vuestros hijos, que nunca dejarán de sorprendernos.

»Con combinaciones efectivas de medicación, nuevas destrezas y apoyo emocional, las personas con trastornos madurativos:

1. Pueden desarrollar maneras de controlar su atención y minimizar sus comportamientos inadaptados y aprender a estructurarse eficazmente.
2. Pueden lograr metas personales al estructurar sus tareas y controlar su medio ambiente.
3. Pueden aprender a encauzar su exceso de energía en deportes y otras actividades de alta energía.
4. Y pueden identificar opciones profesionales que aumenten sus fortalezas y habilidades.

»Es decir, *cuando crecen con la ayuda apropiada por parte de padres, educadores y consejeros, los niños con trastornos madurativos se vuelven más capaces* de suprimir su hiperactividad e impulsividad y encauzarla en comportamientos más aceptables a nivel social, tales como ejercicio físico o aceptar momentos de inquietud.

»En este sentido, y para poder contribuir adecuadamente en el proceso evolutivo de nuestros hijos, *la información, formación y educación acerca de los trastornos que sufren y de las técnicas disponibles para su tratamiento son importantes para la familia.* Las familias podemos aprender maneras específicas de manejar los conflictos que nos surgen día a día y podemos alentar y dirigir a nuestros hijos a desarrollar sus talentos en una línea eficaz.

»Los artículos, los libros y vídeos pueden ser una buena fuente de información, pero también es importante buscar la ayuda de un terapeuta de familia que esté capacitado en el campo y contactar y formar grupos con otras familias con problemas similares para compartir experiencias e información, pues *de la unión nace la fuerza y el ánimo para seguir adelante con nuestra larga tarea.*

»Así pues, yo he visto muy interesante este curso, ya que, aunque llevo tiempo autoformándome y hace tiempo que contacté con Laura —y con Elena, que de forma directa lleva a J.—, a la cual considero una excelente terapeuta y consejera familiar, me faltaba incluirme en un grupo de familias con intereses comunes o, mejor dicho, contactar y conocer al grupo al que pertenecía, pero de forma impersonal, a través de la asociación ALANDA.

»Aunque los contenidos teóricos del curso son temas que ya conocíamos a nivel familiar, es cosa distinta que los apliquemos correctamente. Nos ha venido bien recordarlos y ver que no somos los únicos con problemas de aplicación práctica y, de esta manera, conseguir la fortaleza necesaria para poco a poco *dejar de ser padres preocupados por...* y pasar a ser *padres ocupados en...*»

No creo que haya mucho más que añadir a estos textos, que expresan por sí mismos sentimientos y emociones comunes. Al finalizar el turno de los padres, Laura, la terapeuta de ALANDA que se ocupaba de nuestro hijo Javier, interpretó (vestida como una colegiala con coletas) este texto que reflejaba el punto de vista de los niños:

TESTIMONIO IMAGINARIO DE UN HIJO

«¡Mamá! ¡Papá! Es la hora, levántate, que hoy es sábado y vas a llegar tarde a clase... Nada, ni caso, tienen un morro... Yo todos los días tengo que irme al cole y encima tengo que portarme bien, jugar con mis compañeros, hacer caso a la profe, estar atento, no montar rabietas a la hora de comer, no hacerme pis encima y un montón de cosas más que me repiten siempre cuando salgo de casa para ir al cole. Y hoy, cuando son ellos los que tienen que ir, nada, se quedan dormidos. Pues ahora pienso ser yo el que les diga que tienen que aprender mucho, porque me hablan un idioma muy raro, y tienen que ir a que les enseñen eso que tanto me gusta a mí. Sí, esos movimientos de manos que hacen a veces. ¡Eso sí que lo entiendo bien! ¡Ah! Y también les tengo que recordar que no se pierdan las clases en las que la profe les enseña a hacer todos los dibujitos que están poniendo en casa. Qué gusto, cuando les vi que me ponían un horario con todo clarito y me contaban qué iba a pasar durante la tarde. Fue un descanso, porque mi profe ya lo hacía y me llevo muy bien con ella, pero en casa...

»Yo lo entiendo, es más rollo, que si estar atento a que yo no me escape (porque tengo que reconocer que no paro), que si comprar esas galletas que me gustan tanto (bueno, en realidad es que no me gustan otras), llevarnos al parque a mi hermana y a mí y perseguirnos para que nos subamos al tobogán, y después el "¡corre!, que te baño, cenas y a la cama". Claro, después de todo esto, entiendo que los dibujitos no estuviesen antes en mi cuarto, pero ahora que están, me encantan (y eso que al principio no les hacía ni caso).[24]

»Bueno, pues me han dicho que todas estas cosas y otras muchas más se las están enseñando en el cole de padres a ese que van, que cada vez que les toca llueve. Sí, a ese del que venían todos los sábados congelados. Pero es curioso, aunque llegasen con frío, cada vez que volvían tenían una de ideas... Que si ponerme dibujitos para lavarme los dientes, que si hacerme bromas —por cierto, vaya "pesados" que se pusieron esa semana, todo el tiempo el pantalón en la cabeza, la caja de galletas con zanahorias, el zapato en la mano... Bueno, yo me divertí mucho, y el caso es que intentaban poner un poco de humor en nuestro día a día, y a mí me llamaba mucho la atención. También les notaba yo más suavecitos, más alegres, diciéndome las cosas más contentos y, ahora que lo pienso, casi no me decían que "no". Qué curioso ese cole al que van.

»Además, me he enterado de que no van solos, que hay muchos *papis*, y que no están currando toda la mañana, también toman su cafelito y se cuentan sus cosas. Vamos, que se lo pasan bien.

»¡Hala!, que casi es la hora y, con tanto charlar, se van a dormir mis padres y no van a llegar, y me parece que hoy es el último día. ¡¡Papá!! ¡¡Mamá!! ¡¡Arriba, que hoy hay curso!!»

---

24. Los dibujitos a los que hace referencia son los pictogramas, dibujos esquemáticos muy sencillos para que la comunicación con los niños sea visual y, por tanto, mucho más clara para ellos que la verbal. Algunos niños, especialmente aquellos que no tienen lenguaje, necesitan también el apoyo del lenguaje de signos, al que en este testimonio imaginario se hace referencia como «esos movimientos de manos que hacen a veces».

ANEXOS

Anexo I

Guía de recursos

1. ADMINISTRACIONES PÚBLICAS ESTATALES

Ministerio de Trabajo y Asuntos Sociales
C/Agustín de Bethencourt, 4
28003 Madrid
Teléfono: 91 363 12 02/7/8/9/10
Fax: 91 554 75 28
www.mtas.es
La página de internet permite consultar temas como:

- La Ley 41/2003 de 18 de noviembre sobre protección patrimonial de las personas con discapacidad y de modificación del Código Civil, de la Ley de Enjuiciamiento Civil y de la Normativa Tributaria con esta finalidad (BOE de 19 de noviembre de 2003).
- El Real Decreto 1865/2004 de 6 de septiembre por el que se regula el Consejo Nacional de la Discapacidad (BOE de 7 de septiembre de 2004), que sustituye al anterior Consejo Estatal de Personas con Discapacidad.
- La Ley 51/2003 de 2 de diciembre sobre igualdad de oportunidades, no discriminación y accesibilidad universal de las personas con discapacidad.

Consejo Nacional de la Discapacidad

Órgano colegiado interministerial, de carácter consultivo, adscrito al Ministerio de Trabajo y Asuntos Sociales, en el que se institucionaliza la colaboración del movimiento asociativo de las personas con discapacidad y sus familias y la Administración General del Estado, para la definición y coordinación de una política coherente de atención integral.

C/Agustín de Bethencourt, 4
28003 Madrid
Teléfono: 91 363 12 02/7/8/9/10
Fax: 91 554 75 28

Real Patronato sobre Discapacidad
C/Serrano, 140
28006 Madrid
Teléfono: 91 745 24 42
Fax: 91 411 55 02/745 11 91
www.rpd.es

Secretaría de Estado de Servicios Sociales, Familias y Discapacidad
C/Agustín de Bethencourt, 4
28003 Madrid
Teléfono: 91 363 00 86/7
Fax: 91 363 05 34

Dirección General de Coordinación de Políticas Sectoriales sobre Discapacidad
C/José Abascal, 39
28003 Madrid
Teléfono: 91 363 75 03
Fax: 91 363 72 50

Subdirección General de Participación, Fundaciones y Entidades Tuteladas
C/ José Abascal, 39
28003 Madrid
Teléfono: 91 363 75 02
Fax: 91 363 72 50

Subdirección General de Organizaciones No Gubernamentales y Voluntariado
Pertenece a la Dirección General de Servicios Sociales y Dependencia.
C/José Abascal, 39
28003 Madrid
Teléfono: 91 363 74 36
Fax: 91 363 74 35

Imserso (Instituto de Mayores y Servicios Sociales)
Entidad Gestora de la Seguridad Social para la gestión de los Servicios Sociales complementarios de las prestaciones del Sistema de Seguridad Social en materia de mayores y discapacidad.
Avda. de la Ilustración, s/n, y C/Ginzo de Limia, 58
28029 Madrid
Teléfono: 91 363 88 88
Fax: 91 363 85 95
www.seg-social/imserso
Se puede acceder a través de esta página a las siguientes secciones:

- Empleo:
  www.seg-social.es/imserso/discapacidad/dis_emp.html.
- Pensión no Contributiva de Invalidez:
  www.seg-social.es/imserso/discapacidad/dis_pnc00.html.
- Prestaciones Sociales y Económicas de la LISMI:
  www.seg-social.es/imserso/discapacidad/dis_lismi00.html.

- Consejo Nacional de la Discapacidad: www.seg-social.es/imserso/normativas/rd18652004.pdf.
- Centros de Recuperación de Minusválidos Físicos: www.seg-social.es/imserso/discapacidad/dis_cen00.html.

Centros de Recuperación de Minusválidos Fisicos (CRMF) gestionados directamente por el Imserso

CRMF de Lardero
C/Donantes de Sangre, 4
26140 Lardero (La Rioja)
Tel: 94 144 81 13
Correo electrónico: crmf.lardero@mtas.es

CRMF de Albacete
C/Jesús del Gran Poder, 1
02006 Albacete
Tel: 96 721 65 61
Correo electrónico: crmf.albacete@mtas.es
www.imsersounifor.org/crmf-ab/

CRMF de Salamanca
Avda. Villamayor, 79-85
37006 Salamanca
Tel: 92 323 48 50
Correo electrónico: crmf.salamanca@mtas.es
www.imsersounifor.org/crmf_salamanca/q_crmf.htm

CRMF de Madrid
Camino de Valderrivas, 113
28038 Madrid
Tel: 91 478 10 11
Correo electrónico: crmf.madrid@mtas.es

CRMF de San Fernando
C/Pintor Fernando Vela, s/n
11100 San Fernando (Cádiz)
Tel: 95 648 79 04
Correo electrónico: crmf.sanfernando@mtas.es

Centros de Atención de Minusválidos Físicos (CAMF)
Pueden consultarse en la página:
www.seg-social.es/imserso/discapacidad/dis_cen10.html

CAMF de Alcuéscar
C/El Prado, s/n
10160 Alcuéscar (Cáceres)
Teléfono: 92 738 41 25
Correo electrónico: camf.alcuescar@mtas.es

CAMF de Pozoblanco
Carretera de Circunvalación, s/n
14400 Pozoblanco (Córdoba)
Teléfono: 95 777 16 51
Correo electrónico: camf.pozoblanco@mtas.es

CAMF de Guadalajara
C/San Isidro, 6
19005 Guadalajara
Teléfono: 94 921 64 69
Correo electrónico: camf.guadalajara@mtas.es

CAMF de El Ferrol
C/San Pedro de Leixa, s/n
15405 El Ferrol (La Coruña)
Teléfono: 98 132 27 27
Correo electrónico: camf.ferrol@mtas.es

CAMF de Leganés
Avda. de Alemania, s/n (Barrio del Carrascal)
28916 Leganés (Madrid)
Teléfono: 91 686 27 11
Correo electrónico: camf.leganes@mtas.es

Centro Estatal de Atención al Daño Cerebral (CEADAC)
C/Río Bullaque, s/n
28034 Madrid
Teléfono: 91 735 51 90
Correo electrónico: ceadac.imserso@mtas.es
www.seg-social.es/imserso/discapacidad/dis_ceadac.html

Centro Estatal de Autonomía Personal y Ayudas Técnicas (CEAPAT)
C/ Los Extremeños, 1
28018 Madrid
Teléfono: 91 363 48 00
Teléfono de texto: 91 778 90 64
Fax: 91 778 41 17
Correo electrónico: ceapat@mtas.es y ceapat@ceapat.org
www.seg-social.es/imserso/discapacidad/dis_cea.html y www.ceapat.org.

Centro de Intermediación Telefónica para Personas Sordas o con Discapacidad Auditiva y/o de Fonación
www.seg-social.es/imserso/discapacidad/dis_cenintel.html.

OTROS SERVICIOS

- *Observatorio de la Discapacidad:*
  www.seg-social.es/imserso/discapacidad/dis_obs.html
- *Accesibilidad:*
  www.seg-social.es/imserso/discapacidad/dis_acc.html.
- *Datos estadísticos:*
  www.seg-social.es/imserso/discapacidad/dis_dest.html.

- Convocatorias:
  www.seg-social.es/imserso/discapacidad/dis_con.html.

Servicio de Información sobre Discapacidad (SID)

Servicio documental con un sistema informatizado de acceso a través de internet para obtener información sobre discapacidad. Se configura como una red pública puesta en funcionamiento conjuntamente por el Ministerio de Trabajo y de Asuntos Sociales (Instituto de Mayores y Servicios Sociales-IMSERSO) y la Universidad de Salamanca (Instituto Universitario de Integración en la Comunidad-INICO).

El SID pretende actuar como mediador ante la multiplicidad y dispersión de informaciones que continuamente se están generando en temas relacionados con la discapacidad. Desarrolla para ello una triple función de recopilación, sistematización y difusión de conocimientos, datos e informaciones sobre las personas y colectivos con discapacidad.

En el SID se puede encontrar todo tipo de información relacionada con la discapacidad, con una estructuración peculiar y propia del servicio que permite acceder a los contenidos de manera clara y lógica. Los datos disponibles se actualizan con periodicidad. Puede encontrarse también información sobre normativa, recursos, centros y servicios, organizaciones, ayudas, documentación, actualidad, estadísticas...

Puede consultarse en la página http://sid.usal.es.

2. ADMINISTRACIONES PÚBLICAS AUTONÓMICAS

Las competencias del Imserso, Servicios Sociales, fundaciones benéficas asistenciales y la regulación de empleo se encuentran transferidas a las comunidades autónomas. Se ofrece en las páginas siguientes una relación, por provincias, de las consejerías, institutos o gerencias que gestionan los temas relacionados con la discapacidad (en Ceuta y Melilla siguen dependiendo del Imserso):

ÁLAVA/ARABA (VITORIA-GASTEIZ)
Instituto Foral de Bienestar Social
C/ Diputación, 13
Álava 01001
Teléfono: 94 515 10 15

ALBACETE
Consejería de Bienestar Social
Paseo P. Simón Abril, 10
Albacete 02003
Teléfono: 96 755 79 89

ALICANTE/ALACANT
Consejería de Bienestar Social
C/ Fernando Madroñal, 52
Alicante 03007
Teléfono: 96 590 34 00

ALMERÍA
Instituto Andaluz de Servicios Sociales
C/ Tiendas, 12
Almería 04003
Teléfono: 95 000 61 00

ASTURIAS (OVIEDO)
Dirección General de Servicios Sociales Comunitarios y Prestaciones
C/ General Elorza, 35
Oviedo 33001
Teléfono: 98 510 65 65/98 510 65 51

ÁVILA
Gerencia de Servicios Sociales
Pl. de Nalvillos, 1
Ávlia 05001
Teléfono: 92 035 21 65

BADAJOZ
Consejería de Bienestar Social
Ronda del Pilar, 22
Badajoz 06071
Teléfono: 92 401 00 07

Consejería de Bienestar Social
Paseo de Roma, s/n
Mérida 06800
Teléfono: 92 400 59 29

ISLAS BALEARES/ILLES BALEARS (PALMA DE MALLORCA)
Instituto Balear de Asuntos Sociales/Institut Balear d'Affers Socials
Avinguda d'Alemanya, 6
Palma de Mallorca 07003
Teléfono: 97 117 70 00

BARCELONA
Instituto Catalán de Asistencia y Servicios Sociales/Institut Català d'Assistencia i Serveis Socials
C/ Tarragona, 141-147
Barcelona 08014
Teléfono: 93 567 51 60

BURGOS
Gerencia de Servicios Sociales
C/ Julio Sáez de la Hoya, 5
Burgos 09005
Teléfono: 94 723 07 12

CÁCERES
Consejería de Bienestar Social
Pl. Alféreces Provisionales, 1
Cáceres 10071
Teléfono: 92 700 43 44

CÁDIZ
Instituto Andaluz de Servicios Sociales
Pl. Asdrúbal, s/n
Cádiz 11008
Teléfono: 95 600 70 00

CANTABRIA (SANTANDER)
Dirección General de Acción Social
C/ Hernán Cortés, 9
Santander 39003
Teléfono: 94 220 79 56/94 220 79 57

CASTELLÓN/CASTELLÓ
Consejería de Bienestar Social
Pl. María Agustina, 1-3
Castellón 12003
Teléfono: 96 435 86 00

CEUTA
Dirección Provincial del Imserso
Av. África, s/n
Ceuta 51002
Teléfono: 95 652 29 07

CIUDAD REAL
Consejería de Bienestar Social
C/ Sto. Tomás de Villanueva, 9
Ciudad Real 13071
Teléfono: 92 621 24 44

CÓRDOBA
Instituto Andaluz de Servicios Sociales
Pasaje 12 de Octubre, s/n
Córdoba 14003
Teléfono: 95 700 54 00

LA CORUÑA/A CORUÑA
Consejería de Asuntos Sociales/Consellería de Asuntos Sociais
Rúa Concepción Arenal, 7-9
La Coruña 15006
Teléfono: 98 128 81 88

CUENCA
Consejería de Bienestar Social
General Fanjul, 3-5
Cuenca 16001
Teléfono: 96 917 65 52

GERONA/GIRONA
Instituto Catalán de Asistencia y Servicios Sociales/Institut Català d'Assistencia i Serveis Socials
C/ Emili Grahit, 2
Gerona 17001
Teléfono: 97 248 60 60

GRANADA
Instituto Andaluz de Servicios Sociales
C/ Ancha de Gracia, 6
Granada 18002
Teléfono: 95 802 46 00

GUADALAJARA
Consejería de Bienestar Social
Paseo de Fernández Iparraguirre, 1
Guadalajara 19071
Teléfono: 94 988 54 55

GUIPÚZCOA/GUIPUZKOA (SAN SEBASTIÁN/DONOSTIA)
Diputación Foral/Foro Albundia
C/ Zarategui, 99
San Sebastián 20015
Teléfono: 94 348 25 88

HUELVA
Instituto Andaluz de Servicios Sociales
C/Alcalde Mora Claros, 4 y 6
Huelva 21071
Teléfono: 95 900 57 00

HUESCA
Instituto Aragonés de Servicios Sociales
Pl. Santo Domingo, 3 y 4
Huesca 22001
Teléfono: 97 429 33 33

JAÉN
Instituto Andaluz de Servicios Sociales
Paseo de la Estación, 19
Jaén 23008
Teléfono: 95 301 30 84/95 301 30 85

LEÓN
Gerencia de Servicios Sociales
C/ Modesto Lafuente, 5
León 24004
Teléfono: 98 725 66 12

LÉRIDA/LLEIDA
Instituto Catalán de Asistencia y Servicios Sociales/Institut Català d'Assistencia i Serveis Socials
Plaza de la Sal, 6
Lérida 25007
Teléfono: 97 323 05 02

LUGO
Consejería de Asuntos Sociales/Consellería de Asuntos Sociais
C/ Ronda de Muralla, 70 (edificio administrativo)
Lugo 27003
Teléfono: 98 229 42 02

MADRID
Dirección General de Servicios Sociales
C/ Alcalá, 63, c/v P. Muñoz Seca, 2
Madrid 28014
Teléfono: 91 420 69 04

MÁLAGA
Instituto Andaluz de Servicios Sociales
C/Manuel Agustín Heredia, 26, 4.º
Málaga 29001
Teléfono: 95 103 64 00

MELILLA
Oficinas del Imserso
C/ Querol, 31
Melilla 52004
Teléfono: 95 267 33 14

MURCIA
Instituto de Servicios Sociales de la Región de Murcia
C/ Ronda de Levante, 16, esq. Pl. Juan XXIII
Murcia 30008
Teléfono: 96 836 62 62

NAVARRA/NAFARROA (PAMPLONA/IRUÑA)
Instituto Navarro de Bienestar Social
C/ González Tablas, s/n
Navarra 31003
Teléfono: 94 842 69 00

ORENSE/OURENSE
Consejería de Asuntos Sociales/Consellería de Asuntos Sociais
Av. Sáez Díez, 33 bajo
Orense 32003
Teléfono: 98 838 61 50

PALENCIA
Gerencia de Servicios Sociales
C/ Valentín Calderón, 2
Palencia 34001
Teléfono: 97 970 61 09

LAS PALMAS DE GRAN CANARIA
Dirección General de Servicios Sociales
Av. Alcalde José Ramírez Bethencourt, 12
Las Palmas 35004
Teléfono: 92 845 23 50

PONTEVEDRA (VIGO)
Consejería de Asuntos Sociales/Consellería de Asuntos Sociais
Rúa Concepción Arenal, 8, 2.ª planta
Vigo 36202
Teléfono: 98 681 72 00

LA RIOJA (LOGROÑO)
Dirección General de Servicios Sociales
C/ Villamediana, 17
LA Rioja 26071
Teléfono: 94 129 13 18

SALAMANCA
Gerencia de Servicios Sociales
C/ Correhuela, 18
Salamanca 37001
Teléfono: 92 321 61 01

SEGOVIA
Gerencia de Servicios Sociales
C/ Infanta Isabel, 16
Segovia 40001
Teléfono: 92 146 19 82

SEVILLA
Instituto Andaluz de Servicios Sociales
C/ Pagés del Corro, 90
Sevilla 41010
Teléfono: 95 500 60 00

SORIA
Gerencia de Servicios Sociales
Paseo del Espolón, 2 42001
Teléfono: 97 522 05 55

TARRAGONA
Instituto Catalán de Asistencia y Servicios Sociales/Institut Català d'Assistencia i Serveis Socials
Av. Andorra, 7 bis
Tarragona 43002
Teléfono: 97 724 18 88

Instituto Catalán de Asistencia y Servicios Sociales/Institut Català d'Assistencia i Serveis Socials
C/ Ruiz d'Alda, 33
Amposta 43870
Teléfono: 97 770 65 34

TENERIFE (SANTA CRUZ DE TENERIFE)
Dirección General de Servicios Sociales
Av. Benito Pérez Armas, 4
Santa Cruz de Tenerife 38007
Teléfono: 92 247 44 44

TERUEL
Instituto Aragonés de Servicios Sociales
Av. Dr. Sanz Gadea, 11
Teruel 44002
Teléfono: 97 864 13 13

TOLEDO
Consejería de Bienestar Social
C/ Núñez de Arce, 24
Toledo 45003
Teléfono: 92 526 90 35

VALENCIA
Consejería de Bienestar Social
C/ Barón de Cárcer, 36
Valencia 46001
Teléfono: 96 386 67 50

VALLADOLID
Gerencia de Servicios Sociales
C/ Dos de Mayo, 14-16
Valladolid 47004
Teléfono: 98 330 68 88

VIZCAYA/BIZKAIA (BILBAO/BILBO)
Diputación Foral/Foru Aldundia
C/ Nicolás Alcorta, 4
Bilbao 48003
Teléfono: 94 406 71 63

ZAMORA
Gerencia de Servicios Sociales
C/ Prado Tuerto, 17
Zamora 49020
Teléfono: 98 067 13 00

ZARAGOZA
Instituto Aragonés de Servicios Sociales
Paseo de Rosales, 28 duplicado
Zaragoza 50008
Teléfono: 97 671 62 20

3. La sociedad civil

CERMI

El Comité Español de Representantes de Personas con Discapacidad, más conocido por sus siglas, CERMI, es la plataforma de representación, defensa y acción de los ciudadanos españoles con discapacidad. En total más de tres millones y medio de personas, además de sus familias, que conscientes de su situación de grupo social desfavorecido deciden unirse a través de las organizaciones en las que se agrupan para avanzar en el reconocimiento de sus derechos y alcanzar la plena ciudadanía en igualdad de derechos y oportunidades con el resto de componentes de la sociedad.

Nacido de hecho en 1993, fruto del acuerdo de las seis principales organizaciones nacionales de personas con discapacidad (COCEMFE, FEAPS, CNSE, FIAPAS, ASPACE y ONCE), el CERMI culmina el proceso de cohesión, unidad y acción conjunta del sector de la minusvalía, intentado desde mucho tiempo atrás, pero difícil de conseguir dada la escasa vertebración social y la tendencia a la atomización y al individualismo que anida en la sociedad española.

Siete años después, y tras la adhesión de nuevos miembros, el CERMI es la plataforma de representación y encuentro de los discapacitados españoles, constituido por las diez principales organizaciones estatales de personas con discapacidad, varios socios adheridos y un nutrido grupo de plataformas autonómicas de representantes de personas con discapacidad, todas las cuales agrupan a su vez a más de 2.000 asociaciones y entidades que representan en su conjunto a los tres millones y medio de personas con discapacidad que según las últimas estadísticas (Encuesta sobre Deficiencias, Discapacidad y Estados de Salud, de diciembre de 2000) hay en España.

Una plataforma que, animada por la finalidad genérica de mejorar las condiciones de vida de las personas con discapacidad, encauza la representación de estos ciudadanos e instrumenta su participación y la defensa y promoción de sus derechos ante los poderes públicos y la sociedad.

CERMI
Secretaría General
C/Fernanflor 8, 1.º C
28014 Madrid
Teléfono: 91 360 16 78
Fax: 91 429 03 17
Correo electrónico: cermi@cermi.es
Internet: http://www.cermi.es/

Organizaciones pertenecientes al CERMI
Los textos de presentación que se detallan a continuación constituyen un extracto de los elaborados por las propias organizaciones.

Confederación Coordinadora Estatal de Minusválidos Físicos de España (COCEMFE)
Organización no gubernamental de ámbito estatal y sin ánimo de lucro. Fue creada en 1980 para promover y defender la mejora de las condiciones de vida del millón y medio de personas con discapacidad física de España. COCEMFE agrupa a 900 organizaciones de todo el territorio español, que se organizan en confederacio-

nes autonómicas, federaciones provinciales y entidades estatales representantes de las distintas discapacidades (Parkinson, Hemofilia, Fibrosis Quística, Espina Bífida...)

C/Luis Cabrera, 63
28002 Madrid
Teléfono: 91 744 36 00
Fax: 91 413 19 96
Correo electrónico: cocemfe@cocemfe.es
Internet: http://www.cocemfe.es/

Confederación Española de Organizaciones en favor de las Personas con Discapacidad Intelectual (FEAPS)

FEAPS trabaja, en diversos ámbitos, por la calidad de vida de las personas con discapacidad intelectual y la de sus familias. Tiene una estructura que se configura en federaciones (diecinueve, una por cada comunidad autónoma más las organizaciones de Ceuta y Melilla) y asociaciones (726, que pertenecen a la federación autonómica correspondiente). Además, FEAPS ha promovido la AFEM (Asociación de FEAPS para el empleo), la Asociación española de Fundaciones Tutelares, la Mutualidad de Minusválidos Psíquicos y, recientemente, la AEDIS, patronal del sector de la discapacidad.

Avda. General Perón, 32, 1.º A
28020 Madrid
Teléfono: 91 556 74 13
Fax: 91 597 41 05
Correo electrónico: feaps@arrakis.es
Internet: http://www.feaps.org/

Confederación Estatal de Personas Sordas (CNSE)

Organización sin ánimo de lucro que atiende y canaliza los intereses de las personas sordas y sus familias en España. Nacida en 1936, la CNSE se ha ocupado desde su creación de incentivar el desarrollo y la participación social de un colectivo que históricamente ha sido excluido y marginado de la sociedad. Atiende cualquier necesidad relacionada con el colectivo de personas sordas, estén o no afiliadas a las distintas asociaciones y federaciones que la componen.

La CNSE está integrada por las distintas federaciones de personas sordas que hay en España, una por cada comunidad autónoma. Estas federaciones mantienen afiliadas, a su vez, a más de cien asociaciones locales y comarcales. Pero además acoge entre sus miembros colaboradores a entidades entre las que destacan las asociaciones de padres y madres de niños, niñas y jóvenes sordos.

C/Alcalá, 160, 1.º F
28028 Madrid
Teléfono: 91 356 58 32
Fax: 91 355 43 36
Correo electrónico: cnse@cnse.es; presidencia@cnse.es
Internet: http://www.cnse.es/

Confederación Española de Padres y Amigos de los Sordos (FIAPAS)

Surgió en 1978 con el fin de cohesionar el movimiento asociativo de padres y de dar respuesta a las necesidades que se plantean a la familia del discapacitado auditivo y al propio afectado. Desde entonces sus metas han sido sensibilizar a la sociedad sobre la problemática que afecta a las personas sordas y encontrar soluciones a sus necesidades.

Su objetivo es la representación y defensa de los intereses globales de las asociaciones de padres de sordos, tanto a nivel nacional como internacional, ante la sociedad, las administraciones y demás instituciones, para facilitar sus fines asociativos. Cada una de las asociaciones federadas, junto a su participación en FIAPAS, desarrolla sus propias actividades y gestiones, puesto que cada una dispone de identidad propia y tiene sus ámbitos de actuación a nivel local y autonómico.

C/Núñez de Balboa, 3, 1.º
28001 Madrid
Teléfono: 91 576 51 49
Fax: 91 576 57 46
Correo electrónico: fiapas@fiapas.es
Internet: http://www.fiapas.es

Confederación Española de Asociaciones de Atención a las Personas con Parálisis Cerebral (ASPACE)

Agrupa a las principales asociaciones de atención a la parálisis cerebral de España. Con implantación en las diecisiete comunidades autónomas, las entidades que integran ASPACE cuentan con más de 10.000 asociados, principalmente personas con parálisis cerebral, familiares y amigos, y ofrecen servicios de atención directa a 4.000 afectados, con cerca de 1.400 profesionales trabajando en los distintos centros.

Nació en el año 1985 con la finalidad de mejorar la calidad de vida de las personas con parálisis cerebral y sus familias. Sus objetivos son coordinar y potenciar las actividades de sus asociaciones miembros; promover el estudio, la información y la difusión de los problemas que afectan a las personas con parálisis cerebral; desarrollar todas aquellas actuaciones que posibiliten su integración social; constituirse en interlocutor de la administración pública y otros organismos tanto nacionales como internacionales.

C/General Zabala, 29
28002 Madrid
Teléfono: 91 561 40 90
Fax: 91 563 40 10
Correo electrónico: formacion@confederacionaspace.org
Internet: http://www.aspace.org/

Organización Nacional de Ciegos Españoles (ONCE)

La ONCE es una corporación sin ánimo de lucro con la misión de mejorar la calidad de vida de los ciegos y deficientes visuales de toda España. Es una institución de carácter social y democrático. Abierta a todos, solidaria con personas afectadas por discapacidades distintas a la ceguera, igualitaria y participativa, trabaja día a día en democracia. Y lo hace junto a la administración a través de los Ministerios de Economía, Hacienda, Trabajo y Asuntos Sociales e Interior.

El 13 de diciembre de 1938 se firmó el decreto fundacional de la ONCE, aunque no sería hasta la década de los ochenta cuando se inicia el despegue definitivo. En solidaridad con otros discapacitados, la ONCE creó, en 1988, la Fundación ONCE para la Cooperación e Integración Social de las Personas con Discapacidad (www.fundaciononce.es).

Más tarde, en 1993, con el objetivo de buscar medios de financiación distintos al cupón y para proporcionar empleo a personas ciegas y con otras discapacidades, creó la Corporación Empresarial ONCE (CEOSA, véase en www.ceosa.org).

C/José Ortega y Gasset, 18
28006 Madrid
Teléfono: 91 436 53 00
Fax: 91 436 53 53
Correo electrónico: once@once.es
Internet: http://www.once.es/

Confederación Española de Agrupaciones de Familiares y Enfermos Mentales (FEAFES)

Organización sin ánimo de lucro que agrupa a más de 160 entidades entre asociaciones y federaciones de todo el territorio nacional. Vela por el cumplimiento de los derechos de las personas afectadas por enfermedades mentales de cualquier tipo y tiene como objetivo mejorar su calidad de vida. En la actualidad representa a más de 26.000 personas afectadas y sus familias. Es también miembro fundador de la Federación Europea de Familiares de Enfermos Mentales (EUFAMI, www.eufami.org), miembro de la World Schizophrenia Fellowship (WSF), de la World Federation for Mental Health (WFMH, www.wfmh.com) y de Mental Health Europe (ERC).

C/ Hernández Mas, 20-24
28053 Madrid
Teléfono: 91 507 92 48
Fax: 91 785 70 76
Correo electrónico: feafes@feafes.com
Internet: http://www.feafes.com

Plataforma Representativa de Discapacitados Físicos (PREDIF)

Asociación sin ánimo de lucro, de ámbito estatal, que representa y realiza programas a favor de casi 40.000 discapacitados físicos gravemente afectados. Cuenta con una experiencia, a través de sus federaciones, de más de veinte años. Fue fundada, en su configuración actual, a principios de 1996, en un momento en que el movimiento asociativo de organizaciones de discapacitados atravesaba un período jalonado de incidentes. En ese contexto, las dos grandes federaciones de discapacitados físicos gravemente afectados (sobre todo usuarios de sillas de ruedas), la Federación Nacional de Aspaym y la Federación de Coordinadoras de Minusválidos Físicos Gravemente Afectados de las Comunidades Autónomas de España, deciden unirse con el objetivo de defender los intereses de los discapacitados físicos gravemente afectados de España y con la clara vocación de incorporar el pluralismo en su representatividad.

Avda. Dr. García Tapia, 129, local 5
28030 Madrid
Teléfono: 91 371 52 94
Fax: 91 301 61 20
Correo electrónico: direccion@predif.net
Internet: http://www.predif.org

Federación Española de Instituciones para el Síndrome de Down (FEISD)

Agrupa a las instituciones españolas que trabajan para mejorar la calidad de vida de las personas con síndrome de Down. La federación aglutina a las entidades que prestan servicios a personas con síndrome de Down, y tiene implantación en todas las comunidades autónomas. Las asociaciones y centros integrados colaboran mediante convenios con la administración en la prestación de servicios especializados a personas con síndrome de Down. Trabajan por la dignidad de la persona humana, y consideran a las personas con síndrome de Down como individuos con sus sentidos, capacidades, experiencias, ambiciones, necesidades y defectos. También persiguen la igualdad de derechos en la sanidad, la educación, el trabajo, los servicios sociales, la cultura y el ocio. Para todo ello cuentan con la participación activa de las personas con síndrome de Down.

C/Bravo Murillo, 79 1.º A
28003 Madrid
Teléfono: 91 533 71 38
Fax: 91 553 46 41
Correo electrónico: feisd@sindromedown.net
Internet: http://www.sindromedown.net

Consorcio Autismo (formado por la Confederación Autismo España y la Federación Española de Padres de Autistas FESPAU) y Confederación Autismo España

Constituida en 1994, está integrada por 47 entidades de ámbito autonómico y provincial implantadas en doce comunidades autónomas. Es miembro integrante de las asociaciones internacionales de autismo más representativas a nivel mundial, como la Asociación Internacional Autismo-Europa o la Organización Mundial del Autismo (OMA), ambas con sede en Bruselas.

Sus fines son servir de nexo de unión entre las distintas asociaciones miembros; tratar de que cada una de las asociaciones alcance al máximo los fines previstos en sus estatutos; coordinar cuantas acciones e iniciativas sean precisas para la obtención de recursos a nivel de Estado, de las Comunidades Europeas y de otros organismos y federaciones estatales o internacionales que redunden en beneficio de las asociaciones miembros; y ser portavoz de las asociaciones de padres protectoras de personas con autismo del Estado Español.

C/Guadiana, 38
28224 Pozuelo de Alarcón (Madrid)
Teléfono: 91 351 54 20
Fax: 91 799 09 40
Correo electrónico: confederacion@autismoespana.com
Internet: http://www.autismoespana.com

Federación Española de Padres de Autistas (FESPAU)

Nació en 1994 como respuesta a las inquietudes de varias asociaciones de padres de las provincias de Cádiz, Madrid, Mallorca, Santander, Valladolid y Vitoria. El más importante compromiso que asumió desde su fundación fue apoyar el esfuerzo de las asociaciones más pequeñas para entre todas fortalecer el trabajo en pro de la atención a las personas autistas. Desde el comienzo de su andadura se potenció la presencia de estas asociaciones con el fin de asegurar y ampliar su campo de atención.

Cada año patrocina, en colaboración con las asociaciones, la organización de unas jornadas (una en el primer semestre y otra en el segundo) con el fin de mantener al día la información sobre los avances en el campo del autismo y así dar a conocer este tema a los estudiosos y a los padres.

C/Navaleno, 9
28033 Madrid
Teléfono: 91 766 00 18
Fax: 91 766 00 18
Correo electrónico: autistas@fespau.es
Internet: http://www.fespau.es

Comité Paralímpico Español (CPE)

Siguiendo la estructura del Movimiento Paralímpico Internacional, el 6 de septiembre de 1995 se constituyó el Comité Paralímpico Español. Poco antes, en 1992, se había creado el Comité Paralímpico Internacional (CPI) una vez acabados los Juegos Paralímpicos de Barcelona 92. Con la creación del CPI se consiguió establecer en el deporte de minusválidos una estructura similar a la del deporte olímpico, siendo la principal diferencia entre el CPI y el COI que la organización de discapacitados está formada por federaciones de tipos de minusvalías, y no por federaciones específicas de cada deporte.

Avda. Martín Fierro, s/n
28040 Madrid
Teléfono: 91 589 69 72
Fax: 91 589 67 17
Correo electrónico: cpe@csd.mec.es
Internet: http://www.paralimpicos.sportec.es

Asociación Española de Fundaciones

Se constituyó en 2003 con el propósito de ofrecer más y mejores servicios a las fundaciones asociadas, contribuir a una clara identificación y a una mayor proyección de la institución fundacional en nuestro país, y actuar como interlocutor del mundo fundacional a partir de la representatividad que le otorgan sus fundaciones asociadas. Actúa como impulsor de una idea: la importancia y el valor de las fundaciones en las sociedades modernas, y promueve, con argumentos fundados, el desarrollo de una normativa y una práctica administrativa que estimule y facilite la labor de las fundaciones.

C/General Castaños, 4, 4.ª
38004 Madrid
Teléfono: 91 310 63 09
Fax: 91 578 36 23

Correo electrónico:
confederacion@fundaciones.orgjmmoran@ctasa.net
Internet: http://www.fundaciones.org

Federación Empresarial Española de Asociaciones de Centros de Empleo de Minusválidos (AFEM/FEACEM)

Agrupa, a nivel nacional, a todas las asociaciones de centros especiales de empleo para personas con discapacidad.

Avda. de Manoteras, 22. Edificio Alfa, 2.ª planta, oficina 72
28050 Madrid
Teléfono: 91 383 48 76
Fax: 91 766 80 38
Correo electrónico: afem@cecafem.org

Asociación Empresarial para la Discapacidad (AEDIS)

Se trata de organizaciones sin ánimo de lucro cuyo fin es la asistencia, atención, educación, rehabilitación, formación, promoción e inserción de personas con discapacidad. En sus fines contempla sobre todo el beneficio social, pero como cualquier otro sector empresarial debe apostar por la calidad de los servicios, la formación y unas óptimas relaciones laborales, que son en definitiva las que marcan la línea de futuro que debe conducir a la mejora empresarial.

Impulsadas por FEAPS, setecientas empresas del ámbito de la discapacidad constituyen esta asociación patronal cuyo objetivo es coordinar tanto las relaciones internas de las distintas empresas como la relación con otras patronales de todo el Estado y diversas instituciones.

Avda. de los Sauces, 61
28935 Móstoles
Teléfono/fax: 91 647 90 82
Correo electrónico: asociacionAEDIS@terra.es

Federación Española de Daño Cerebral (FEDACE)

Constituida en 1995, engloba a las distintas asociaciones que tratan de ayudar a personas con una lesión cerebral adquirida y a sus familias. En la actualidad cuenta con un total de 20 asociaciones provinciales que agrupan a más de 4.500 familias. Nació con el objetivo de concienciar a la sociedad y a la Administración sobre la importancia de crear una infraestructura para tratar a los afectados, acorde con el número de personas que sufren cada año una lesión cerebral.

C/Magdalena, 38, 2.ª planta, oficina 1
28901 Getafe (Madrid)
Teléfono: 91 684 20 20
Fax: 91 684 20 21
Correo electrónico: info@fedace.org
Internet: http://www.fedace.org

Federación Española de Enfermedades Raras (FEDER)

Constituida en 1999, la integran asociaciones y entidades sin ánimo de lucro que se ocupan de la atención a enfermedades de baja incidencia. Desde FEDER se busca equiparar los derechos de los afectados por estas enfermedades poco frecuentes a los del resto de ciudadanos. También pretenden, dentro de la diversidad de características mostradas por cada patología, mejorar su calidad de vida a través de su integración social, estimulando la normalidad, la igualdad de oportunidades y la corresponsabilidad.

Actualmente más de 80 asociaciones españolas de afectados por diferentes enfermedades poco frecuentes constituyen esta federación. Así mismo pueden asociarse, de forma individual, aquellas personas afectadas por enfermedades raras o poco frecuentes que no cuenten con una asociación que les represente en España.

FEDER es el punto de referencia en nuestro país para todas las personas afectadas por enfermedades poco comunes, muchas de ellas gravemente debilitantes, que pueden causar deficiencias motoras, psíquicas, mentales o plurideficiencias, de las cuales el 80 por ciento son congénitas.

C/Cristóbal Bordiu, 35, oficina 301
28003 Madrid
Teléfono: 91 533 40 08
Correo electrónico: feder-madrid@infonegocio.com
Internet: www.enfermedades-raras.org

CERMI EN LAS COMUNIDADES AUTÓNOMAS
Comité de Representantes de Minusválidos-CERMI, Castilla-La Mancha
Paseo de Merchán, 2
45003 Toledo
Teléfonos: 92 525 79 37/92 525 55 29
Correo electrónico: cermiclm@telefonica.net
Internet: http://www.infodisclm.com

Comité de Representantes de Minusválidos de la Comunidad Valenciana, CERMI Comunidad Valenciana
Gran Vía Ramón y Cajal, 13
46007 Valencia
Teléfono: 96 380 92 11
Fax: 96 380 92 11
Correo electrónico: carlos.laguna@fsc.es; mtsc@once.es

Comité de Entidades de Representantes de Minusválidos en Andalucía, CERMI Andalucía
Pabellón de la Fundación ONCE-Isla de la Cartuja
C/ Leonardo da Vinci, s/n
41902 Sevilla
Teléfono: 95 446 25 11
Fax: 95 446 28 11
Correo electrónico: Marisaf.once@supercable.es

Comitè Català de Representants de Minusvàlids-CERMI Catalunya
Gran Vía de las Cortes Catalanas, 562, principal, 2.ª
08011 Barcelona
Teléfono: 93 451 55 50
Fax: 93 451 69 04
Correo electrónico: ecom@ecom.es
Internet: http://www.ecom.es

Comité de Entidades Representantes de Minusválidos de Galicia, CERMI Galicia
Rúa Modesto Brocos, 7, tercer bloque, bajo
15704 Santiago de Compostela
Teléfono: 98 157 46 98
Fax: 98 157 46 70
Correo electrónico: cermi@cogami.es

Comité de Representantes de Minusválidos de la Comunidad de Madrid, CERMI Comunidad de Madrid
C/ Prim, 3
28004 Madrid
Teléfono: 91 532 97 74
Fax: 91 531 24 09
Correo electrónico: cermicm@once.es

Comité Autonómico de Entidades de Representantes de Minusválidos de Castilla y León-CERMI Castilla y León
C/Muro, 15
47004 Valladolid
Teléfono: 98 330 08 88
Fax: 98 330 57 26
Correo electrónico: aspaymcyl@aspaymcyl.org

Comité de Entidades de Representantes de Minusválidos de la Comunidad Autónoma de Canarias-CERMI Canarias
Prolongación Juan Manuel Durán, 50, bajo
35010 Las Palmas de Gran Canaria
Teléfono: 92 822 70 77
Fax: 92 822 72 79
Correo electrónico: juancarlos@cocemfelaspalmas.org, alcd@once.es

Comité de Representantes de Minusválidos del Principado de Asturias-CERMI Asturias
Centro Ocupacional Naranco
Avda. Doctores Fernández Vega s/n
33012 Oviedo
Teléfono/fax: 98 527 69 24
Correo electrónico: cermiasturias@telefonica.net

Comité de Entidades de Representantes de Minusválidos de Aragón-CERMI Aragón
C/Plaza Ortilla, bloque 7-117, local 9
50018 Zaragoza
Teléfono: 97 610 62 65
Fax: 97 610 62 64
Correo electrónico: jaba@once.es, cermiaragon@cermi.e.telefonica.net

Comité de Entidades de Representantes de Minusválidos de Extremadura-CERMI Extremadura
C/Luis Braille, 10
06800 Mérida (Badajoz)
Teléfono: 92 438 73 10
Fax: 92 431 13 08
Correo electrónico: cermiex@cermi.es
Internet: http://www.cermiex.org

Comité de Entidades de Representantes de Minusválidos de Cantabria-CERMI Cantabria
C/Burgos, 3
39008 Santander
Teléfono: 94 224 02 44
Fax: 94 224 00 40
Correo electrónico: mbsal@once.es

Comité de Entidades de Representantes de Minusválidos de la Región de Murcia-CERMI Murcia
Plaza de San Agustín, 1.º A
30005 Murcia
Teléfono: 96 828 37 10
Fax: 96 828 35 86
Correo electrónico: gmh@once.es

Comité de Entidades de Representantes de Minusválidos de la Ciudad Autónoma de Ceuta-CERMI
Edificio Anexo Colegio Público Juan Carlos I
Apartado de Correos 533
51002 Ceuta
Teléfono: 95 650 07 44
Fax: 95 650 94 89
Correo electrónico: egru@once.es

Comité de Entidades de Representantes de Minusválidos de la Ciudad Autónoma de Melilla-CERMI
C/General O'Donnell, 24-26
52001 Melilla
Teléfono: 95 268 32 19
Fax: 95 268 49 03
Correo electrónico: jcrr@once.es

Comité de Representantes de Minusválidos de Navarra (CORMÍN)
C/Aralar, 3
31002 Pamplona
Teléfono: 94 820 33 22
Fax: 94 820 36 57
Correo electrónico: rpnavarra@terra.es

CERMI La Rioja
Avda. Jorge Vigón, 19, bajo
26003 Logroño
Teléfono: 94 127 01 72
Fax: 94 127 11 61
Correo electrónico: jmr@once.es

4. Otras entidades de interés

ALANDA

Asociación que proporciona apoyo familiar, escolar e individual. Suya es la iniciativa de los programas de formación a familias, con cursos de conducta y comunicación.[25] Muchos de sus programas han sido descritos en este libro.

C/Juan de Urbieta, 42, local 4
28007 Madrid
Teléfonos: 91 433 04 86/610 694 610
Correo electrónico: lescribano200@mi.madritel.es

Iridia

Equipo de psicólogos y psicopedagogos profesionales expertos en discapacidad del desarrollo e intelectual. Ofrecen servicios psicológicos de alta calidad técnica y humana. Están especializados en evaluación y diagnóstico, así como en la orientación a personas con

25. Véase el capítulo 6, «Escuela de padres».

trastornos del desarrollo y a sus familias, y en la formación y orientación a organizaciones y profesionales de este ámbito.

C/Juan de Urbieta, 42, local 4
28007 Madrid
Teléfono: 91 433 04 86
Correo electrónico: equipo.iridia@lycos.es

Fundación Inocente, Inocente

Nació en marzo de 1995 por iniciativa de la productora de televisión Zeppelin TV y promueve cada año una gala televisiva cuyo fin es la recaudación de fondos para apoyar distintas causas, siempre dedicadas al campo de la discapacidad infantil. Desde la primera gala, en 1995, se han recaudado más de 6,7 millones de euros, de los que se han beneficiado más de 25 proyectos.

Sus fines son contribuir al sostenimiento de las entidades que se dediquen al desarrollo e integración social y educación de menores con disfunción física o psíquica; procurar el conocimiento y concienciación de la sociedad sobre los problemas que afectan a menores con disfunción física o psíquica; obtener recursos económicos para paliar los problemas que origina el abandono de menores; y en general, toda actividad que redunde en beneficio de la infancia.

Avda. de Manoteras, 18, 2.ª planta
28050 Madrid
Teléfono: 902 30 30 52
Correo electrónico: buzon@fundacioninocente.com
Internet: http://www.inocente.com

Colegio Estudio 3-AFANIAS

Referente de calidad en cuanto a centros de educación especial, es una obra social de AFANIAS (entidad integrante de FEAPS). Escolariza a alumnos con necesidades educativas especiales asociadas a la discapacidad intelectual, en las etapas de educación infantil, educación básica obligatoria y Programas de Transición a la Vida Adulta (PTVA). Sus recursos económicos provienen mayoritariamente del concierto educativo.

C/Tapia de Casariego, 1
28023 Madrid
Correo electrónico: colegioestudio3@afanias.org
Internet: http://www.afanias.org

FANS

Fundación Audiovisual para la Normalización Social, cuyo objetivo es cambiar la imagen que de la discapacidad presentan los medios de comunicación a través de trabajos audiovisuales.

C/Antonio López Aguado, 10
28029 Madrid
Teléfono: 91 314 80 91
Correo electrónico: mard@fundacionfans.org
Internet: http://www.fundacionfans.org

Fundación Menudos Corazones

Dedicada a niños y jóvenes afectados por enfermedades cardíacas, tanto congénitas como adquiridas, así como a sus familias. Su objetivo es sensibilizar a la sociedad para que los enfermos no se sientan marginados; conseguir personal cualificado (psicólogos, fisioterapeutas, logopedas, monitores) para que los niños crezcan adecuadamente; contactar con otros padres; fomentar la colaboración con hospitales; luchar por los derechos de los niños hospitalizados; y proporcionar ayuda socioeconómica para los que tienen que desplazarse para una intervención y no disponen de los medios necesarios.

C/Valdesangil, 19, 4.º izda.
28039 Madrid
Teléfono: 91 373 67 46
Correo electrónico: información@menudoscorazones.org
Internet: http://www.menudoscorazones.org

5. Medios de comunicación

Muchas de las asociaciones, federaciones y organizaciones reseñadas en el punto anterior suelen disponer de sus propios medios, en forma de boletines (en papel o digitales) o revistas de distinta periodicidad. Los que a continuación se detallan se dedican al mundo de la discapacidad en general.

Diarios, revistas y boletines

Minusval

Publicación bimestral del Imserso dirigida a personas con discapacidad y a profesionales y entidades que trabajan en favor del colectivo de personas con discapacidad. Sus 35.000 ejemplares se distribuyen en todas las comunidades autónomas, Ceuta y Melilla, Europa e Iberoamérica.

Teléfonos de suscripción: 91 363 86 28/91 363 89 45

Internet: http://www.seg-social.es/imserso/documentacion/io_minus.html

Observ@torio de la Discapacidad Digital

Boletín digital de noticias y novedades sobre el mundo de la discapacidad puesto en marcha por el Observatorio de la Discapacidad del Instituto de Migraciones y Servicios Sociales. El registro es gratuito a través de su página de internet: http://sid.usal.es/observatorio.asp

Solidaridad Digit@l

Diario digital especializado en discapacidad, elaborado por la agencia de noticias Servimedia.

Paseo del General Martínez Campos, 46, 5.º B
28010 Madrid
Teléfono: 91 121 22 00
Fax: 91 391 39 32/391 39 33
Correo electrónico: lineasocial@servimedia.es
Internet: http://solidaridaddigital.discapnet.com

Discapnet

Portal sobre discapacidad promovido por la Fundación ONCE y el Fondo Europeo de Desarrollo Regional (FEDER), que ofrece un amplio repertorio de contenidos y servicios. Su página es: http://www.discapnet.es

Mercadis

Por iniciativa de la Fundación Telefónica y con el apoyo técnico de la Asociación Telefónica de Ayuda a Minusválidos (ATAM), el principal objetivo de este portal pasa por crear un mercado laboral para las personas con discapacidad en el que confluyan ofertas y demandas de empleo y sea posible una respuesta inmediata. Ofrece además otras prestaciones relacionadas con información de interés, tales como aspectos legales, cursos de formación o becas.

Información sobre el proyecto: ricardo.gaitanpacheco@telefonica.es

Internet: http://www.mercadis.com

Radio

«Un mundo sin barreras»

Patrocinado por la Fundación ONCE y avalado por importantes premios, este programa de radio de la cadena Onda Cero se acerca durante el fin de semana (sábados y domingos de tres a cuatro de la tarde) al mundo de la solidaridad y de la integración. Conducido por Elena Martínez, incluye entrevistas, reportajes, testimonios y crónicas. También se atienden consultas, reclamaciones o sugerencias de los oyentes.

Correo electrónico: sinbarreras@ondacero.es

Internet: http://www.ondacero.es

«Hablamos de discapacidad»

Sección dedicada a la actualidad de la discapacidad conducida por José Luis Fernández Iglesias, periodista especializado en el tema, e incluida dentro del programa «Hoy por hoy» de la Cadena Ser.

Gran Vía, 32, 8.ª planta
28013 Madrid
Teléfono: 905 11 60 60
Correo electrónico: hoyporhoy@cadenaser.com
Internet: http://www.cadenaser.com

Televisión

«En otras palabras»

Programa informativo semanal (sábados de diez y media a once de la mañana en La 2 de TVE) dirigido especialmente a las personas sordas. También puede ser visto sin problemas por los telespectadores oyentes, ya que presenta las noticias con el mismo formato que cualquier telediario, con voz e imagen. Ofrece también una clase de lengua de signos en la que alumno y profesor recorren diversos aspectos de la vida cotidiana, enseñando al telespectador a decir, en lengua de signos, palabras, frases y expresiones de uso corriente. Además de en España se emite en otros 117 países a través del Canal Internacional y el Canal 24 horas de TVE.

Internet: http://www.rtve.es/tve/informa/enotras/index.htm

6. Organizaciones internacionales

Unión Europea

Aprovechando el impulso generado en 2003 por el «Año Europeo de las Personas con Discapacidad», la Comisión diseñó un plan de acción plurianual. El objetivo de este plan es integrar, antes de 2010, la dimensión de la discapacidad en las políticas comunitarias afectadas y aplicar acciones concretas en ámbitos clave con el fin de mejorar la integración económica y social de las personas con discapacidad. Más información en: http://europa.eu.int/scadplus/leg/es/s02311.htm

Foro Europeo de la Discapacidad (FED)

Organización internacional sin ánimo de lucro con sede en Bruselas. Fue creada en 1996 por organizaciones de personas discapacitadas y sus familias con el fin de defender asuntos de interés común para todos los grupos de personas con discapacidad y para constituir una voz fuerte e independiente que representara a las personas con discapacidad ante la UE. El Foro representa a más de 37 millones de personas con discapacidad en la Unión Europea, aunque esta cifra aún no tiene en cuenta a los nuevos países tras la ampliación.

La misión del FED consiste en promover la igualdad de oportunidades y la no discriminación de las personas con discapacidad, así como garantizar y proteger sus derechos humanos fundamentales mediante la participación activa en iniciativas políticas y en campañas sobre los derechos relativos a la discapacidad en el ámbito de la UE.

European Disability Forum
Rue du Commerce 39-41
B-1000 Bruselas, Bélgica
Teléfono: 00 322 282 46 00
Fax: 00 322 282 46 09
Correo electrónico: Info@edf-feph.org
Internet: http://www.edf-feph.org

Inclusion Europe

Organización sin ánimo de lucro que defiende los derechos y los intereses de las personas con discapacidad intelectual y los de sus familias.

Galeries de la Toison d'Or
29 Chaussée d'Ixelles 393/32
B-1050 Bruselas, Bélgica
Teléfono: +32-2-502 28 15
Fax: +32-2-502 80 10

Correo electrónico: secretariat@inclusion-europe.org
Internet: www.inclusion-europe.org
Forma parte de una organización internacional, que puede consultarse en www.inclusion-international.org

United Nations Enable

Página de internet sobre discapacidad patrocinada por las Naciones Unidas. En ella se explican, en inglés, los programas y acciones dedicados a este tema.

United Nations Global Programme on Disability
Two United Nations Plaza, DC2-1372
Nueva York, NY 10017
Estados Unidos
Fax: 212 963 0111
Correo electrónico: enable@un.org
Internet: http://www.un.org/esa/socdev/enable

Rehabilitation International

Red mundial de personas con discapacidad, proveedores de servicios y agencias gubernamentales que trabajan para mejorar la calidad de vida de las personas con discapacidad y de sus familias. Fundada en 1922, la integran 200 organizaciones distribuidas en 85 países.

25 East 21 Street
Nueva York, NY 10010
Estados Unidos
Teléfono: 212 420 15 00
Fax: 212 505 08 71
Correo electrónico: ri@riglobal.org
Internet: http://www.riglobal.org

Anexo 2

Datos sobre discapacidad en España

1. Discapacidad en general[26]

La Encuesta sobre Discapacidades, Deficiencias y Estado de Salud (EDDES) realizada en 1999 por el Instituto Nacional de Estadística (INE), el Imserso y la Fundación ONCE representa una buena fuente para documentarse sobre la situación de la discapacidad en España.

En esta encuesta se entiende por discapacidad «toda limitación o dificultad grave o importante que, debido a una deficiencia, tiene una persona para realizar actividades de la vida cotidiana, tales como desplazarse, cuidar de sí mismo, ver, oír, relacionarse con otros, etc.».

Según la EDDES-99 el número de personas con discapacidad en nuestro país asciende a 3.528.221, una cifra que en términos relativos supone el 9 por ciento de la población española. Dicha encuesta distribuye esa cifra por grupos de edad de la siguiente forma:

- Menores de 6 años: 49.577.
- De 6 a 64 años: 1.405.992.
- Mayores de 65 años: 2.072.652.

26. Datos extraídos del II Plan de Acción para las Personas con Discapacidad 2003-2007, aprobado por el Consejo de Ministros de 5 de diciembre de 2003.

La encuesta asegura también que más de la mitad de las personas con discapacidad son mujeres (58,25 por ciento), aunque no sucede así en todos los grupos de edad. En el grupo con edades inferiores a los 6 años no hay diferencias entre niños y niñas; entre 6 y 44 años el número de hombres con discapacidad supera en un 32 por ciento al de mujeres; y a partir de los 45 años el número de mujeres es un 60 por ciento superior al de los hombres. En el grupo de más de 85 años por cada 100 mujeres con alguna discapacidad sólo hay 41 hombres, consecuencia de la mayor mortalidad masculina en edades avanzadas.

La EDDES-99 concluye también que la incidencia de las situaciones de discapacidad está claramente relacionada con la edad: el 4,59 por ciento de la población española entre 6 y 64 años presenta alguna discapacidad, mientras que en la población mayor de 65 años las personas con discapacidad alcanzan el 32,21 por ciento. El aumento de las tasas de prevalencia es continua a partir de los 20 años, pero a partir de los 50 se acelera considerablemente.

Según la encuesta, hay casi 50.000 niños menores de 6 años con limitaciones que han causado o pueden llegar a causar una discapacidad.

En cuanto a la distribución por comunidades autónomas, las situaciones de discapacidad no se distribuyen de forma homogénea por todo el territorio español. Partiendo de una incidencia, para el conjunto del Estado, de 94 individuos por cada 1.000 habitantes de 6 y más años, las comunidades de Castilla y León (118), Murcia (108), Andalucía (106) y Galicia (106) presentan unas tasas significativamente superiores a la media. En el extremo opuesto, las comunidades de La Rioja, Canarias, País Vasco, Islas Baleares, Madrid y Navarra ofrecen tasas sensiblemente inferiores. Las diferencias con respecto a la media son poco significativas en el resto de los territorios.

En cuanto a la frecuencia por tipos de discapacidad, predomina la dificultad para desplazarse fuera de casa, que afecta a más de la mitad de las personas de 6 a 44 años y a más del 65 por ciento de los mayores de 65. Le siguen, en cuanto a la frecuencia en ambos grupos de edad, la discapacidad para realizar las tareas del hogar y, en general, las relacionadas con la motricidad. Las discapacidades para ver y oír afectan a más del 20 por ciento de las personas con discapacidad entre 6 y 64 años, porcentaje que asciende a más del 30 por ciento cuando la edad se sitúa por encima de los 65 años.

Entre las limitaciones más frecuentes en menores de 6 años se encuentran la imposibilidad de hacer tareas como los demás niños de su edad (27 por ciento), dificultades para hablar (25 por ciento de los niños con al menos 3 años), para caminar (22 por ciento), para ver (16 por ciento) y para oír (10 por ciento).

En cuanto a las causas, las deficiencias osteoarticulares son el principal motivo de discapacidades, que suponen el 25 por ciento. Le siguen las visuales y auditivas con el 18 por ciento.

Las deficiencias mentales y otras deficiencias (múltiples y no clasificadas) causan, cada una de ellas, en torno al 18 por ciento. A la cola de la incidencia se sitúan las discapacidades viscerales (7 por ciento), las del sistema nervioso (6 por ciento) y las del lenguaje y el habla (1 por ciento).

2. Discapacidad intelectual

Lo que sigue es un resumen de un informe sobre la discapacidad intelectual en España elaborado por FEAPS, la Confederación Española de Organizaciones a favor de las Personas con Discapacidad Intelectual:[27]

«Según la definición adoptada en 2002 por la Asociación Estadounidense de Retraso Mental, y a la que se adhiere la Confederación Española de Organizaciones a favor de las Personas con Discapacidad Intelectual (FEAPS):

»La discapacidad intelectual es una discapacidad caracterizada por limitaciones significativas tanto en el funcionamiento intelectual

27. Véase el anexo 1, «Guía de recursos».

como en la conducta adaptativa expresada en habilidades adaptativas conceptuales, sociales y prácticas. Esta discapacidad se origina antes de los 18 años.

»Este concepto hace especial hincapié, más que en las deficiencias de las personas, en los apoyos que precisan para vivir una vida propia de calidad y en relación con los demás. Con este objetivo se inició en España hace cuarenta años el movimiento asociativo que hoy está aglutinado en su mayor parte en una confederación formada por: 760 asociaciones, 230.000 familias asociadas, 85.000 personas con discapacidad atendidas, más de 15.000 profesionales y 17 federaciones.

»La denominación

»La denominación ha cambiado a lo largo de los años debido a las solicitudes del entorno familiar y de las propias personas con discapacidad intelectual que consideraban peyorativos los nombres que definían la discapacidad. En el momento actual, la denominación adoptada por las propias personas con esta discapacidad es: "PERSONAS CON DISCAPACIDAD INTELECTUAL". Es la primera vez que son ellas mismas las que manifiestan su deseo de adoptar un nombre distinto del que le precedía ("personas con retraso mental").

»No son discapacitadas, son personas... con discapacidad. Éste es el punto vital para que las personas con discapacidad sean valoradas:

»Su discapacidad no les incapacita para todo. Sólo, y siempre dependiendo de cada persona, para aquellas habilidades concretas que su capacidad por debajo de la media no les permite desarrollar plenamente. Por tanto pueden trabajar, pueden vivir en sociedad, pueden tener autonomía.

»¿Cuántas personas con discapacidad intelectual hay en España?

»Se estima que de un 1 a un 2 por ciento de la población presenta discapacidad intelectual. Esta franja se establece en razón de que existe una parte de la población en la que no se puede definir claramente la discapacidad intelectual, aunque tienen problemas de desarrollo, de comportamiento o funcionales que les identifican con esta discapacidad y con similares necesidades de apoyo.

»En todos los casos la discapacidad intelectual se manifiesta antes de los dieciocho años.

»LOS SÍNDROMES

»El 50 por ciento de las personas con discapacidad intelectual presentan síndromes reconocidos de origen principalmente genético. Existen 750 síndromes genéticos conocidos que cursan con discapacidad intelectual, pero entre ellos podemos destacar por su gran incidencia el síndrome de Down y el X Frágil.

»Los datos sobre las causas de origen no genético son más difíciles de precisar. Éstas pueden producirse durante el embarazo, el parto o en los primeros años de vida. Gran parte de las personas con discapacidad intelectual situadas en el nivel denominado "límite" no se encuadran en ningún síndrome concreto.

»SU INSERCIÓN SOCIAL

»Entre la población con discapacidad todavía hoy no es una realidad la integración social y la inserción laboral. En este momento y después de cuarenta años de reivindicaciones se ha conseguido avanzar para que la población acepte a estas personas, pero aunque se va eliminando el rechazo subyace aún la desconfianza, la falta de valoración y el desconocimiento hacia este colectivo.

»El 70 por ciento de las personas con discapacidad intelectual se encuentra en paro. Estas personas pueden trabajar, prácticamente todas, siempre que el trabajo esté adaptado a su capacidad.

»Si alguna labor pueden hacer al respecto los medios de comunicación, es mostrar a estas personas tal y como son, con sus opiniones, con sus deseos de participar, de tener una vida adulta (se incide demasiado en la niñez) y una vida autónoma. Pero, eso sí, con apoyos por parte de la sociedad.

»FEAPS, 2004».

Anexo 3

Algunas lecturas

—*¿Quién es diferente? Convivencia diaria con una niña deficiente*, Anna Vila, Ministerio de Asuntos Sociales, Narcea, 1990.

—*El desmantelamiento de la discapacidad y otros escritos vacilantes*, Luis Cayo Pérez Bueno, El Cobre, 2004.

—*El futuro de las personas con discapacidad en el mundo. Informe al Club de Roma*, Rafael de Lorenzo García, Fundación ONCE, 2003.

—*La situación de las personas con discapacidad en España*, Consejo Económico y Social, 2004.

—*Mi hermano es un huracán*, Kolet Janssen, Edelvives, Colección Ala Delta Internacional, 2000.

—*Ori y su mascota*, Vicent Josep Escartí, Andana Ediciones, 2003.

—*Pablo... autista*, Carmen Ródenas de la Rocha, Fundación Verbum, 2003.

—*Retraso mental: definición, clasificación y sistemas de apoyo*, X Edición, AAMR (Asociación Estadounidense de Retraso Mental), Alianza Editorial Psicología, 2004.

—*Soy Julia*, Antonio Martínez García, Seix Barral, 1963.

—*Un blanco deslumbramiento: palabras para Cris*, Andrés Aberasturi Ferrer, Sociedad Internacional de Amigos de la Literatura, 1999.